직무적성검사

2025 고시넷 대기업

최신
GSAT 5급
기출문제

실제 시험과
동일한 구성의
모의고사

동영상 강의 WWW.GOSINET.CO.KR

삼성그룹 온라인 GSAT 5급 고졸채용

최신 기출유형 모의고사

gosinet
(주)고시넷

PREFACE

정오표 및 학습 질의 안내

정오표 확인 방법

고시넷은 오류 없는 책을 만들기 위해 최선을 다합니다. 그러나 편집 과정에서 미처 잡지 못한 실수가 뒤늦게 나오는 경우가 있습니다. 고시넷은 이런 잘못을 바로잡기 위해 정오표를 실시간으로 제공합니다. 감사하는 마음으로 끝까지 책임을 다하겠습니다.

고시넷 홈페이지 접속 > 고시넷 출판-커뮤니티 > 정오표

www.gosinet.co.kr

모바일폰에서 QR코드로 실시간 정오표를 확인할 수 있습니다.

학습 질의 안내

학습과 교재선택 관련 문의를 받습니다. 적절한 교재선택에 관한 조언이나 고시넷 교재 학습 중 의문 사항은 아래 주소로 메일을 주시면 성실히 답변드리겠습니다.

이메일주소 qna@gosinet.co.kr

contents 차례

파트 2 삼성 온라인 GSAT 5급 기출유형모의고사

파트 3 인성검사

파트 4 면접가이드

책 속의 책 정답과 해설

파트 2 삼성 온라인 GSAT 5급 기출유형모의고사

구성과 활용

1

삼성그룹 소개

삼성그룹 내 관계사별 기업 소개, 경영이념, 비전, 핵심가치, 인재상 등을 수록하였습니다.

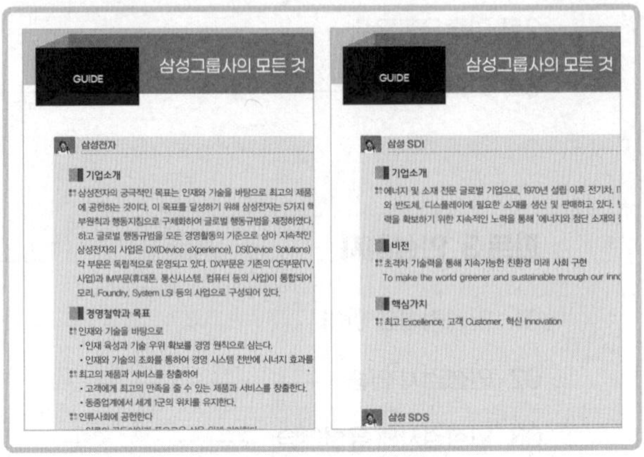

2

삼성 GSAT 개요

삼성그룹의 채용절차와 특징, 시험영역 등을 쉽고 빠르게 확인할 수 있도록 구성하였습니다.

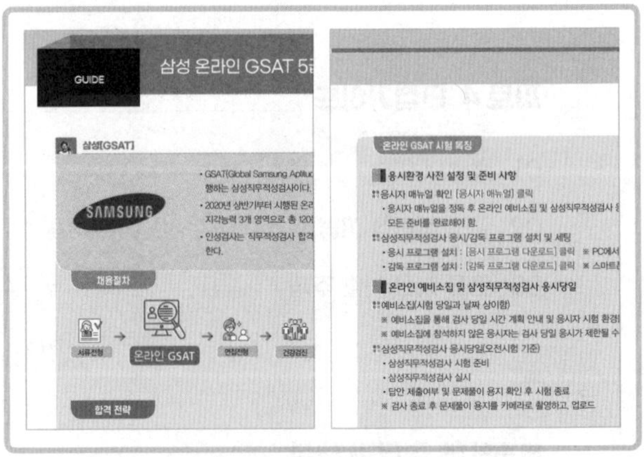

3

영역별 빈출이론

삼성 GSAT 5급의 출제영역인 수리능력, 추리능력, 지각능력에서 자주 출제되는 이론을 정리하여 주요 개념을 빠르게 학습할 수 있도록 하였습니다.

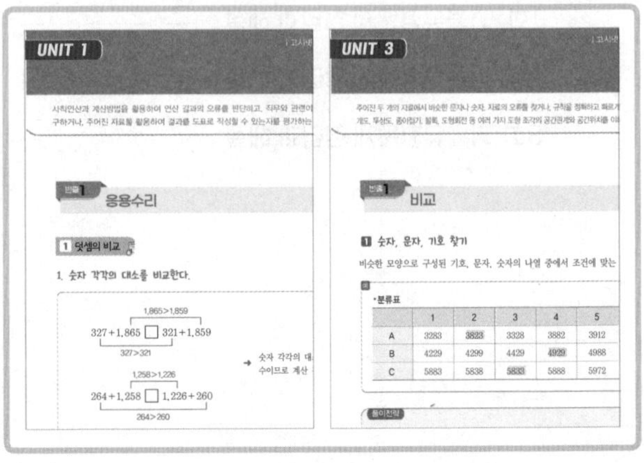

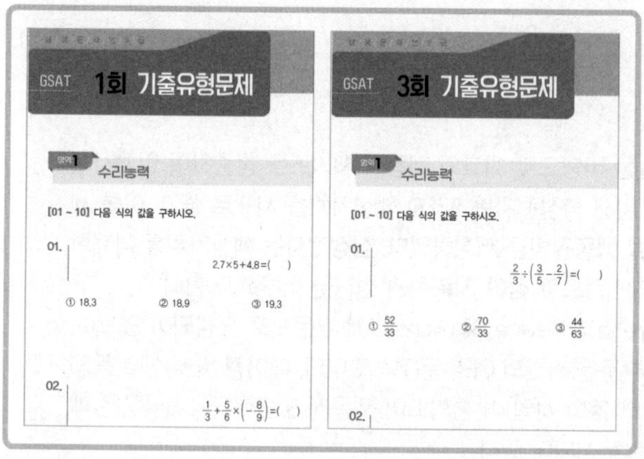

4

기출유형모의고사

최신 기출문제 유형에 맞게 구성한 총 3회분의 기출유형문제로 자신의 실력을 점검하고 완벽한 실전 준비가 가능하도록 구성하였습니다.

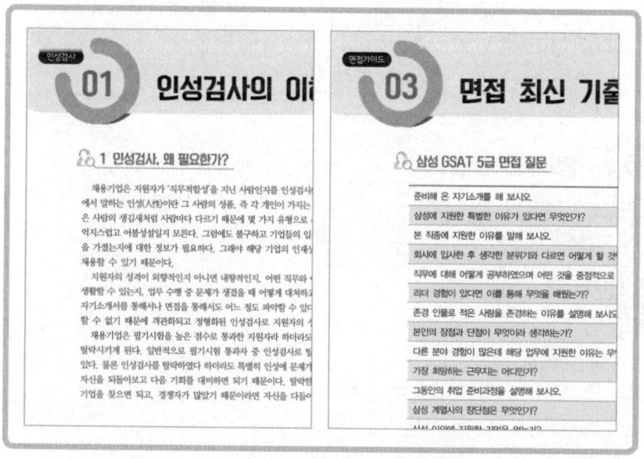

5

인성검사 & 면접가이드

채용 시험에서 최근 점점 중시되고 있는 인성검사와 면접 질문들을 수록하여 마무리까지 완벽하게 대비할 수 있도록 하였습니다.

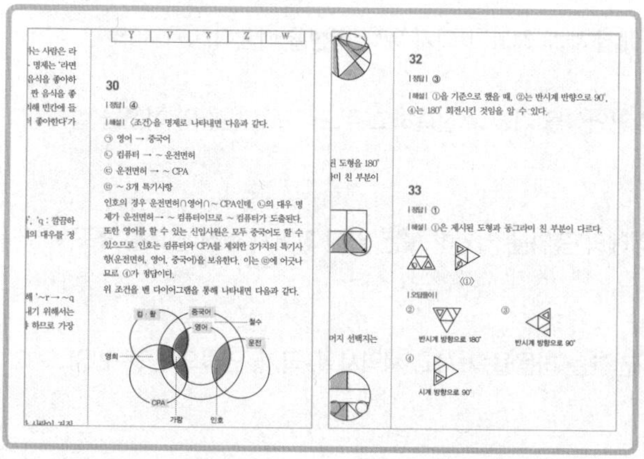

6

상세한 해설과 오답풀이가 수록된 정답과 해설

상세한 해설을 수록하였고 오답풀이 및 보충 사항들을 수록하여 문제풀이 과정에서의 학습의 효과가 극대화될 수 있도록 구성하였습니다.

삼성전자

기업소개

삼성전자의 궁극적인 목표는 인재와 기술을 바탕으로 최고의 제품과 서비스를 창출하여 인류사회에 공헌하는 것이다. 이 목표를 달성하기 위해 삼성전자는 5가지 핵심가치를 지표로 삼고, 이를 세부원칙과 행동지침으로 구체화하여 글로벌 행동규범을 제정하였다. 삼성전자는 핵심가치를 내재화하고 글로벌 행동규범을 모든 경영활동의 기준으로 삼아 지속적인 성장을 이루고자 한다.
삼성전자의 사업은 DX(Device eXperience), DS(Device Solutions) 2개 부문으로 구성되어 있으며, 각 부문은 독립적으로 운영되고 있다. DX부문은 기존의 CE부문(TV, 모니터, 에어컨 및 냉장고 등의 사업)과 IM부문(휴대폰, 통신시스템, 컴퓨터 등의 사업)이 통합되어 새롭게 출범했다. DS부문은 메모리, Foundry, System LSI 등의 사업으로 구성되어 있다.

경영철학과 목표

인재와 기술을 바탕으로
- 인재 육성과 기술 우위 확보를 경영 원칙으로 삼는다.
- 인재와 기술의 조화를 통하여 경영 시스템 전반에 시너지 효과를 증대한다.

최고의 제품과 서비스를 창출하여
- 고객에게 최고의 만족을 줄 수 있는 제품과 서비스를 창출한다.
- 동종업계에서 세계 1군의 위치를 유지한다.

인류사회에 공헌한다
- 인류의 공동이익과 풍요로운 삶을 위해 기여한다.
- 인류 공동체 일원으로서의 사명을 다한다.

핵심가치

인재제일
- '기업은 사람이다'라는 신념을 바탕으로 인재를 소중히 여기고 마음껏 능력을 발휘할 수 있는 기회의 장을 만든다.

최고지향
- 끊임없는 열정과 도전정신으로 모든 면에서 세계 최고가 되기 위해 최선을 다한다.

변화선도
- 변화하지 않으면 살아남을 수 없다는 위기의식을 가지고 신속하고 주도적으로 변화와 혁신을 실행한다.

정도경영
- 곧은 마음과 진실되고 바른 행동으로 명예와 품위를 지키며 모든 일에 있어서 항상 정도를 추구한다.

상생추구
- 우리는 사회의 일원으로서 더불어 살아간다는 마음을 가지고 지역사회, 국가, 인류의 공동 번영을 위해 노력한다.

삼성전기

기업소개

- 삼성전기는 첨단 전자부품에서 기계부품까지 생산하는 세계적인 종합부품 제조회사이다. 첨단 IT 전자기기, 전장용 핵심 부품을 개발 및 생산하고 있으며, 기술 융 · 복합을 통한 핵심 제품의 일류화를 위해 지속적인 투자와 개발을 이어가고 있다. 현재 신제품 개발과 사업 포트폴리오 다각화를 통해 세계시장에서 핵심부품 기술 혁신을 선도하고 있다.

미션

- 최고의 컴포넌트와 독창적인 솔루션으로 모두에게 가치있는 경험을 제공합니다.

비전

- 나도 일하고 싶고, 누구나 함께 일하고 싶어 하는 최고의 기업

핵심가치

- 모두 존중
  - 자유롭게 의견을 내며 서로의 다양성을 인정
- 정도 중심
  - 원칙에 따라 일관되게 행동, 정정당당하게 행동
- 성장 마인드
  - 호기심을 가지고 성장과 배움을 추구, 오너십을 가지고 자신의 성장을 위해 노력
- 하모니
  - 육체적 · 정신적 건강상태를 유지, 일을 통합 즐거움 추구, 고객과 지역사회 그리고 인류를 위해 기여
- 기술 중시
  - 고객의 성공을 위해 최고의 기술에 집중, 실패를 두려워하지 않고 끊임없이 새로움을 도전, 본질에 도달할 때까지 깊게 탐구
- 도전
  - 핵심가치를 바탕으로 과감하게 도전, 핵심 분야에서 최고 수준의 전문가로 성장

리더십 원칙

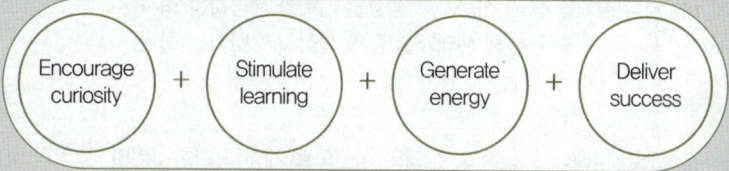

Encourage curiosity + Stimulate learning + Generate energy + Deliver success

삼성 SDI

기업소개

에너지 및 소재 전문 글로벌 기업으로, 1970년 설립 이후 전기차, IT 기기, ESS에 활용되는 배터리와 반도체, 디스플레이에 필요한 소재를 생산 및 판매하고 있다. 변화와 혁신에 기반한 신성장동력을 확보하기 위한 지속적인 노력을 통해 '에너지와 첨단 소재의 창조적 리더'로 도약하고 있다.

비전

초격차 기술력을 통해 지속가능한 친환경 미래 사회 구현
To make the world greener and sustainable through our innovative technology

핵심가치

최고 Excellence, 고객 Customer, 혁신 Innovation

삼성 SDS

기업소개

클라우드와 디지털 물류 서비스를 제공하는 기업이다. 기업 맞춤 삼성 클라우드 플랫폼을 통해 최적화된 클라우드 환경을 구현하고, 38년간 산업별 노하우를 바탕으로 올인원 매니지드 서비스를 제공하며, 다양한 성공사례로 검증된 SaaS 솔루션을 통해 업무 효율과 고객 서비스 혁신을 제고한다.

비전

DATA-DRIVEN DIGITAL TRANSFORMATION LEADER

제공가치

- 고객에게는 디지털 혁신을 통해 비즈니스 성장을 견인하는 회사
- 임직원에게는 역량 강화를 통해 전문가로 성장할 기회를 제공하는 회사
- 파트너에게는 시너지 창출을 통해 생태계를 함께 성장시켜 나가는 회사

인재상

끊임없는 열정으로 미래에 도전하고, 창의와 혁신으로 세상을 변화시키며, 정직과 바른 행동으로 역할과 책임을 다하는 인재

삼성디스플레이

기업소개

- 독보적인 기술을 바탕으로 스마트폰, 노트북, 모니터, TV 등에 프리미엄 디스플레이 제품을 공급하고 있다. 세계 최초로 플렉서블 OLED와 폴더블, QD 디스플레이를 양산하는 등 상상 속에만 존재하던 디스플레이를 현실로 만들어 가고 있다.

미션

- 상상 속에서만 가능했던 디스플레이, 그 이상을 우리가 만듭니다.

비전

- DISPLAY BEYOND IMAGINATION(상상 속에서만 가능했던 디스플레이, 그 이상을 우리가 만듭니다).

핵심가치

- 새로운 시도를 추구하자
  - 초격치를 만들기 위해 항상 새로운 것에 도전하는 사세를 갖춰야 한다. 우리의 도전은 남들과 달라야 하고, 상상할 수 없는 미지의 영역에 도전하는 것은 바로 우리의 몫이다.
- 격이 다른 플레이를 하자
  - '넘볼 수 없는 차이를 만든다' Display 업계를 선도하기 위해서는 적당한 플레이는 어울리지 않는다. 스스로 높은 기준을 세우고, 격이 다른 플레이를 해야 한다.
- 경계를 낮추자
  - 우리는 시장에서 경쟁하는 것이지, 내부에서 경쟁하는 것이 아니다. 개인과 조직의 경계를 낮추어 협업할 때 함께 성장할 수 있다. 그것이 「Teamwork」이며, 우리가 말하는 ONE SDC이다.

삼성중공업

기업소개

- 글로벌 선사 및 오일 메이저의 니즈에 맞춘 선박과 해양설비를 제공하는 조선/해양산업 전문회사이다. 또한 지속적인 연구/개발을 통해 자율운항, 친환경기술을 개발하여 제품에 적용하고, 생산시스템의 스마트화를 지향하며 세계 시장을 선도하고 있다.

기업사명

- 안전하고 환경 친화적이며 경제성과 편리성이 탁월한 선박 및 설비를 제공함으로써 고객만족과 삶의 질 향상에 기여한다.

인재상

- 글로벌 감각 및 능력과 함께 인간미를 갖추었으며, 창의와 협력을 바탕으로 미래를 개척해 나갈 수 있는 인재

삼성E&A

기업소개

- 오일&가스 프로세싱, 정유, 석유화학, 산업, 환경, 바이오, 그린솔루션에 이르기까지 플랜트 전 분야에서 종합 솔루션을 제공하는 EPC 전문기업이다. 풍부한 경험과 축적된 기술력, 우수한 인적 자원을 바탕으로 프로젝트의 타당성 검토부터 설계, 조달, 시공 및 O&M까지 다양한 서비스를 제공한다.

비전

- Enabling a Sustainable FUTURE AHEAD
  앞선 기술로 더 나은 미래를 구현하는 엔지니어링 회사

슬로건

- CORE to VALUE
  단단한 기본기를 바탕으로 고객과 사회에 차별화된 가치 제공

삼성생명

기업소개

- 1957년에 설립되었으며 국내 최대 규모의 개인연금과 퇴직연금 적립금을 보유하고 있으며 보험, 대출, 퇴직연금, 펀드, 신탁을 사업 영역으로 두고 있다.

비전

- 보험을 넘어, 고객의 미래를 지키는 인생금융파트너

핵심전략

- Change(보험본업), Challenge(신성장), Connectivity(Enabler)

핵심가치

- 도전
  - 실패에 대한 두려움 없이 과감한 도전목표를 세우고 문제해결을 위해 혁신적으로 업무를 추진
- 상생
  - 고객을 경영활동의 중심에 두고 고객이 필요로 하는 최고의 상품과 서비스를 전달
- 소통
  - 모든 업무는 현장과 고객을 위한 것인지 먼저 고민하고 서로를 이해하며 품격있게 소통
- 가치
  - 중장기 관점에서 가치있는 것을 판단하고 균형적으로 미래를 준비하며 미래를 위한 인재육성에 노력
- 정도
  - 법과 윤리의 준수는 고객과 회사를 지켜주는 든든한 우산임을 인식하고 공정하게 경쟁

삼성화재

기업소개

- 국내 및 해외시장에서 개인과 기업 고객 대상으로 화재, 해상, 자동차, 배상책임, 장기손해보험, 개인연금 등 다양한 보험상품과 종합 Risk Solution 서비스를 제공하고 있는 국내 1위 손해보험사이다.

비전

- Be the Future, Beyond Insurance

미션

- 고객의 더 나은 내일을 만드는 파트너로서 임직원과 함께 성장하고, 사회와 인류의 발전에 기여한다.

삼성카드

기업소개

- 1988년 창립 후 고객에게 믿음과 신뢰를 기반으로 한 가치를 전달하며 대한민국 신용사회 구축의 장본인으로서 신용카드업을 선도해 왔다. 결제, 금융사업에서는 고객신뢰를 강화하고, 이를 기반으로 카드업을 넘어 소비생활 전반까지 사업영역을 확장해 모든 생활을 신뢰 하나로 영위할 수 있는 세상을 만들고자 한다.

비전

- A World of Trust over The Card

삼성증권

기업소개

- 투자매매, 투자중개, 투자자문, 투자일임, 신탁 등 5개 영위 사업을 통해 주식중개 및 자산관리, 기업금융과 자산운용 서비스를 제공하는 종합금융투자회사이다. 설립 이후 지속적인 성장을 통해 우리나라 자본시장을 대표하는 기업으로 자리매김하였다.

미션

- 우리는 투자를 통해 고객의 더 나은 삶에 기여하고 고객과 함께 성장합니다.

핵심가치

- 고객중심(Client-Centricity), 변화선도(Innovation), 전문성(Expertise), 존중배려(Respect), 사회적책임(Social Responsibility)

삼성물산

기업소개

삼성물산은 상사부문과 패션부문, 건설부문, 리조트부문으로 나뉜다. 상사부문은 삼성의 모기업으로 1938년 설립되었으며 해외 무역을 통해 대한민국의 경제발전과 함께하며 80년 넘게 역사를 이어 왔다. 패션부문은 다양한 복종의 브랜드 기획 및 해외 브랜드 수입, 리테일 사업을 전개하며 업계 내 최고의 위상을 확보하고 있다. 건설부문은 건축, 토목, 플랜트, 주택사업 등 각 분야별 최고 수준의 인재와 기술역량을 보유하고 고객에게 최상의 부가가치를 실현하고 있다. 리조트부문은 고객에게 행복과 즐거움을 더하고 새로운 고객 경험 혁신을 통해 세계 속의 서비스 선도 기업으로 끊임없이 도약해 나갈 것이다.

호텔신라

기업소개

호텔신라는 '최고의 호스피탈리티 기업'을 목표로 오랜 세월동안 품위와 전통을 유지하며 고객들의 마음을 사로잡아 왔다. LHW 가입을 통해 세계 최고의 럭셔리 호텔들과 어깨를 나란히 하는가 하면 전통이라는 지붕 위에 모더니즘적 디자인 요소를 가미, 삶에 여유와 품격을 한층 높여 주는 프리미엄 라이프스타일 공간으로 변화를 거듭해 왔다. 또한 서비스 기업으로서의 노하우를 기반으로 면세점 사업을 시작, 최고의 글로벌 유통 회사로서의 이미지를 구축하는가 하면 국내외 특1급 호텔과 피트니스 시설의 위탁 운영을 비롯, 외식 사업까지 그 범위를 확대하고 있다.

비전

최고의 품격과 신뢰를 바탕으로 고객이 꿈꾸는 라이프스타일을 제공하는 글로벌 선도기업
PREMIUM LIFESTYLE LEADING COMPANY

제일기획

기업소개

다양한 '연결'을 통해 새롭고 최적화된 솔루션을 찾아 클라이언트 비즈니스의 실질적 성장을 이뤄내는 것, 그것이 제일기획이 추구하는 'CONNEC+'이다. 마케팅을 넘어 비즈니스 솔루션을 제시하는 것, 그것이 제일기획이 가장 잘하는 일이다. 제일기획은 CONNEC+를 통해 새로운 성장과 변화를 만들어나갈 것이다.

비전

캠페인, 크리에이티브, 데이터, 리테일, Tech 등 다양한 마케팅의 영역을 CONNEC+하여 소비자의 브랜드 경험과 클라이언트의 비즈니스 퍼포먼스 향상에 기여하는 'Business-Connected Agency'

삼성바이오에피스

기업소개

- 젊고 혁신적인 사고를 바탕으로 고품질의 의약품을 보다 합리적이고 신속하게 환자들에게 공급하고 있다. 2012년 창립 이래 면역학과 종양학 분야에서 제품을 출시하였고, 자가면역질환을 치료하는 바이오시밀러 3종 제품을 유럽에서 승인받은 최초의 회사로, 바이오시밀러 분야의 글로벌 리더로 우뚝 성장하였다.

비전

- 인류의 건강을 위한 열정을 바탕으로 환자들의 삶의 질 향상에 힘쓴다.

삼성바이오로직스

기업소개

- 세계 최대 규모의 바이오의약품 생산 시설을 갖추고, 바이오제약품의 위탁생산, 개발에 이르는 One-Stop End-to-End 서비스를 제공한다. 당사는 혁신을 거듭하며 최단 시간 내 세계 최대 생산능력(총 604KL)을 확보하였으며, 2025년 완공 예정의 제5공장 증설 발표를 통해 초격차 경쟁력을 확대해나가고 있다.

행동가치

- 전문성, 책임감, 열정, 실행력, 공유/협업

삼성웰스토리

기업소개

- 매일의 일상을 건강하고 행복하게 하는 푸드서비스를 시작으로 식자재유통뿐 아니라 브랜드의 성장에 함께한다. 국내를 넘어 중국, 베트남으로 글로벌 식음서비스 전문기업을 향해 나아간다.

미션

- 우리의 삶이 건강해지고 당신의 비즈니스가 더 성장하는 스토리를 만듭니다.

비전

- 글로벌 식음 솔루션 리더

핵심가치

- 프로다운 도전 · 경계없는 연결 · 함께하는 성장

삼성 온라인 GSAT 5급 개요

삼성[GSAT]

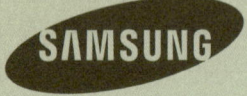

- GSAT(Global Samsung Aptitude Test)는 삼성그룹 채용 시 시행하는 삼성직무적성검사이다.
- 2020년 상반기부터 시행된 온라인 시험은 수리능력, 추리능력, 지각능력 3개 영역으로 총 120문항, 45분 이내에 풀어야 한다.
- 인성검사는 직무적성검사 합격자에 한하여 면접 당일에 시행한다.

채용절차

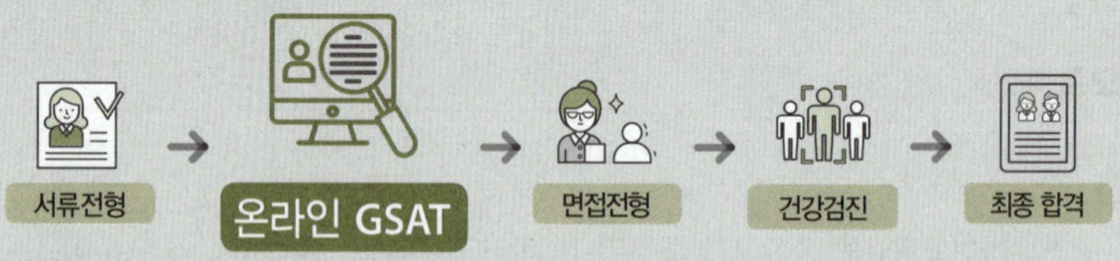

합격 전략

- 기출 유형이 반복해서 출제되므로 자신 있는 유형부터 푸는 등의 전략을 세워 연습하는 것이 좋다.
- 모니터에 나오는 자료, 도형 문제는 풀이 요령이 없다면 많은 시간이 소요되므로 반복적인 문제 풀이연습으로 자기만의 풀이법을 개발하는 것이 좋다.
- 오답 감점제가 있으므로 모르는 문제는 찍지 말고 공란으로 두고 다음 문제를 푸는 것이 좋다.

시험영역 및 유의사항

구분	영역	문항 수	출제 유형 및 비고
온라인 GSAT (총 120문항)	수리	40문항 (15분)	– 기초 계산과 응용 수리 모두 평이한 난이도로 출제 – 자료해석의 구성 비율이 높았으나 해석하기 용이한 자료로 출제
	추리	40문항 (20분)	– 대부분 쉽게 풀리는 문제였지만 일부 추리 문제는 사고를 요함. – 참 · 거짓 판단형, 명제 판단 문제 다수 출제
	지각	40문항 (10분)	– 평이한 수준으로 출제 – 블록 모양과 같은 시각적 문제 다수 출제

온라인 GSAT 시험 특징

응시환경 사전 설정 및 준비 사항

- 응시자 매뉴얼 확인 [응시자 매뉴얼] 클릭
  - 응시자 매뉴얼을 정독 후 온라인 예비소집 및 삼성직무적성검사 응시당일 전까지 시험에 필요한 모든 준비를 완료해야 함.
- 삼성직무적성검사 응시/감독 프로그램 설치 및 세팅
  - 응시 프로그램 설치 : [응시 프로그램 다운로드] 클릭 ※ PC에서 클릭 후 설치
  - 감독 프로그램 설치 : [감독 프로그램 다운로드] 클릭 ※ 스마트폰에서 클릭 후 설치

온라인 예비소집 및 삼성직무적성검사 응시당일

- 예비소집(시험 당일과 날짜 상이함)
  ※ 예비소집을 통해 검사 당일 시간 계획 안내 및 응시자 시험 환경을 점검
  ※ 예비소집에 참석하지 않은 응시자는 검사 당일 응시가 제한될 수 있음.
- 삼성직무적성검사 응시당일(오전시험 기준)
  - 삼성직무적성검사 시험 준비
  - 삼성직무적성검사 실시
  - 답안 제출여부 및 문제풀이 용지 확인 후 시험 종료
  ※ 검사 종료 후 문제풀이 용지를 카메라로 촬영하고, 업로드

온라인 GSAT 시험 주의사항

- 예비 소집일에 감독관이 확인한 장소와 동일한 장소에서 시험에 응시해야 함.
- 책상에는 PC, 모니터, 필기구, 문제풀이 용지 외의 물건을 놓을 수 없음.
- 시험 도중 응시자 외 다른 인원이 시험 공간 내에 입장할 수 없음.
- 시험은 가급적 소음이 적은 조용한 곳에서 응시해야 함.
- 문제풀이 용지는 이메일로 제출해야 하며, 문제 번호에 맞게 풀이 과정과 정답을 정확히 작성해야 함.
- 모니터를 손으로 가리는 행위 등 모니터에 손을 대는 행위는 일체 금지됨.
- 핸드폰으로 방 후면, 책상 아래, 책상 좌우 전부 비춰야 하며 시험의 모든 과정은 녹화됨, 치후에 부정행위 검증 자료로 사용될 수 있음.
- 고개를 옆으로 돌리는 행위 금지됨.
- 스탠드의 사용은 금지되며 음식물 섭취도 금지됨.

삼성 GSAT 기출 유형분석

수리

[영역별 유형 비중]

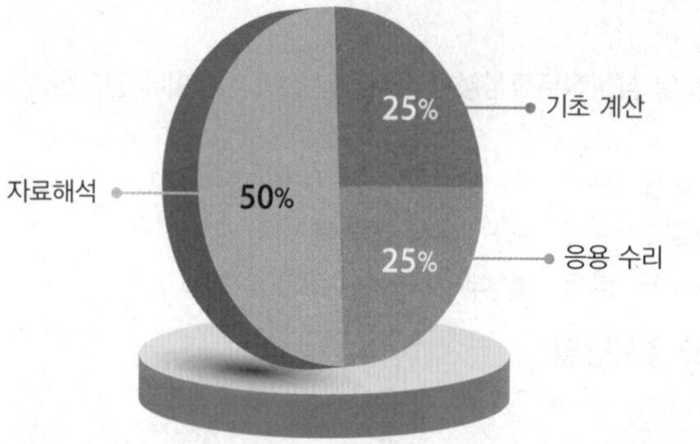

[출제경향 및 학습전략]

수리 영역은 사칙연산 같은 기초 계산과 방정식, 확률 등의 응용수리 문제들로 구성되어 그 유형이 정형화되어 있고 쉽게 풀이할 수 있는 수준으로 출제되었다. 점점 비중이 높아지고 있는 자료 해석 문제 또한 출제되는 도표와 그에 대한 질문의 난이도가 평이한 수준이므로 기존 출제 유형에 익숙해지도록 준비한다면 수월하게 풀 수 있을 것이다.

추리

[영역별 유형 비중]

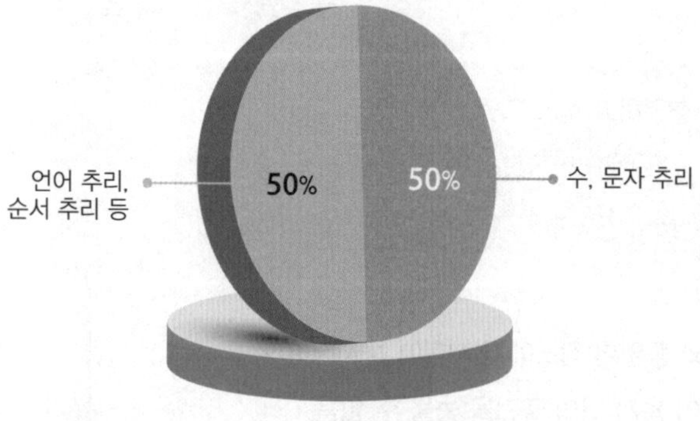

[출제경향 및 학습전략]

추리 영역은 수 추리, 문자 추리, 언어 추리 등의 다양한 유형이 계열사, 응시 시기 등에 따라 다르게 출제되고 있다. 따라서 기존에 출제된 다양한 유형의 추리 문제들을 풀어봄으로써 새로운 유형의 문제가 출제되어도 신속하게 문제와 조건을 파악할 수 있도록 해야 한다. 또한, 짧은 시간 내에 문제를 풀 수 있도록 충분한 연습이 필요하다.

지각

[영역별 유형 비중]

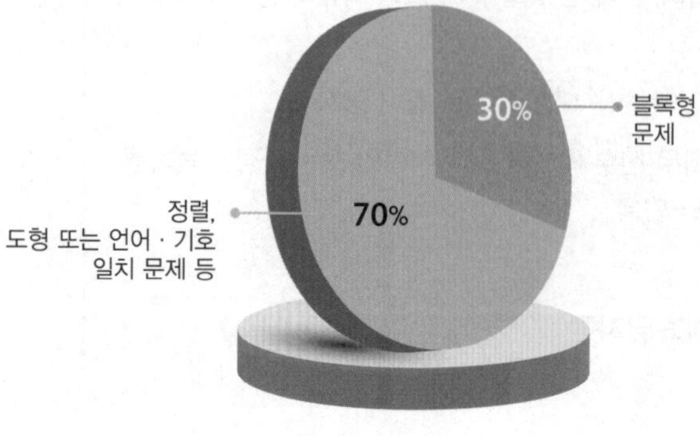

[출제경향 및 학습전략]

지각 영역의 경우 숫자, 기호, 문자군 일치 문제, 그림이나 도형 배열, 입체 · 평면도형을 파악하는 문제 등의 다양한 문제가 출제되나 난이도는 낮은 수준이다. 시험 시간이 10분으로 짧은 만큼 주어진 시간 내에 문제를 풀 수 있도록 다양한 유형의 문제를 학습함으로써 단어, 기호, 그림, 도형 등을 신속하게 파악하고 분석하는 문제풀이 연습이 필요하다.

※ 영역별 유형과 비중은 유동적이다.

수리

[세부 영역별 출제키워드와 기출 유형분석]

영역	출제 키워드	기출 유형분석
기초 계산	⊙ 두 자리 수, 세 자리 수 연산 ⊙ 정수, 유리수 계산 ⊙ 대소 비교	▶ 정수, 유리수 등에 대한 정확한 계산이 요구됨. ▶ 응용 수리의 기초 수식 및 접근법에 대한 이해가 요구됨.
응용 수리	⊙ 거속시, 농도, 속력, 일률 등	
자료 해석	⊙ 자료에 기반한 이해, 수치 계산 등	

추리

[세부 영역별 출제키워드와 기출 유형분석]

영역	출제 키워드	기출 유형분석
수 · 문자 추리	⊙ 숫자, 한글, 알파벳 등	▶ 숫자, 한글, 알파벳, 혼합형 배열로부터 규칙을 추론하는 문제가 꾸준히 출제됨. ▶ 명제의 참, 거짓을 판단하는 문제가 다수 출제됨. ▶ 조건형 추리 문제의 일부가 난도 있게 출제되었으며 순서 추리 등 다양한 유형들이 출제됨.
기타 추리 문제	⊙ 명제의 참, 거짓 판단 ⊙ 적절한 명제 판단 ⊙ 언어 추리, 순서 추리 등	

지각

[세부 영역별 출제키워드와 기출 유형분석]

영역	출제 키워드	기출 유형분석
블록형 문제	⊙ 도형의 개수 ⊙ 보이지 않는 블록의 개수 ⊙ 여러 방향에서 봤을 때 도형의 개수 등	▶ 블록의 문제가 꾸준하게 출제되고 있고 일부 문제의 경우 도형의 위치가 헷갈리게 출제됨. ▶ 보기의 도형과 일치하는 것을 찾는 문제가 출제됨. ▶ 다양한 색과 다양한 형태의 조각이 주어져 헷갈리게 출제됨.
정렬, 도형 일치 문제 등	⊙ 그림의 정렬 ⊙ 일치 · 불일치 도형을 찾는 문제 등	

고시넷 삼성 온라인 GSAT 5급 고졸 직무적성검사 최신기출유형모의고사

영역별 출제비중

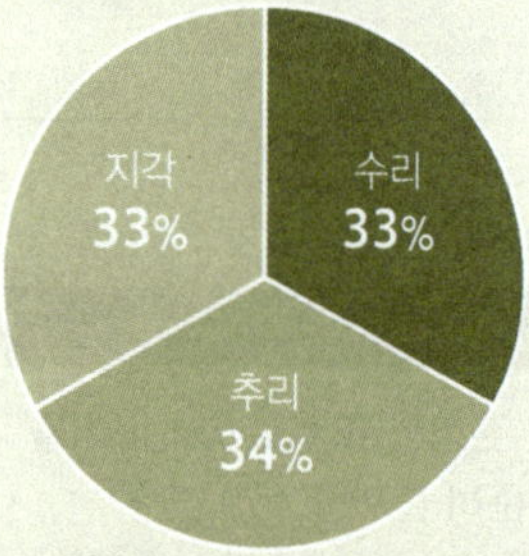

▶ 수리능력 : 사칙연산, 대소 비교하기, 확률, 방정식 활용하기, 자료의 수치 분석하기

▶ 추리능력 : 배열 규칙 찾기, 명제의 참 · 거짓 판단하기, 조건을 바탕으로 진위 추론하기

▶ 지각능력 : 제시된 문자군 비교하기, 블록의 개수 구하기, 동일한 도형 고르기

삼성 5급 고졸 GSAT는 크게 1. 수리능력, 2. 추리능력, 3. 지각능력 세 가지 영역에서 출제되고 있다. 수리능력은 주로 사칙연산과 방정식을 활용한 문제가 출제되어 기초연산능력을 평가한다. 또한 표나 그래프를 분석하고 그 수치를 계산하는 문제가 출제된다. 추리능력에서는 숫자나 문자들의 배열로부터 규칙을 추론하는 문제와 명제의 참 · 거짓을 판단하는 문제가 출제된다. 또한 제시된 조건을 바탕으로 논리적 추론을 하는 문제가 출제되고 있다. 지각능력에서는 숫자, 기호, 문자군을 비교하는 문제 등이 출제되고 있으며 또한 입체도형을 만드는 데 필요한 블록의 개수를 구하는 문제나 동일한 도형을 고르는 문제 등과 같이 제시된 도형을 파악하는 문제가 출제되고 있다.

파트 1 영역별 빈출이론

01 수리능력
02 추리능력
03 지각능력

수리능력

사칙연산과 계산방법을 활용하여 연산 결과의 오류를 판단하고, 직무와 관련이 있는 각종 자료를 분석하여 요구하는 값을 구하거나, 주어진 자료를 활용하여 결과를 도표로 작성할 수 있는지를 평가하는 영역으로 구성된다.

빈출 1 01 수리

응용수리

1 덧셈의 비교

1. 숫자 각각의 대소를 비교한다.

1,865>1,859

327+1,865 □ 321+1,859

327>321

1,258>1,226

264+1,258 □ 1,226+260

264>260

➜ 숫자 각각의 대소를 비교했을 때 좌변이 더 큰 수이므로 계산 결과도 좌변이 더 크다.

2. 숫자 각각의 증감을 비교한다.

−16

327+1,865 □ 309+1,881

+18

➜ 숫자 각각의 증감을 비교했을 때 18−16=2이므로 계산 결과는 좌변이 더 크다.

2 뺄셈의 비교

1. 빼어지는 수와 빼는 수의 증감을 파악한다.

감소

1,865−327 □ 1,871−325

증가

➜ 빼어지는 수(1,865와 1,871)는 증가, 빼는 수(327과 325)는 감소했으므로 계산 결과는 우변이 더 크다.

2. 숫자 각각의 증감을 비교한다.

+48

$1,865-327 \ \square \ 1,927-375$

+62

➜ 숫자 각각의 증감을 비교했을 때 62−48=14이므로 계산 결과는 우변이 더 크다.

−245

$1,865-327 \ \square \ 1,627-82$

−238

➜ 숫자 각각의 증감을 비교했을 때 −238−(−245)=7이므로 계산 결과는 우변이 더 크다.

3 곱셈의 비교

1. 숫자 각각의 대소를 비교한다.

86.5>85.4

$32.7\times86.5 \ \square \ 85.4\times31.9$

32.7>31.9

➜ 숫자 각각의 대소를 비교했을 때 좌변이 더 큰 수이므로 계산 결과도 좌변이 더 크다.

2. 비교하기 쉽게 숫자를 조정한다.

$300\times0.1 \ \square \ 1,400\times0.02$

$5\times300\times0.1 \ \square \ 1,400\times0.02\times5$

$1,500\times0.1 \ \square \ 1,400\times0.1$

1,500>1,400

➜ 숫자를 조정한 후, 숫자 각각의 대소를 비교했을 때 좌변이 더 큰 수이므로 계산 결과도 좌변이 더 크다.

3. 숫자 각각의 증가율을 비교한다.

5% 증가

300×103 □ 315×100

3% 증가

➜ 숫자 각각의 증가율을 비교했을 때 5%>3%이므로 계산 결과는 우변이 더 크다.

4 분수의 비교

1. 곱셈을 사용

$\frac{b}{a}$와 $\frac{d}{c}$의 비교(단, a, b, c, $d > 0$)　　$bc > ad$이면 $\frac{b}{a} > \frac{d}{c}$

2. 어림셈과 곱셈을 사용

$\frac{47}{140}$과 $\frac{88}{265}$의 비교 → $\frac{47}{140}$은 $\frac{1}{3}$보다 크고 $\frac{88}{265}$은 $\frac{1}{3}$보다 작으므로 $\frac{47}{140} > \frac{88}{265}$

3. 분모와 분자의 배율을 비교

$\frac{351}{127}$과 $\frac{3,429}{1,301}$의 비교

3,429는 351의 10배보다 작고 1,301은 127의 10배보다 크므로 $\frac{351}{127} > \frac{3,429}{1,301}$

4. 분모와 분자의 차이를 파악

$\frac{b}{a}$와 $\frac{b+d}{a+c}$의 비교(단, a, b, c, $d > 0$)

$\frac{b}{a} > \frac{d}{c}$이면 $\frac{b}{a} > \frac{b+d}{a+c}$　　$\frac{b}{a} < \frac{d}{c}$이면 $\frac{b}{a} < \frac{b+d}{a+c}$

5 단위환산

단위	단위환산		
길이	• 1cm=10mm • 1in=2.54cm	• 1m=100cm • 1mile=1,609.344m	• 1km=1,000m
넓이	• $1cm^2=100mm^2$	• $1m^2=10,000cm^2$	• $1km^2=1,000,000m^2$
부피	• $1cm^3=1,000mm^3$	• $1m^3=1,000,000cm^3$	• $1km^3=1,000,000,000m^3$
들이	• $1m\ell=1cm^3$	• $1d\ell=100cm^3=100m\ell$	• $1\ell=1,000cm^3=10d\ell$
무게	• 1kg=1,000g	• 1t=1,000kg=1,000,000g	• 1근=600g
시간	• 1분=60초	• 1시간=60분=3,600초	
할푼리	• 1푼=0.1할	• 1리=0.01할	• 1모=0.001할
데이터 양	• 1KB=1,024B • 1TB=1,024GB	• 1MB=1,024KB • 1PB=1,024TB	• 1GB=1,024MB • 1EB=1,024PB

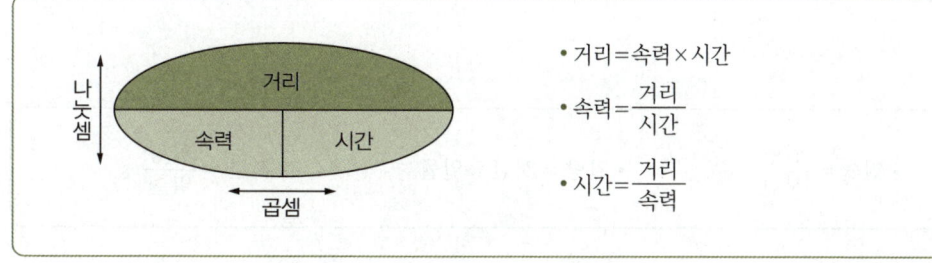

6 거리 · 속력 · 시간

1. 공식

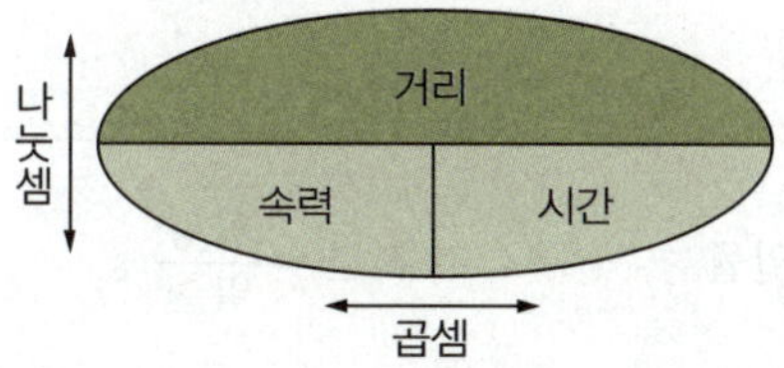

• 거리=속력×시간

• 속력$=\frac{거리}{시간}$

• 시간$=\frac{거리}{속력}$

2. 풀이 방법

거리, 속력, 시간 중 무엇을 구하는 것인지를 파악하여 공식을 적용하고 방정식을 세운다.

• 단위 변환에 주의한다.

• 1km=1,000m • $1m=\frac{1}{1,000}km$

• 1시간=60분 • 1분$=\frac{1}{60}$시간

7 농도

1. 공식

$$농도(\%) = \frac{용질(소금)의\ 질량}{용질(소금물)의\ 질량} \times 100 = \frac{용질의\ 질량}{용매의\ 질량 + 용질의\ 질량} \times 100$$

2. 풀이 방법

두 소금물 A, B를 하나로 섞었을 때 ➜

(1) (A+B) 소금의 양=A 소금의 양+B 소금의 양

(2) (A+B) 소금물의 양=A 소금물의 양+B 소금물의 양

(3) $(A+B)\ 농도 = \frac{(A+B)\ 소금의\ 양}{(A+B)\ 소금물의\ 양} \times 100$

8 일의 양

1. 공식

- $일률 = \frac{일량}{시간}$
- $일량 = 시간 \times 일률$
- $시간 = \frac{일량}{일률}$

2. 풀이 방법

(1) 전체 일을 1로 둔다.

(2) 단위시간당 일의 양을 분수로 나타낸다.

9 약 · 배수

1. **공약수** : 두 정수의 공통 약수가 되는 정수, 즉 두 정수가 모두 나누어떨어지는 정수를 말한다.

2. **최대공약수** : 공약수 중에서 가장 큰 수로, 공약수는 그 최대공약수의 약수이다.

3. **서로소** : 공약수가 1뿐인 두 자연수이다.

4. 공배수 : 두 정수의 공통 배수가 되는 정수를 말한다.

5. 최소공배수 : 공배수 중에서 가장 작은 수로, 공배수는 그 최소공배수의 배수이다.

6. 최대공약수와 최소공배수의 관계

$$G\underline{)\ A\ \ B}$$
$$\ \ \ a\ \ \ b$$

두 자연수 A, B의 최대공약수가 G이고 최소공배수가 L일 때 ➜ $A=a\times G$, $B=b\times G$(a, b는 서로소)라 하면 $L=a\times b\times G$가 성립한다.

7. 약수의 개수

자연수 n이 $p_1^{e_1}p_2^{e_2}\cdots p_k^{e_k}$로 소인수분해될 때, n의 약수의 개수는 $(e_1+1)(e_2+1)\cdots(e_k+1)$개이다.

10 손익계산

1. 공식

- $\text{정가}=\text{원가}\times\left(1+\frac{\text{이익률}}{100}\right)$
- $\text{정가}=\text{원가}+\text{이익}$
- $\text{할인율}(\%)=\frac{\text{정가}-\text{할인가(판매가)}}{\text{정가}}\times 100$
- $\text{할인가}=\text{정가}\times\left(1-\frac{\text{할인율}}{100}\right)=\text{정가}-\text{할인액}$
- $\text{이익}=\text{원가}\times\frac{\text{이익률}}{100}$

2. 풀이 방법

(1) 정가가 원가보다 a원 비싸다. → 정가=원가$+a$

(2) 정가가 원가보다 $b\%$ 비싸다. → 정가=원가$\times\left(1+\frac{b}{100}\right)$

(3) 판매가가 정가보다 c원 싸다. → 판매가=정가$-c$

(4) 판매가가 정가보다 $d\%$ 싸다. → 판매가=정가$\times\left(1-\frac{d}{100}\right)$

수리능력 추리능력 지각능력 영역별 빈출이론 1회 2회 3회 기출유형문제 인성검사 면접가이드

11 원리합계

1. 정기예금

(1) **단리** : 원금에 대해서만 이자를 붙이는 방식이다.

$$S = A(1 + rn)$$

** S : 원리합계, A : 원금, r : 연이율, n : 기간(년)

예

원금 100만 원, 연 10% 단리

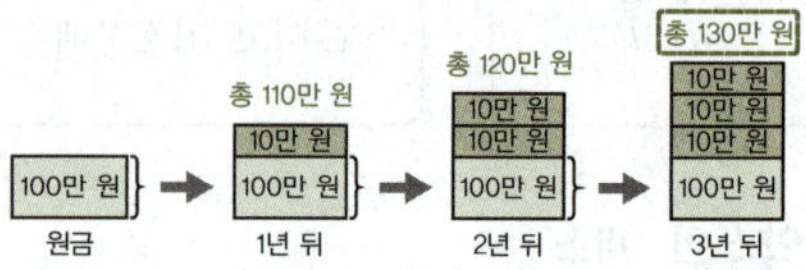

(2) **복리** : 원금뿐만 아니라 원금에서 생기는 이자에도 이자를 붙이는 방식이다.

$$S = A(1 + r)^n$$

** S : 원리합계, A : 원금, r : 연이율, n : 기간(년)

예

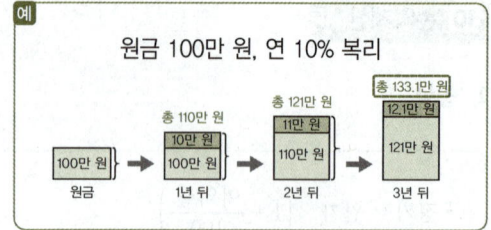

원금 100만 원, 연 10% 복리

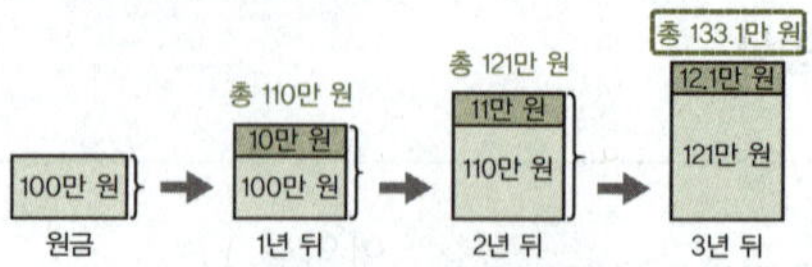

2. 정기적금

(1) **기수불** : 각 단위기간의 첫날에 적립하는 방식으로 마지막에 적립한 예금도 단위기간 동안의 이자가 발생한다.

예

- 단리 : $S = An + A \times r \times \dfrac{n(n+1)}{2}$
- 복리 : $S = \dfrac{A(1+r)\{(1+r)^n - 1\}}{r}$

→ ** S : 원리합계, A : 원금, r : 연이율, n : 기간(년)

(2) **기말불** : 각 단위기간의 마지막 날에 적립하는 방식으로 마지막에 적립한 예금은 이자가 발생하지 않는다.

예

- 단리 : $S = An + A \times r \times \dfrac{n(n-1)}{2}$
- 복리 : $S = \dfrac{A\{(1+r)^n - 1\}}{r}$

→ ** S : 원리합계, A : 원금, r : 연이율, n : 기간(년)

3. 72의 법칙

이자율을 복리로 적용할 때 투자한 돈이 2배가 되는 시간을 계산하는 방법이다.

$$\text{원금이 2배가 되기까지 걸리는 시간(년)} = \frac{72}{\text{이자율(\%)}}$$

12 간격

1. 직선상에 심는 경우

구분	양쪽 끝에도 심는 경우	양쪽 끝에는 심지 않는 경우	한쪽 끝에만 심는 경우
필요한 나무 수	$\frac{\text{직선 길이}}{\text{간격 길이}}+1=\text{간격의 수}+1$	$\frac{\text{직선 길이}}{\text{간격 길이}}-1=\text{간격의 수}-1$	$\frac{\text{직선 길이}}{\text{간격 길이}}=\text{간격의 수}$
직선 길이	간격 길이×(나무 수−1)	간격 길이×(나무 수+1)	간격 길이×나무 수

2. 원 둘레상에 심는 경우

(1) 공식

- 필요한 나무 수 : $\frac{\text{둘레 길이}}{\text{간격 길이}}=\text{간격의 수}$
- 둘레 길이 : 간격 길이×나무 수

(2) 원형에 나무를 심을 때 특징

간격의 수와 나무의 수가 같다. ➜

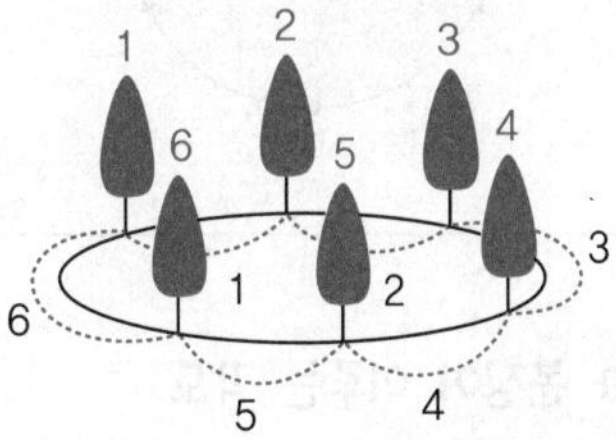

간격의 수가 6이면, 나무의 수=6그루

(3) 풀이 순서

① 일직선상에 심는 경우인지 원형상에 심는 경우인지 구분한다.

② 공식을 적용하여 풀이한다.

13 나이 · 시계각도

1. 나이

(1) x년이 흐른 뒤에는 모든 사람이 x살씩 나이를 먹는다.

(2) 시간이 흘러도 객체 간의 나이 차이는 동일하다.

2. 시침의 각도

예

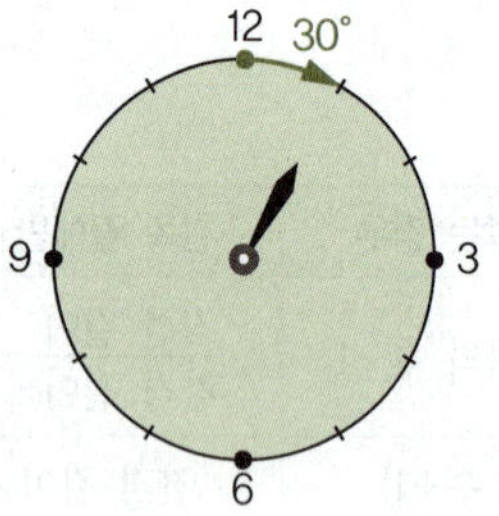

➜

- 12시간 동안 회전한 각도 : 360°
- 1시간 동안 회전한 각도 : 360°÷12=30°
- 1분 동안 회전한 각도 : 30°÷60=0.5°
  ↳ X시 Y분일 때 시침의 각도 : $30°X+0.5°Y$

3. 분침의 각도

예

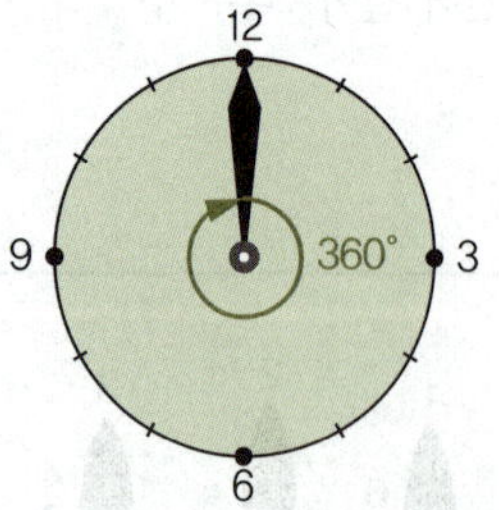

➜

- 1시간 동안 회전한 각도 : 360°
- 1분 동안 회전한 각도 : 360°÷60=6°
  ↳ X시 Y분일 때 분침의 각도 : $6°Y$

4. 시침과 분침이 이루는 각도

예

X시 Y분일 때 시침과 분침이 이루는 각도

➜

예

$|(30°X+0.5°Y)-6°Y|=|30°X-5.5°Y|$
(단, 각도 A가 180°보다 클 경우 $360°-A$를 한다)

14 곱셈공식

- $(a\pm b)^2=a^2\pm 2ab+b^2$
- $(a\pm b)^3=a^3\pm 3a^2b+3ab^2\pm b^3$
- $(ax+b)(cx+d)=acx^2+(ad+bc)x+bd$
- $(a+b+c)^2=a^2+b^2+c^2+2ab+2bc+2ca$
- $a^2+b^2=(a\pm b)^2\mp 2ab$
- $(a+b)(a-b)=a^2-b^2$
- $(x+a)(x+b)=x^2+(a+b)x+ab$
- $(a\pm b)^2=(a\mp b)^2\pm 4ab$
- $(a\pm b)(a^2\mp ab+b^2)=a^3\pm b^3$
- $a^2+\dfrac{1}{a^2}=\left(a\pm\dfrac{1}{a}\right)^2\mp 2$ (단, $a\neq 0$)

15 집합

1. **집합** : 주어진 조건에 의하여 그 대상을 명확하게 구분할 수 있는 모임이다.

2. **부분집합** : 두 집합 A, B에 대하여 집합 A의 모든 원소가 집합 B에 속할 때, 집합 A는 집합 B의 부분집합(A⊂B)이라 한다.

3. 집합의 포함 관계에 대한 성질

임의의 집합 A, B, C에 대하여
- ∅⊂A, A⊂A
- A⊂B이고 B⊂A이면 A=B
- A⊂B이고 B⊂C이면 A⊂C

4. 합집합, 교집합, 여집합, 차집합

합집합	교집합
A∪B={x | x∈A 또는 x∈B}	A∩B={x | x∈A이고 x∈B}
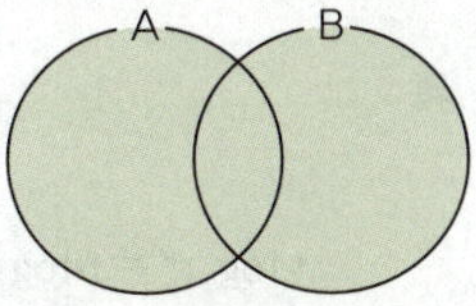	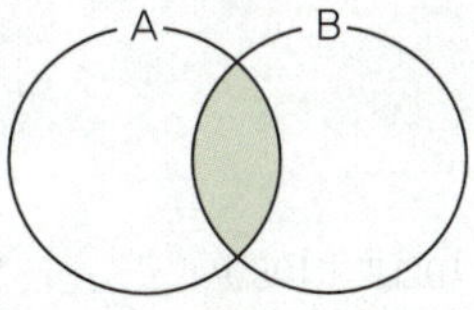
여집합	**차집합**
A^c={x | x∈U이고 x∉A}	A−B={x | x∈A이고 x∉B}
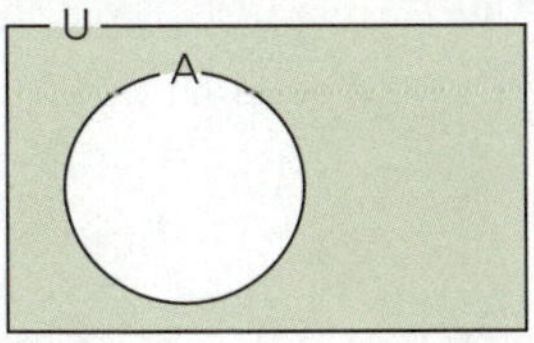	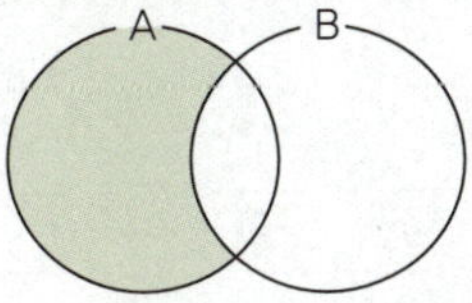

5. 집합의 연산법칙

• 교환법칙	A∪B=B∪A, A∩B=B∩A
• 결합법칙	(A∪B)∪C=A∪(B∪C), (A∩B)∩C=A∩(B∩C)
• 분배법칙	A∪(B∩C)=(A∪B)∩(A∪C), A∩(B∪C)=(A∩B)∪(A∩C)
• 드모르간의 법칙	$(A\cup B)^c=A^c\cap B^c$, $(A\cap B)^c=A^c\cup B^c$
• 차집합의 성질	$A-B=A\cap B^c$
• 여집합의 성질	$A\cup A^c=U$, $A\cap A^c=\varnothing$

16 지수와 로그법칙

1. 지수법칙

$a>0$, $b>0$이고 m, n이 임의의 실수일 때

- $a^m \times a^n = a^{m+n}$
- $a^m \div a^n = a^{m-n}$
- $(a^m)^n = a^{mn}$
- $(ab)^m = a^m b^m$
- $\left(\dfrac{a}{b}\right)^m = \dfrac{a^m}{b^m}$ (단, $b \neq 0$)
- $a^0 = 1$
- $a^{-n} = \dfrac{1}{a^n}$ (단, $a \neq 0$)

2. 로그법칙

• 로그의 정의 : $b=a^x \Leftrightarrow \log_a b = x$ (단, $a>0$, $a\neq 1$, $b>0$)

$a>0$, $a\neq 1$, $x>0$, $y>0$일 때

- $\log_a xy = \log_a x + \log_a y$
- $\log_a \dfrac{x}{y} = \log_a x - \log_a y$
- $\log_a x^p = p\log_a x$
- $\log_a \sqrt[p]{x} = \dfrac{\log_a x}{p}$
- $\log_a x = \dfrac{\log_b x}{\log_b a}$ (단, $b>0$, $b\neq 1$)

17 제곱근

1. 제곱근

어떤 수 x를 제곱하여 a가 되었을 때, x를 a의 제곱근이라 한다.

→ 예

$$x^2 = a \Leftrightarrow x = \pm\sqrt{a} \quad (\text{단, } a \geq 0)$$

2. 제곱근의 연산

$a>0$, $b>0$일 때

- $m\sqrt{a}+n\sqrt{a}=(m+n)\sqrt{a}$
- $m\sqrt{a}-n\sqrt{a}=(m-n)\sqrt{a}$
- $\sqrt{a}\sqrt{b}=\sqrt{ab}$
- $\sqrt{a^2b}=a\sqrt{b}$
- $\dfrac{\sqrt{a}}{\sqrt{b}}=\sqrt{\dfrac{a}{b}}$

3. 분모의 유리화 : 분수의 분모가 근호를 포함한 무리수일 때 분모, 분자에 0이 아닌 같은 수를 곱하여 분모를 유리수로 고치는 것이다.

$a>0$, $b>0$일 때

- $\dfrac{a}{\sqrt{b}}=\dfrac{a\sqrt{b}}{\sqrt{b}\sqrt{b}}=\dfrac{a\sqrt{b}}{b}$
- $\dfrac{\sqrt{a}}{\sqrt{b}}=\dfrac{\sqrt{a}\sqrt{b}}{\sqrt{b}\sqrt{b}}=\dfrac{\sqrt{ab}}{b}$
- $\dfrac{1}{\sqrt{a}+\sqrt{b}}=\dfrac{\sqrt{a}-\sqrt{b}}{(\sqrt{a}+\sqrt{b})(\sqrt{a}-\sqrt{b})}=\dfrac{\sqrt{a}-\sqrt{b}}{a-b}$ (단, $a \neq b$)
- $\dfrac{1}{\sqrt{a}-\sqrt{b}}=\dfrac{\sqrt{a}+\sqrt{b}}{(\sqrt{a}-\sqrt{b})(\sqrt{a}+\sqrt{b})}=\dfrac{\sqrt{a}+\sqrt{b}}{a-b}$ (단, $a \neq b$)

18 방정식

1. 이차방정식의 근의 공식

$$ax^2+bx+c=0\text{일 때(단, } a\neq 0) \quad x=\frac{-b\pm\sqrt{b^2-4ac}}{2a}$$

2. 이차방정식의 근과 계수와의 관계 공식

- $ax^2+bx+c=0$(단, $a\neq 0$)의 두 근이 α, β일 때 ➜ $\alpha+\beta=-\frac{b}{a}$ $\alpha\beta=\frac{c}{a}$
- $x=\alpha$, $x=\beta$를 두 근으로 하는 이차방정식 ➜ $a(x-\alpha)(x-\beta)=0$

3. 연립일차방정식의 풀이 방법

(1) **계수가 소수인 경우** : 양변에 10, 100, …을 곱하여 계수가 모두 정수가 되도록 한다.

(2) **계수가 분수인 경우** : 양변에 분모의 최소공배수를 곱하여 계수가 모두 정수가 되도록 한다.

(3) **괄호가 있는 경우** : 괄호를 풀고 동류항을 간단히 한다.

(4) **$A=B=C$의 꼴인 경우** : ($A=B$, $A=C$), ($B=A$, $B=C$), ($C=A$, $C=B$)의 3가지 중 어느 하나를 택하여 푼다.

4. 이차방정식의 풀이 방법

(1) **$AB=0$의 성질을 이용한 풀이**

$AB=0$이면 $A=0$ 또는 $B=0$ ➜ $(x-a)(x-b)=0$이면 $x=a$ 또는 $x=b$

(2) **인수분해를 이용한 풀이**

주어진 방정식을 (일차식)×(일차식)=0의 꼴로 인수분해하여 푼다.

$$ax^2+bx+c=0 \xrightarrow[\text{인수분해}]{} a(x-p)(x-q)=0 \longrightarrow x=p \text{ 또는 } x=q$$

(3) 제곱근을 이용한 풀이

- $x^2=a$(단, $a \geq 0$)이면 $x=\pm\sqrt{a}$
- $ax^2=b\left(\text{단, } \frac{b}{a} \geq 0\right)$이면 $x=\pm\sqrt{\frac{b}{a}}$
- $(x-a)^2=b$(단, $b \geq 0$)이면 $x-a=\pm\sqrt{b}$에서 $x=a\pm\sqrt{b}$

(4) 완전제곱식을 이용한 풀이

이차방정식 $ax^2+bx+c=0$(단, $a\neq0$)의 해는 다음과 같이 고쳐서 구할 수 있다.

- $a=1$일 때, $x^2+bx+c=0$ ➔ $(x+p)^2=q$의 꼴로 변형
- $a\neq1$일 때, $ax^2+bx+c=0$ ➔ $x^2+\frac{b}{a}x+\frac{c}{a}=0$
  $(x+p)^2=q$의 꼴로 변형

19 부등식

1. 성질

- $a<b$일 때, $a+c<b+c$, $a-c<b-c$
- $a<b$, $c>0$일 때, $ac<bc$, $\frac{a}{c}<\frac{b}{c}$
- $a<b$, $c<0$일 때, $ac>bc$, $\frac{a}{c}>\frac{b}{c}$

2. 일차부등식의 풀이 순서

(1) 미지수 x를 포함한 항은 좌변으로, 상수항은 우변으로 이항한다.

(2) $ax>b$, $ax<b$, $ax\geq b$, $ax\leq b$의 꼴로 정리한다(단, $a\neq0$).

(3) 양변을 x의 계수 a로 나눈다.

20 비와 비율

1. 비 : 두 수의 양을 기호 ':'을 사용하여 나타내는 것

비례식에서 외항의 곱과 내항의 곱은 항상 같다.	➜	$A:B=C:D$일 때, $A\times D=B\times C$

2. 비율 : 비교하는 양이 원래의 양(기준량)의 얼마만큼에 해당하는지를 나타낸 것

- 비율$=\dfrac{\text{비교하는 양}}{\text{기준량}}$
- 비교하는 양=비율×기준량
- 기준량=비교하는 양÷비율

소수	분수	백분율	할푼리
0.1	$\frac{1}{10}$	10%	1할
0.01	$\frac{1}{100}$	1%	1푼
0.25	$\frac{25}{100}=\frac{1}{4}$	25%	2할 5푼
0.375	$\frac{375}{1,000}=\frac{3}{8}$	37.5%	3할 7푼 5리

* 백분율(%) : 기준량이 100일 때의 비율
* 할푼리 : 비율을 소수로 나타내었을 때 소수 첫째 자리, 소수 둘째 자리, 소수 셋째 자리를 이르는 말

21 도형

1. 둘레

원의 둘레(원주)	부채꼴의 둘레
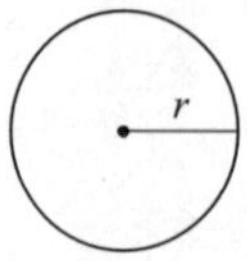 $l=2\pi r$	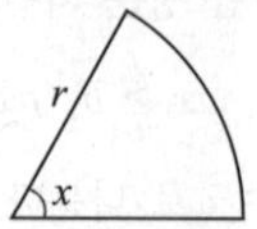 $l=2\pi r\times\frac{x}{360}+2r$

2. 사각형의 넓이

정사각형의 넓이	직사각형의 넓이	마름모의 넓이
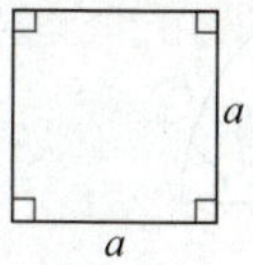 $S=a^2$	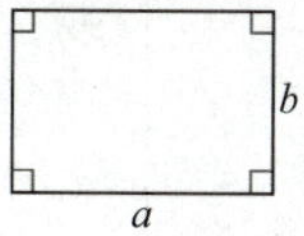 $S=ab$	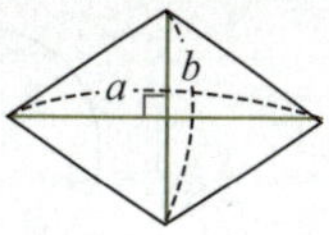 $S=\frac{1}{2}ab$
사다리꼴의 넓이	**평행사변형의 넓이**	
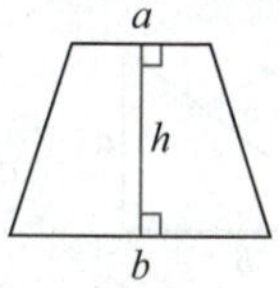 $S=\frac{1}{2}(a+b)h$	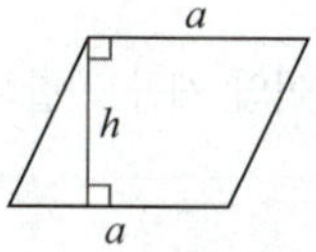 $S=ah$	

3. 삼각형의 넓이

삼각형의 넓이	정삼각형의 넓이
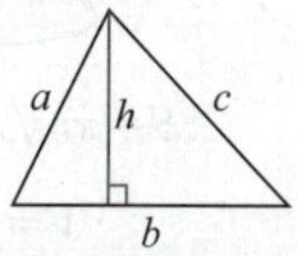 $S=\frac{1}{2}bh$	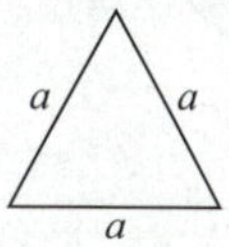 $S=\frac{\sqrt{3}}{4}a^2$
직각삼각형의 넓이	**이등변삼각형의 넓이**
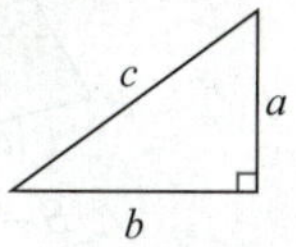 $S=\frac{1}{2}ab$	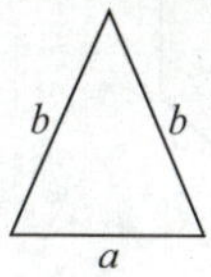 $S=\frac{a}{4}\sqrt{4b^2-a^2}$

4. 원과 부채꼴의 넓이

원의 넓이	부채꼴의 넓이
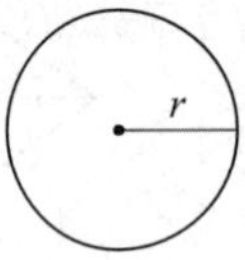 $S=\pi r^2$	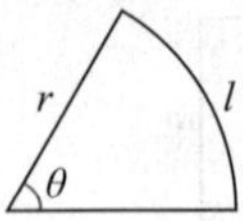 $S=\frac{1}{2}r^2\theta=\frac{1}{2}rl$ (θ는 중심각(라디안))

5. 피타고라스의 정리

직각삼각형에서 직각을 끼고 있는 두 변의 길이의 제곱을 합하면 빗변의 길이의 제곱과 같다.

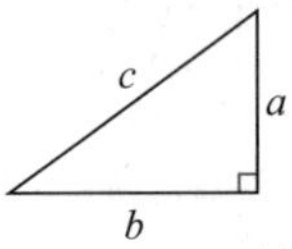

$$a^2+b^2=c^2$$

6. 입체도형의 겉넓이와 부피

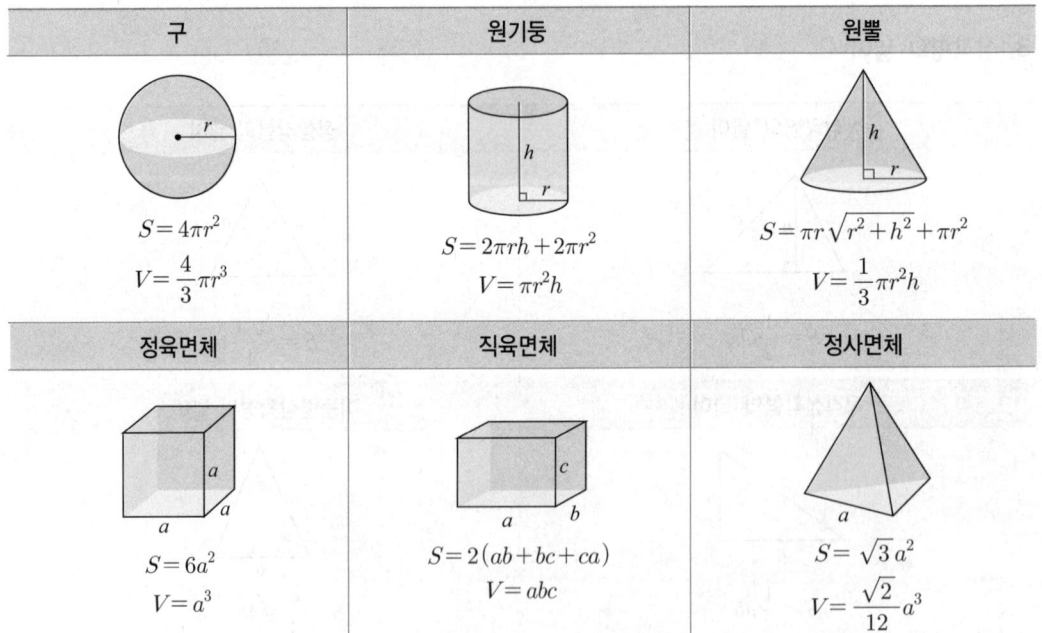

구	원기둥	원뿔
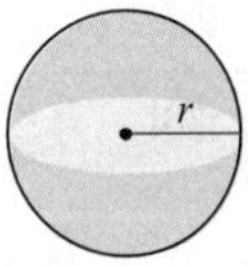 $S=4\pi r^2$ $V=\frac{4}{3}\pi r^3$	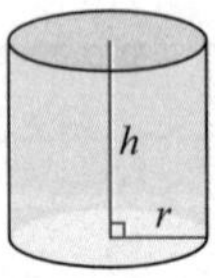 $S=2\pi rh+2\pi r^2$ $V=\pi r^2 h$	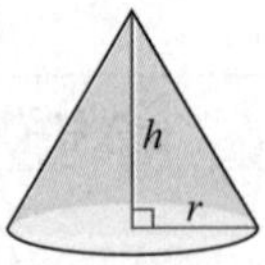 $S=\pi r\sqrt{r^2+h^2}+\pi r^2$ $V=\frac{1}{3}\pi r^2 h$
정육면체	**직육면체**	**정사면체**
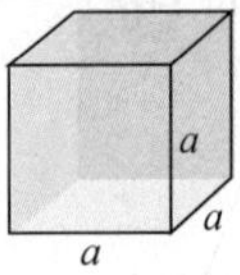 $S=6a^2$ $V=a^3$	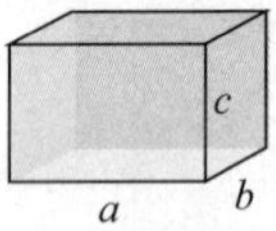 $S=2(ab+bc+ca)$ $V=abc$	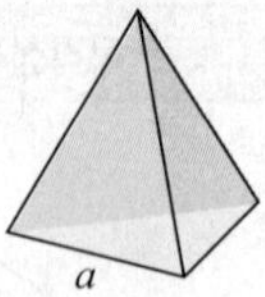 $S=\sqrt{3}a^2$ $V=\frac{\sqrt{2}}{12}a^3$

빈출 2

자료해석

1 기초 통계

종류	내용
백분율	• 전체의 수량을 100으로 하여, 나타내려는 수량이 그중 몇이 되는가를 가리키는 수 • 기호는 %(퍼센트)이며, $\frac{1}{100}$이 1%에 해당된다. • 오래전부터 실용계산의 기준으로 널리 사용되고 있으며, 원그래프 등을 이용하면 이해하기 쉽다.
범위	• 관찰값의 흩어진 정도를 나타내는 도구로서 최곳값과 최젓값을 가지고 파악하며, 최곳값에서 최젓값을 뺀 값에 1을 더한 값을 의미한다. • 계산이 용이한 장점이 있으나 극단적인 끝 값에 의해 좌우되는 단점이 있다.
평균	• 관찰값 전부에 대한 정보를 담고 있어 대상집단의 성격을 함축적으로 나타낼 수 있는 값이다. • 자료에 대해 일종의 무게중심으로 볼 수 있다. • 모든 자료의 자료값을 합한 후 자료값의 개수로 나눈 값 $$\text{평균}=\frac{\text{자료의 총합}}{\text{자료의 총 개수}}$$ • 평균의 종류 – 산술평균 : 전체 관찰값을 모두 더한 후 관찰값의 개수로 나눈 값 – 가중평균 : 각 관찰값에 자료의 상대적 중요도(가중치)를 곱하여 모두 더한 값을 가중치의 합계로 나눈 값
분산	• 자료의 퍼져있는 정도를 구체적인 수치로 알려주는 도구 • 각 관찰값과 평균값의 차이의 제곱을 모두 합한 값을 개체의 수로 나눈 값을 의미한다. $$\text{분산}=\frac{(\text{편차})^2\text{의 총합}}{\text{변량의 개수}}$$
표준편차	• 분산값의 제곱근 값을 의미한다(표준편차 = $\sqrt{\text{분산}}$). • 평균으로부터 얼마나 떨어져 있는가를 나타내는 개념으로, 평균편차의 개념과 개념적으로는 동일하다. • 표준편차가 크면 자료들이 넓게 퍼져있고 이질성이 큰 것을 의미하고 작으면 자료들이 집중하여 있고 동질성이 커지게 된다.

2 다섯숫자요약

평균과 표준편차만으로는 원 자료의 전체적인 형태를 파악하기 어렵기 때문에 최솟값, 하위 25%값(Q_1, 제1사분위수), 중앙값(Q_2), 상위 25%값(Q_3, 제3사분위수), 최댓값 등을 활용하며, 이를 다섯숫자요약이라고 부른다.

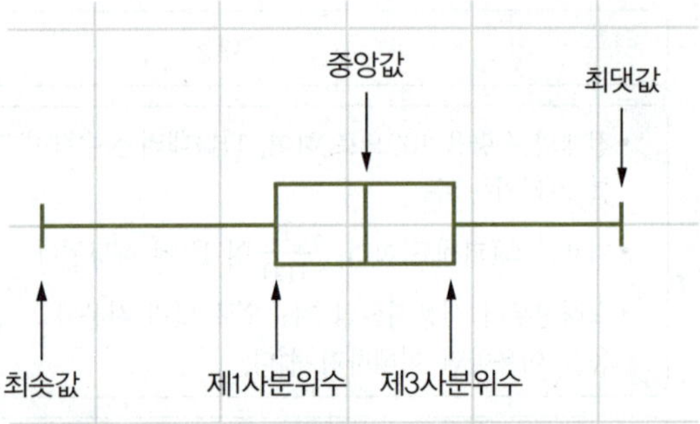

1. **최솟값** : 원 자료 중 값의 크기가 가장 작은 값이다.

2. **최댓값** : 원 자료 중 값의 크기가 가장 큰 값이다.

3. **중앙값** : 관찰값을 최솟값부터 최댓값까지 크기순으로 배열하였을 때 순서상 중앙에 위치하는 값으로 평균값과는 다르다. 관찰값 중 어느 하나가 너무 크거나 작을 때 자료의 특성을 잘 나타낸다.

		예
자료의 개수(n)가 홀수인 경우	➜	• 중앙에 있는 값 • 중앙값$=\frac{n+1}{2}$번째의 변량
자료의 개수(n)가 짝수인 경우	➜	• 중앙에 있는 두 값의 평균 • 중앙값$=\frac{n}{2}$번째와 $\left(\frac{n}{2}+1\right)$번째 변량의 산술평균

4. **하위 25%값과 상위 25%값** : 원 자료를 크기순으로 배열하여 4등분한 값을 의미한다. 백분위수의 관점에서 제25백분위수, 제75백분위수로 표기할 수도 있다.

3 도수분포표

1. 도수분포표 : 자료를 몇 개의 계급으로 나누고, 각 계급에 속하는 도수를 조사하여 나타낸 표이다.

몸무게(kg)	계급값	도수
30 이상 ~ 35 미만	32.5	3
35 ~ 40	37.5	5
40 ~ 45	42.5	9
45 ~ 50	47.5	13
50 ~ 55	52.5	7
55 ~ 60	57.5	3

- 변량 : 자료를 수량으로 나타낸 것
- 계급 : 변량을 일정한 간격으로 나눈 구간
- 계급의 크기 : 구간의 너비
- 계급값 : 계급을 대표하는 값으로 계급의 중앙값
- 도수 : 각 계급에 속하는 자료의 개수

2. 도수분포표에서의 평균, 분산, 표준편차

- 평균 $= \dfrac{\{(\text{계급값})\times(\text{도수})\}\text{의 총합}}{(\text{도수})\text{의 총합}}$
- 분산 $= \dfrac{\{(\text{편차})^2\times(\text{도수})\}\text{의 총합}}{(\text{도수})\text{의 총합}}$
- 표준편차 $= \sqrt{\text{분산}} = \sqrt{\dfrac{\{(\text{편차})^2\times(\text{도수})\}\text{의 총합}}{(\text{도수})\text{의 총합}}}$

3. 상대도수

(1) 도수분포표에서 도수의 총합에 대한 각 계급의 도수의 비율이다.

(2) 상대도수의 총합은 반드시 1이다.

→ 계급의 상대도수 $= \dfrac{\text{각 계급의 도수}}{\text{도수의 총합}}$

4. 누적도수

(1) 도수분포표에서 처음 계급의 도수부터 어느 계급의 도수까지 차례로 더한 도수의 합이다.

- 각 계급의 누적도수 = 앞 계급까지의 누적도수 + 그 계급의 도수

(2) 처음 계급의 누적도수는 그 계급의 도수와 같다.

(3) 마지막 계급의 누적도수는 도수의 총합과 같다.

4 경우의 수

1. **합의 법칙** : 두 사건 A, B가 동시에 일어나지 않을 때, 사건 A, B가 일어날 경우의 수를 각각 m, n이라고 하면, 사건 A 또는 B가 일어날 경우의 수는 $(m+n)$가지이다.

2. **곱의 법칙** : 사건 A, B가 일어날 경우의 수를 각각 m, n이라고 하면, 사건 A, B가 동시에 일어날 경우의 수는 $(m\times n)$가지이다.

3. 순열

서로 다른 n개에서 중복을 허용하지 않고 r개를 골라 순서를 고려해 나열하는 경우의 수 ➜

예
$$_nP_r=n(n-1)(n-2)\cdots(n-r+1)=\frac{n!}{(n-r)!}\ (\text{단, } r\le n)$$

4. 조합

서로 다른 n개에서 순서를 고려하지 않고 r개를 택하는 경우의 수 ➜

예
$$_nC_r=\frac{n(n-1)(n-2)\cdots(n-r+1)}{r!}=\frac{n!}{r!(n-r)!}\ (\text{단, } r\le n)$$

5. 중복순열

서로 다른 n개에서 중복을 허용하여 r개를 골라 순서를 고려해 나열하는 경우의 수 ➜

예
$$_n\Pi_r=n^r$$

6. 중복조합

서로 다른 n개에서 순서를 고려하지 않고 중복을 허용하여 r개를 택하는 경우의 수 ➜

예
$$_nH_r={}_{n+r-1}C_r$$

7. 같은 것이 있는 순열

n개 중에 같은 것이 각각 p개, q개, r개일 때 n개의 원소를 모두 택하여 만든 순열의 수 ➜

예
$$\frac{n!}{p!q!r!}\ (\text{단, } p+q+r=n)$$

8. 원순열

서로 다른 n개를 원형으로 배열하는 경우 → 예 $\frac{{}_nP_n}{n}=(n-1)!$

5 확률

1. 일어날 수 있는 모든 경우의 수를 n가지, 사건 A가 일어날 경우의 수를 a가지라고 하면 사건 A가 일어날 확률 $P=\frac{a}{n}$, 사건 A가 일어나지 않을 확률 $P'=1-P$이다.

2. 두 사건 A, B가 배반사건(동시에 일어나지 않을 때)일 경우 $P(A\cup B)=P(A)+P(B)$

3. 두 사건 A, B가 독립(두 사건이 서로 영향을 주지 않을 때)일 경우 $P(A\cap B)=P(A)P(B)$

4. **조건부확률** : 확률이 0이 아닌 두 사건 A, B에 대하여 사건 A가 일어났다고 가정할 때, 사건 B가 일어날 확률 $P(B|A)=\frac{P(A\cap B)}{P(A)}$ (단, P(A) > 0)

6 변동률(증감률)

1. 공식

- 변동률 또는 증감률(%)$=\frac{\text{비교시점 수치}-\text{기준시점 수치}}{\text{기준시점 수치}}\times 100$
- 기준시점 수치를 X, 비교시점 수치를 Y, 변동률(증감률)을 g%라 하면

$$g=\frac{Y-X}{X}\times 100 \qquad Y-X=\frac{g}{100}\times X \qquad Y=\left(1+\frac{g}{100}\right)X$$

2. 계산 방법

값이 a에서 b로 변화하였을 때 $\frac{b-a}{a}\times 100$ 또는 $\left(\frac{b}{a}-1\right)\times 100$으로 계산한다.

예

값이 256에서 312로 변화하였을 때 증감률은 $\frac{312-256}{256}\times 100 \fallingdotseq 22$(%)이다. 이와 같이 계산을 해도 되지만 번거로운 계산을 해야 한다. 312는 256의 약 1.22배인데 이는 256을 1로 하면 312는 약 1.22라는 의미이다. 따라서 0.22만 늘어났으므로 증감률은 22%임을 알 수 있다.

3. 변동률과 변동량의 관계

변동률이 크다고 해서 변동량(증가량, 변화량, 증감량)이 많은 것은 아니다.

예

A의 연봉은 1억 원에서 2억 원으로, B의 연봉은 2,000만 원에서 8,000만 원으로 인상되었다. A의 연봉증가액은 1억 원이고 B의 연봉증가액은 6,000만 원이며, A의 연봉증가율은 $\frac{2-1}{1}\times 100=100(\%)$이고, B의 연봉증가율은 $\frac{8,000-2,000}{2,000}\times 100=300(\%)$이다. 따라서 연봉증가액은 A가 B보다 많지만, 연봉증가율은 A가 B보다 작다.

7 증가율과 구성비의 관계

전체량을 A, 부분량을 B라고 하면 부분량의 구성비는 $\frac{B}{A}$이다. 만약 어느 기간에 전체량이 a, 부분량이 b 증가했다고 하면 증가 후의 구성비는 $\frac{B(1+b)}{A(1+a)}$이다(단, a, b는 증가율이다). 여기서 $a>b$이면 $\frac{B}{A}>\frac{B(1+b)}{A(1+a)}$, $a<b$이면 $\frac{B}{A}<\frac{B(1+b)}{A(1+a)}$가 된다.

- 전체량의 증가율 > 부분량의 증가율 ⇨ 구성비 감소
- 전체량의 증가율 < 부분량의 증가율 ⇨ 구성비 증가

8 지수

- 지수란 구체적인 숫자 자체의 크기보다는 시간의 흐름에 따라 수량이나 가격 등 해당 수치가 어떻게 변화되었는지를 쉽게 파악할 수 있도록 만든 것으로 통상 비교의 기준이 되는 시점(기준시점)을 100으로 하여 산출한다.
- 기준 데이터를 X, 비교 데이터를 Y라 하면, 지수$=\frac{Y}{X}\times 100$
- 데이터 1의 실수를 X, 데이터 2의 실수를 Y, 데이터 1의 지수를 k, 데이터 2의 지수를 g라 하면 다음과 같은 비례식이 성립한다. $X:Y=k:g$
- 비례식에서 외항의 곱과 내항의 곱은 같으므로 $Xg=Yk$이다. 따라서 $Y=\frac{g}{k}\times X$, $X=\frac{k}{g}\times Y$

9 퍼센트(%)와 퍼센트포인트(%p)

퍼센트는 백분비라고도 하는데 전체의 수량을 100으로 하여 해당 수량이 그중 몇이 되는가를 가리키는 수로 나타낸다. 퍼센트포인트는 이러한 퍼센트 간의 차이를 표현한 것으로 실업률이나 이자율 등의 변화가 여기에 해당된다.

예

실업률이 작년 3%에서 올해 6%로 상승하였다.

➜ 실업률이 작년에 비해 100% 상승 또는 3%p 상승했다.

여기서 퍼센트는 $\frac{\text{현재 실업률}-\text{기존 실업률}}{\text{기존 실업률}}\times 100$을 하여 '100'으로 산출됐고,

퍼센트포인트는 퍼센트의 차이이므로 6－3을 해서 '3'이란 수치가 나온 것이다.

10 가중평균

- 중요도나 영향도에 해당하는 각각의 가중치를 곱하여 구한 평균값을 가중평균이라 한다.
- 주어진 값 x_1, x_2, …, x_n에 대한 가중치가 각각 w_1, w_2, …, w_n이라 하면

$$\text{가중평균}=\frac{x_1w_1+x_2w_2+\cdots+x_nw_n}{w_1+w_2+\cdots+w_n}$$

11 단위당 양

1. 자동차 천 대당 교통사고 발생건수, 단위면적당 인구수 등과 같이 정해진 단위량에 대한 상대치이다. 따라서 기준이 되는 단위량에 대응하는 실수(위의 예에서는 자동차 대수, 면적)가 주어져 있지 않으면 단위당 양에만 기초해서 실수 그 자체(위의 예에서는 교통사고 발생건수, 인구수)를 비교하는 것은 불가능하다.

2. 계산 방법

- X, Y를 바탕으로 X 당 Y를 구하는 경우 ➜ $(X\text{당 }Y)=\frac{Y}{X}$
- X당 Y, X를 바탕으로 Y를 구하는 경우 ➜ $Y=X\times(X\text{당 }Y)$
- X당 Y, Y를 바탕으로 X를 구하는 경우 ➜ $X=Y\div(X\text{당 }Y)$

추리능력

주어진 명제나 조건들을 통한 결과 도출, 참과 거짓 추론, 나열된 수와 문자의 규칙을 파악하는 능력, 도식과 도형에 나타난 일정한 규칙성을 파악할 수 있는지를 평가하는 영역으로 구성된다.

빈출 1 02 추리

언어추리

1 명제

1. **명제** : 'P이면 Q이다(P → Q)'라고 나타내는 문장을 명제라 부르며 P는 가정, Q는 결론이다.

예

삼각형 세 변의 길이가 같다면 세 개의 각은 모두 60°이다.
P(가정) : 삼각형 세 변의 길이가 같다.
⇓
Q(결론) : 세 개의 각은 모두 60°이다.

(1) **명제의 역** : 원 명제의 가정과 결론을 바꾼 명제 'Q이면 P이다'를 말한다(Q → P).

예 세 개의 각이 모두 60°이면 삼각형 세 변의 길이는 같다.

(2) **명제의 이** : 원 명제의 가정과 결론을 둘 다 부정한 명제 'P가 아니면 Q가 아니다'를 말한다(~P → ~Q).

예 삼각형 세 변의 길이가 같지 않다면 세 개의 각은 모두 60°가 아니다.

(3) **명제의 대우** : 원 명제의 역의 이, 즉 'Q가 아니면 P가 아니다'를 말한다(~Q → ~P).

예 세 개의 각이 모두 60°가 아니면 삼각형 세 변의 길이는 같지 않다.

(4) **역 · 이 · 대우의 관계** : 원 명제가 옳을(참) 때 그 역과 이도 반드시 옳다고 할 수 없으나 그 대우는 반드시 참이다. 즉 원 명제와 대우의 진위는 반드시 일치한다.

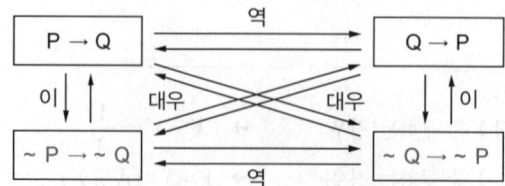

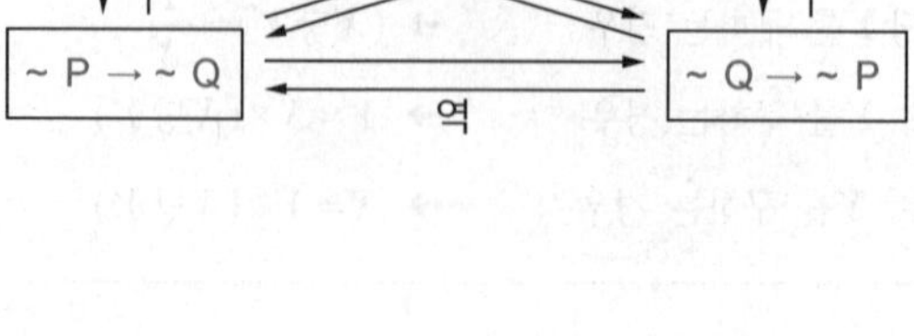

2. 삼단논법

(1) 두 개의 명제를 전제로 하여 하나의 새로운 명제를 도출해 내는 것을 말한다.

> 예
>
> [명제 1] P이면 Q이다(P → Q).
> [명제 2] Q이면 R이다(Q → R).
> ⇓
> P이면 R이다(P → R).

(2) 여기서 'P → Q'가 참이고 'Q → R'이 참일 경우, 'P → R' 또한 참이다.

> 예
>
> 테니스를 좋아하는 사람은 축구를 좋아한다.
> 축구를 좋아하는 사람은 야구를 싫어한다.
> ⇓
> 테니스를 좋아하는 사람은 야구를 싫어한다.

2 논증

1. 연역추론

전제에서 시작하여 논리적인 주장을 통해 특정 결론에 도달한다. ➜

> 예
>
> 사람은 음식을 먹어야 살 수 있다.
> 나는 사람이다.
> 나는 음식을 먹어야 살 수 있다.

2. 귀납추론

관찰이나 경험에서 시작하여 일반적인 결론에 도달한다. ➜

> 예
>
> 소크라테스는 죽었다. 플라톤도 죽었다.
> 아리스토텔레스도 죽었다.
> 이들은 모두 사람이다.
> 그러므로 모든 사람은 죽는다.

3 참 · 거짓[진위]

1. 의미 : 여러 인물의 발언 중에서 거짓을 말하는 사람과 진실을 말하는 사람이 있는 문제이다. 이런 문제를 해결하는 기본 원리는 참인 진술과 거짓인 진술 사이에 모순이 발생한다는 점이다.

2. 직접 추론 : 제시된 조건에 따른 경우의 수를 하나씩 고려하면서 다른 진술과의 모순 여부를 확인하여 참 · 거짓을 판단한다.

(1) 가정을 통해 모순을 고려하는 방법

① 한 명이 거짓을 말하거나 진실을 말하고 있다고 가정한다.

② 가정에 따라 조건을 적용하고 정리한다.

③ 모순이 없는지 확인한다.

> 예
>
> 네 사람 중에서 진실을 말하는 사람이 3명, 거짓을 말하는 사람이 1명 있다고 할 때, 네 명 중 한 사람이 거짓말을 하고 있다고 가정한다. 그리고 네 가지 경우를 하나씩 검토하면서 다른 진술과 제시된 조건과의 모순 여부를 확인하여 거짓을 말한 사람을 찾는다. 거짓을 말한 사람이 확정되면 나머지는 진실을 말한 것이므로 다시 모순이 없는지 확인한 후 이를 근거로 하여 문제에서 요구하는 사항을 추론할 수 있다.

(2) 그룹으로 나누어 고려하는 방법

① 진술에 따라 그룹으로 나누어 가정한다.

② 나눈 가정에 따라 조건을 반영하여 정리한다.

③ 모순이 없는지 확인한다.

A의 발언 중에 'B는 거짓말을 하고 있다'라는 것이 있다.	A와 B는 다른 그룹
A의 발언과 B의 발언 내용이 대립한다.	
A의 발언 중에 'B는 옳다'라는 것이 있다.	A와 B는 같은 그룹
A의 발언과 B의 발언 내용이 일치한다.	

※ 모든 조건의 경우를 고려하는 것도 방법이지만 그룹을 나누어 분석하는 것이 더 효율적일 때 사용하는 방법이다.

- 거짓을 말하는 한 명을 찾는 문제에서 진술하는 사람 A ~ E 중 A, B, C가 A에 대해 말하고 있고 D에 대해 D, E가 말하고 있다면 적어도 A, B, C 중 두 사람은 정직한 사람이므로 A와 B, B와 C, C와 A를 각각 정직한 사람이라고 가정하고 분석하여 다른 진술의 모순을 살핀다.

4 자리 추론과 순위 변동

1. 자리 추론

(1) 기준이 되는 사람을 찾아 고정한 후 위치관계를 파악한다.

(2) 다른 사람과의 위치관계 정보가 가장 많은 사람을 주목한다.

(3) 정면에 앉은 사람들의 자리를 고정한다.

(4) 떨어져 있는 것들의 위치관계를 먼저 정한다.

(5) 좌우의 위치에 주의한다.

자리추론

• A의 정면에는 D가 있다.

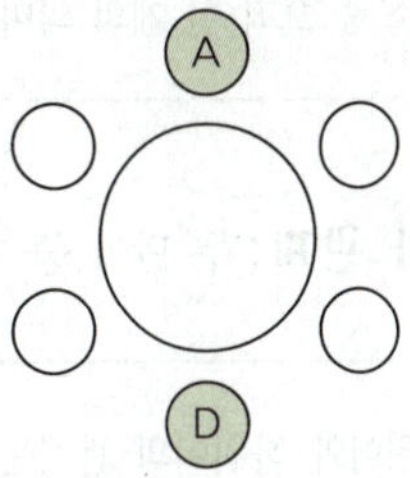

• A의 오른편에 B가 앉아있고, 왼편에 C가 앉아있다.

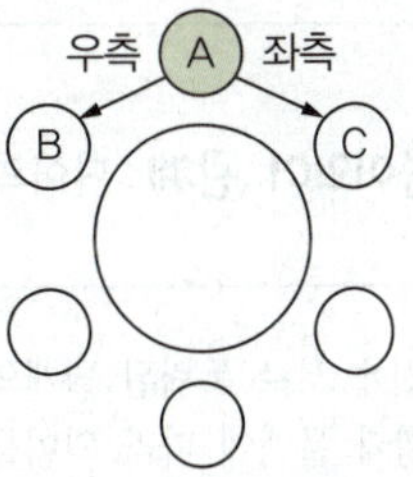

2. 순위 변동

마라톤과 같은 경기에서 경기 도중의 순서와 최종 순위로 답을 추론하는 문제이다.

(1) 가장 많은 조건이 주어진 것을 고정한 후 분석한다.

(2) '어느 지점을 먼저 통과했다' 등으로 순위를 확실하게 알 수 있는 경우에는 부등호를 사용한다.

예 A는 B보다 먼저 신호를 통과했다.　A > B

(3) 순위를 알 수 없는 부분은 ㅁ, ㅇ 등을 사용하여 사이 수를 표시한다.

예 B와 D 사이에는 2대가 통과하고 있다.　B○○D, D○○B

(4) 생각할 수 있는 경우의 수를 전부 정리한다.

예 A의 양옆에는 B와 D가 있다.　BAD, DAB

(5) 'B와 C 사이에 2명이 있다', 'B와 C는 붙어 있지 않다' 등 떨어져 있는 조건에 주목하여 추론한다. 선택지에 있는 값을 넣어 보면 더 쉽게 찾을 수 있다.

5 단어 관계

1. 유의 관계 : 의미가 같거나 비슷한 단어들의 의미 관계

특징

• 의미가 비슷하지만 똑같지 않다는 점에 유의한다.
• 가리키는 대상의 범위가 다르거나 미묘한 느낌의 차이가 있어 서로 바꾸어 쓸 수 없다.

➜

예

곱다－아름답다 / 말－언사(言辭) / 지금－당금(當今) 등

2. 반의 관계 : 서로 반대의 뜻을 지닌 단어들의 의미 관계

특징
- 대상에 대한 막연한 의미를 대조적인 방법으로 명확하게 부각시켜 준다.
- 반의 관계에 있는 두 단어는 서로 공통되는 의미 요소 중 오직 한 개의 의미요소만 달라야 한다.

➜

예
낮－밤 / 가다－오다 / 덥다－춥다 등

3. 상하 관계 : 두 단어 중 한쪽이 의미상 다른 쪽을 포함하거나 포함되는 의미 관계

특징
- 상위어와 하위어의 관계는 상대적이다.
- 상위어는 일반적이고 포괄적인 의미를 가진다.
- 하위어일수록 개별적이고 한정적인 의미를 지닌다.

➜

예
나무－소나무, 감나무, 사과나무 / 동물－코끼리, 판다, 토끼 등

4. 동음이의어 관계 : 단어의 소리가 같을 뿐 의미의 유사성은 없는 관계

특징
- 사전에 서로 독립된 별개의 단어로 취급된다.
- 상황과 문맥에 따라 의미를 파악해야 한다.

➜

예
배(선박)－배(배수)－배(신체)－배(과일)

5. 다의 관계 : 의미적으로 유사성을 갖는 관계

특징
- 의미들 중에는 기본적인 '중심 의미'와 확장된 '주변 의미'가 있다.
- 사전에서 하나의 단어로 취급한다.

예

다리

1. 사람이나 동물의 몸통 아래 붙어 있는 신체의 부분. 서고 걷고 뛰는 일 따위를 맡아 한다.
   예 다리에 쥐가 나다.
2. 물체의 아래쪽에 붙어서 그 물체를 받치거나 직접 땅에 닿지 아니하게 하거나 높이 있도록 버티어 놓은 부분. 예 책상 다리
3. 안경의 테에 붙어서 귀에 걸게 된 부분
   예 안경다리를 새것으로 교체했다.
4. 오징어나 문어 따위 동물의 머리에 여러 개 달려 있어, 헤엄을 치거나 먹이를 잡거나 촉각을 가지는 기관
   예 그는 술안주로 오징어 다리를 씹었다.

빈출 2

수적추리

1 수 추리

1. **등차수열**: 첫째항부터 차례로 일정한 수를 더하여 만들어지는 수열, 각 항에 더하는 일정한 수, 즉 뒤의 항에서 앞의 항을 뺀 수를 등차수열의 공차라고 한다.

등차수열$\{a_n\}$에서

$a_2 - a_1 = a_3 - a_2 = \cdots = a_{n+1} - a_n = d$(공차)

→

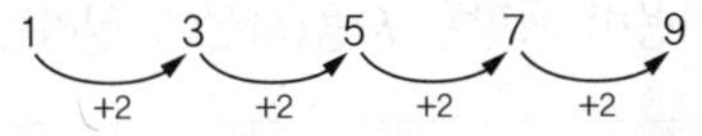

2. **등비수열**: 첫째항부터 차례로 일정한 수를 곱하여 만들어지는 수열

각 항에 곱하는 일정한 수, 즉 뒤의 항을 앞의 항으로 나눈 수를 등비수열의 공비라고 한다.
등비수열 $\{a_n\}$에서

$$\frac{a_2}{a_1} = \frac{a_3}{a_2} = \cdots = \frac{a_{n+1}}{a_n} = r(\text{공비})$$

→

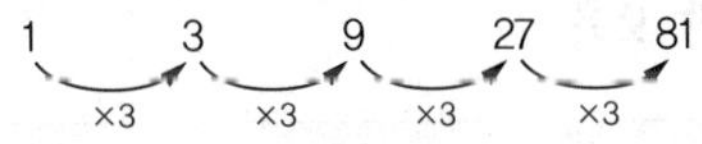

3. **등차계차수열**

앞의 항과의 차가 등차를 이루는 수열

→

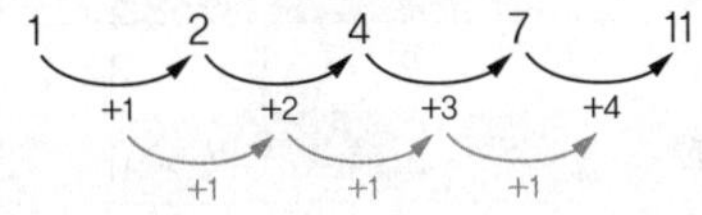

4. **등비계차수열**

앞의 항과의 차가 등비를 이루는 수열

→

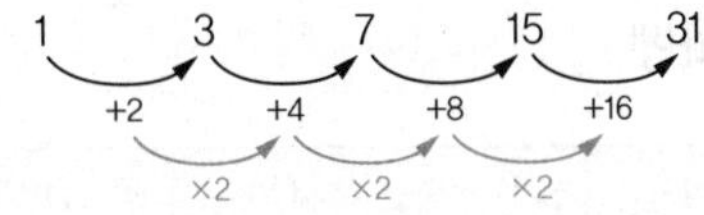

5. **피보나치수열**

앞의 두 항의 합이 그 다음 항이 되는 수열

→ 1, 1, 2, 3, 5, 8, 13, 21, 34, ⋯

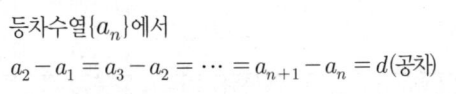

2 문자 추리

1. 일반 자음

ㄱ	ㄴ	ㄷ	ㄹ	ㅁ	ㅂ	ㅅ
1	2	3	4	5	6	7
ㅇ	ㅈ	ㅊ	ㅋ	ㅌ	ㅍ	ㅎ
8	9	10	11	12	13	14

2. 쌍자음이 포함된 자음(사전에 실리는 순서)

ㄱ	ㄲ	ㄴ	ㄷ	ㄸ	ㄹ	ㅁ	ㅂ	ㅃ	ㅅ
1	2	3	4	5	6	7	8	9	10
ㅆ	ㅇ	ㅈ	ㅉ	ㅊ	ㅋ	ㅌ	ㅍ	ㅎ	
11	12	13	14	15	16	17	18	19	

3. 일반 모음

ㅏ	ㅑ	ㅓ	ㅕ	ㅗ	ㅛ	ㅜ	ㅠ	ㅡ	ㅣ
1	2	3	4	5	6	7	8	9	10

4. 이중모음이 포함된 모음 순서(사전에 실리는 순서)

ㅏ	ㅐ	ㅑ	ㅒ	ㅓ	ㅔ	ㅕ
1	2	3	4	5	6	7
ㅖ	ㅗ	ㅘ	ㅙ	ㅚ	ㅛ	ㅜ
8	9	10	11	12	13	14
ㅝ	ㅞ	ㅟ	ㅠ	ㅡ	ㅢ	ㅣ
15	16	17	18	19	20	21

5. 알파벳

A	B	C	D	E	F	G	H	I
1	2	3	4	5	6	7	8	9
J	K	L	M	N	O	P	Q	R
10	11	12	13	14	15	16	17	18
S	T	U	V	W	X	Y	Z	
19	20	21	22	23	24	25	26	

빈출 3

도형추리

02 추리

- 도형의 규칙성을 찾아 이어지는 도형의 모양을 고르는 문제이다.
- 도형에서 발견되는 움직임을 파악한 정리한 조건으로 시뮬레이션을 해보고 도형을 도출한다.

규칙성의 종류

1 선의 수가 상단은 1 → 2 → 3 → 2 → 1로, 하단은 3 → 2 → 1 → 2 → 3으로 변화한다.

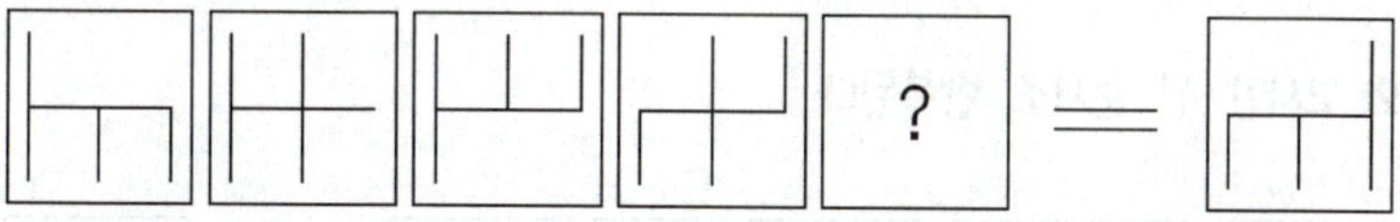

2 화살표가 45도씩 시계 방향으로 회전하고, ○의 색이 번갈아 가면서 바뀐다.

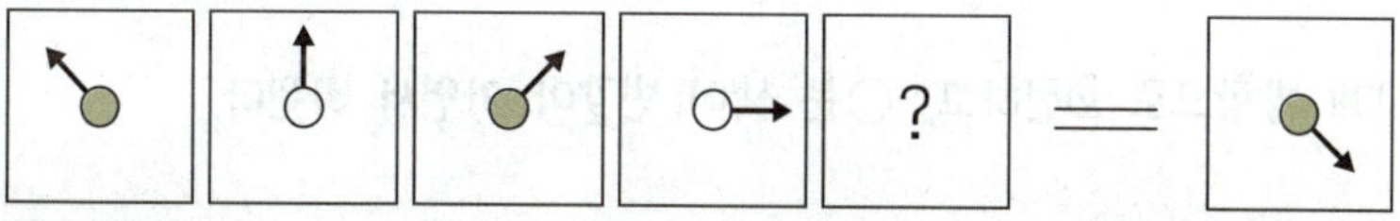

3 색칠된 부분이 왼쪽부터 첫 번째, 두 번째로 이동하고 네 번째 이후 왼쪽으로 돌아온다.

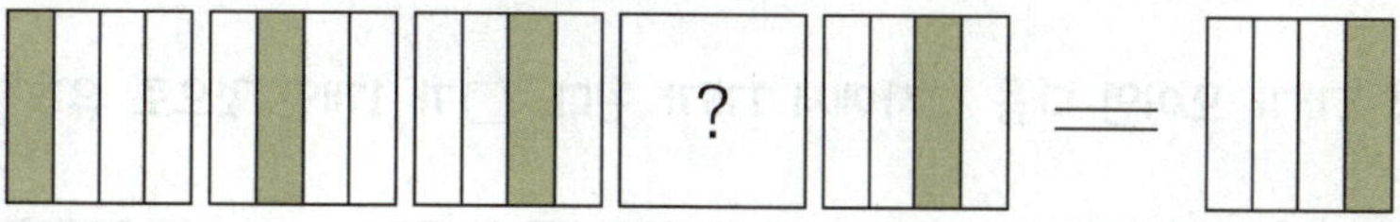

4 가운데 세로선이 위, 아래로 이동을 반복하고, ●가 반시계 방향으로 회전한다.

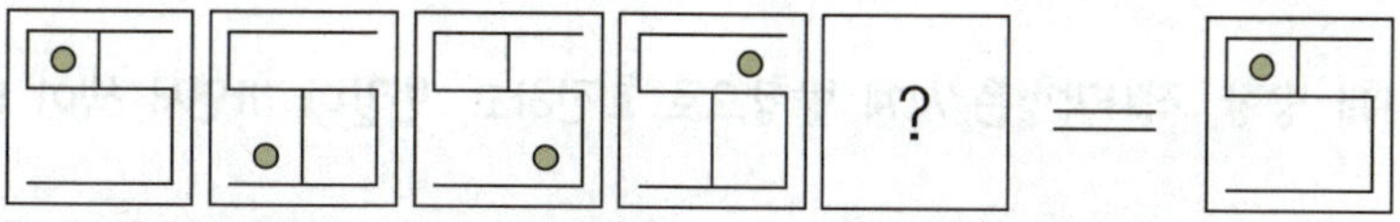

5 ☆이 반시계 방향으로 90도씩 회전하고 꼭짓점의 색은 번갈아 가면서 바뀐다.

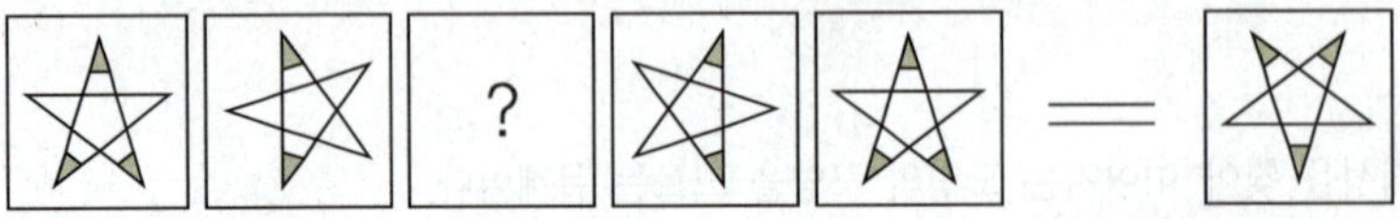

6 ▷가 오른쪽과 왼쪽 방향으로 2회씩, 색 또한 2회씩 번갈아 나타난다. 답을 찾을 때 예상할 수 있는 변화로부터 선택지에 있는 것을 고른다.

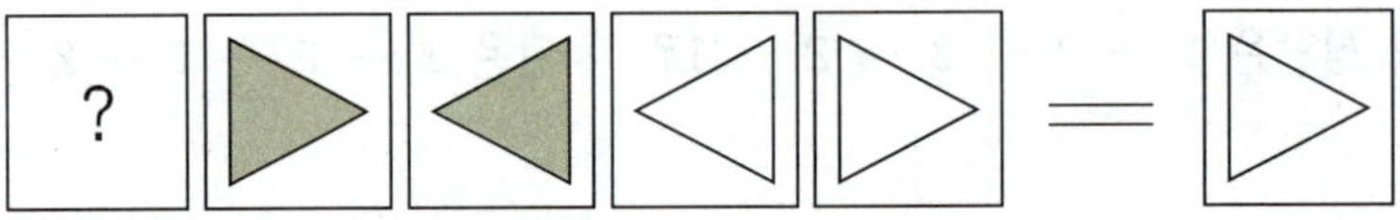

7 4시간 후와 2시간 전 순서로 반복된다.

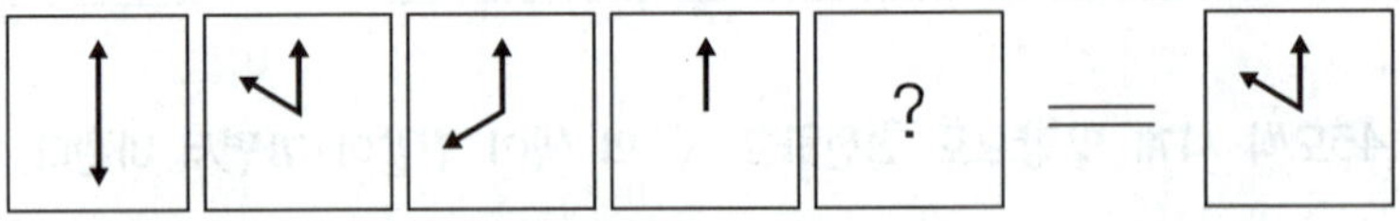

8 □는 반시계 방향으로 회전하고, ○는 색이 번갈아 가면서 바뀐다.

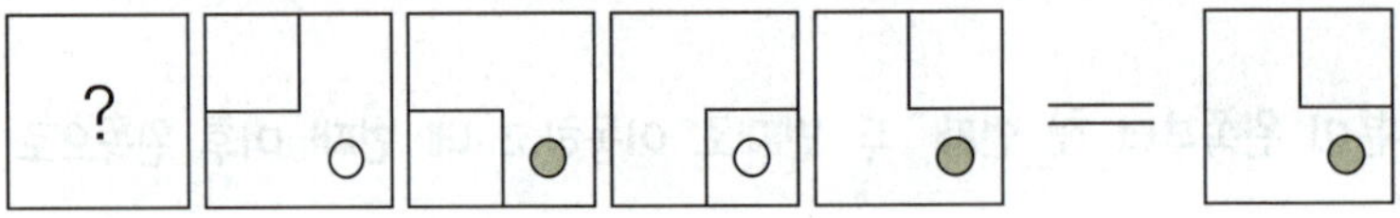

9 같은 도형 2개가 모이면 다음 상자에서 1개가 된다. □가 1개인 것으로 유추할 수 있다.

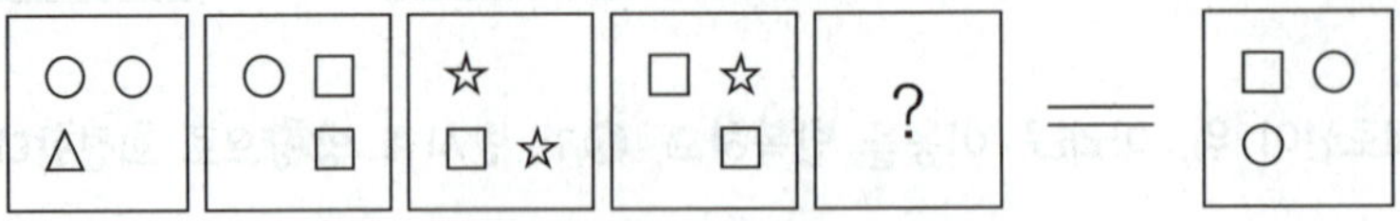

10 △는 반시계 방향, 직사각형은 시계 방향으로 회전하고, 번갈아 가면서 색이 바뀐다.

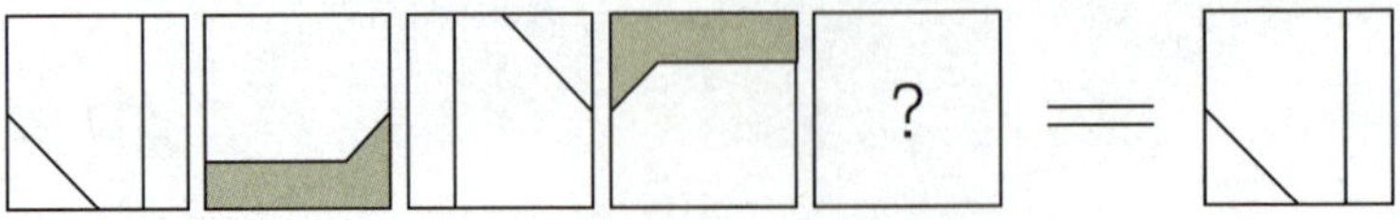

11 같은 도형 3개가 모인 도형은 다음 상자에서 없어진다. 그러므로 □를 포함하지 않는 것을 유추할 수 있다. 도형의 색이나 형태에 헷갈리지 않도록 한다.

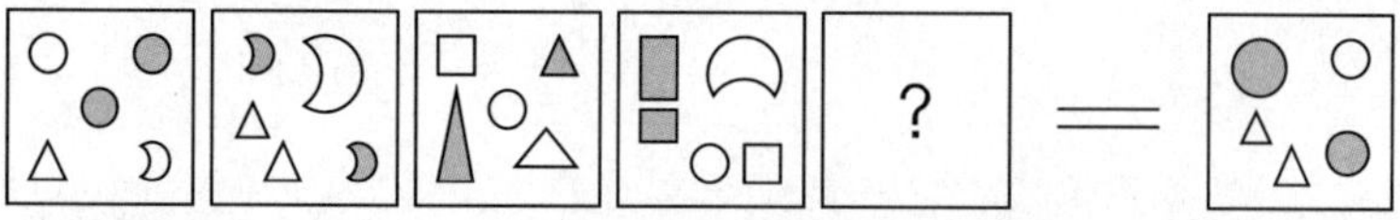

12 홀수 번째 도형에 ⌈ 를 제외한 선의 개수 변화를 주목한다. 선의 개수는 2 → 1 → 0으로 줄어든다.

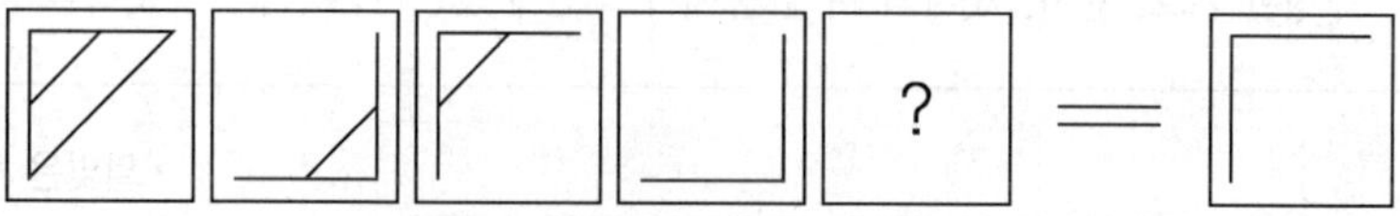

13 반원이 홀수 번째 상자에서 45도 회전을 하고, 짝수 번째 상자에서는 90도 회전을 한다.

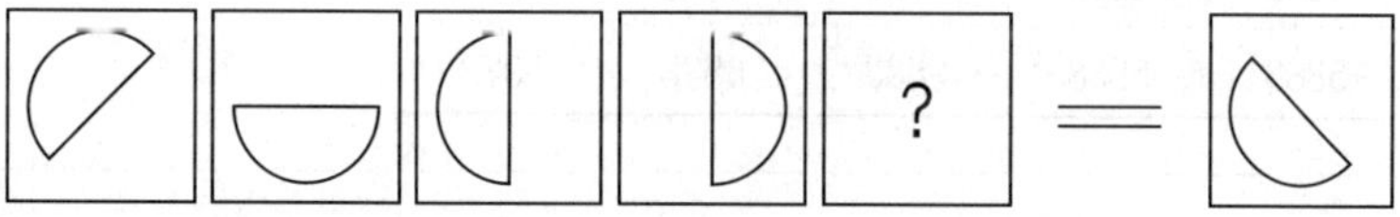

14 □가 오른쪽 위 → 왼쪽 아래 → 오른쪽 아래 → 왼쪽 위로 색이 번갈아 가면서 바뀐다. 이러한 경우 다섯 번째부터 처음으로 돌아온다고 유추할 수 있다.

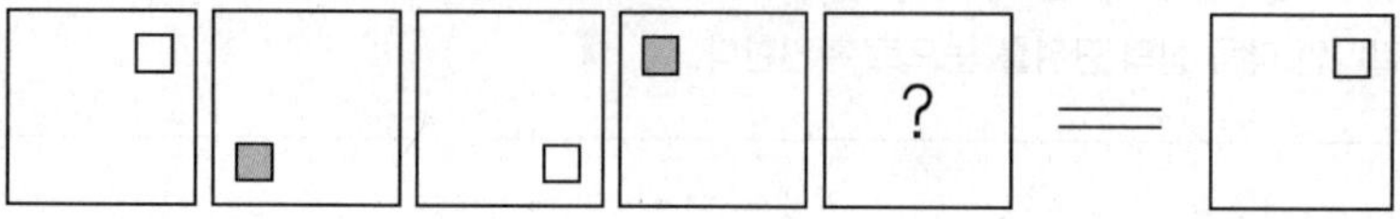

15 ●가 시계 방향으로 회전하고 선은 90도씩 회전한다. (혹은 번갈아 가면서 보아도 동일)

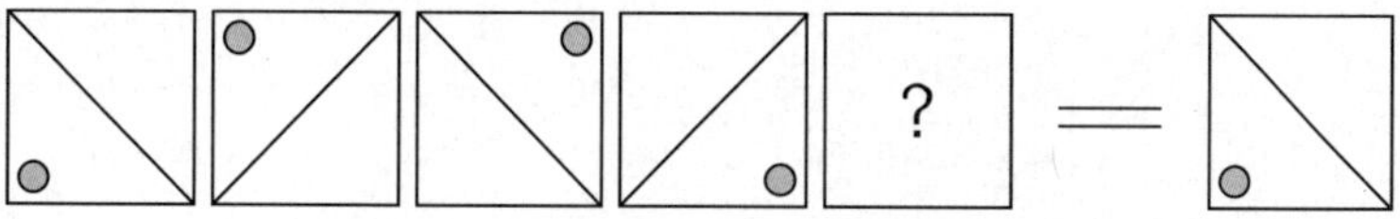

지각능력

주어진 두 개의 자료에서 비슷한 문자나 숫자, 자료의 오류를 찾거나, 규칙을 정확하고 빠르게 적용할 수 있는지를 평가하는 사무지각 영역과 전개도, 투상도, 종이접기, 블록, 도형회전 등 여러 가지 도형 조각의 공간관계와 공간위치를 이해하는지를 평가하는 공간지각 영역으로 구성된다.

빈출 1

03 지각

비교

1 숫자, 문자, 기호 찾기

비슷한 모양으로 구성된 기호, 문자, 숫자의 나열 중에서 조건에 맞는 기호, 문자, 숫자를 찾는다.

예

• 분류표

	1	2	3	4	5
A	3283	3823	3328	3882	3912
B	4229	4299	4429	4929	4988
C	5883	5838	5833	5888	5972

• 알맞은 범위 찾기

[1] A3823

[2] B4929

[3] C5833

풀이전략

제시된 숫자가 분류표의 어느 그룹에 해당하는지를 찾는다.

1. 분류표 A, B, C의 숫자가 천 단위의 수는 같으므로 우선 백 단위를 눈으로 찾는다.
2. 백의 단위가 다르면 그 다음 그룹으로 넘어간다.
3. 백 단위도 같다면 다음 십의 단위를 눈으로 확인한다.

2 오타 찾기

회사, 일상생활에서 사용하는 여러 종류의 문서에서 오타를 찾는 유형이다.

예

[계약서]

(가) 계약금액(사업비)는 7,000만 원이고, 계약기간은 1월 1월부터 12월 31일까지이다.
(나) 甲은 乙에게 사업비의 50%에 해당하는 금액을 반기(6개월)별로 지급하며, 乙이 청구한 날로부터 14일 이내에 지급하여야 한다.
(다) 乙은 하반기 사업비 청구시 상반기 사업추진실적과 상반기 사업비 사옹내역을 함께 제출하여야 하며, 甲은 이를 확인한 후 지급한다.
(라) 乙은 사업비를 위탁발은 교육훈련 이외의 다른 용도로 사용하여서는 안 된다.
(마) 乙은 상 · 하반기 사업비와는 별도로 매 분기(3개월) 종료 후 10일 이내에 관련 증빙서루를 구비하여 甲에게 훈련참여자의 취업실적에 따른 성과인센티브의 지급을 청구할 수 있다.
(바) 甲은 (마)에 따른 관련 증빙서류를 확인한 후 인정된 취업실적에 대한 성과인센티브를 취업자 1인당 10만 원씩 지급한다.

⇓

[계약서]

(가) 계약금액(사업비)는 7,000만 원이고, 계약기간은 1월 1일부터 12월 31일까지이다.
(나) 甲은 乙에게 사업비의 50%에 해당하는 금액을 반기(6개월)별로 지급하며, 乙이 청구한 날로부터 14일 이내에 지급하여야 한다.
(다) 乙은 하반기 사업비 청구시 상반기 사업추진실적과 상반기 사업비 사용내역을 함께 제출하여야 하며, 甲은 이를 확인한 후 지급한다.
(라) 乙은 사업비를 위탁받은 교육훈련 이외의 다른 용도로 사용하여서는 안 된다.
(마) 乙은 상 · 하반기 사업비와는 별도로 매 분기(3개월) 종료 후 10일 이내에 관련 증빙서류를 구비하여 甲에게 훈련참여자의 취업실적에 따른 성과인센티브의 지급을 청구할 수 있다.
(바) 甲은 (마)에 따른 관련 증빙서류를 확인한 후 인정된 취업실적에 대한 성과인센티브를 취업자 1인당 10만 원씩 지급한다.

풀이전략

1. 문제를 풀 때 선택지를 통해 정답이 될 수 있는 범위를 한정한다.
2. 문서의 제목이나 구분 항목과 같은 형식적인 부분에도 오타가 있을 수 있으므로 내용적인 부분과 형식적인 정보까지 꼼꼼하게 확인하여 찾는다.

3 자료 비교

제시된 두 개의 자료에서 기호, 문자, 숫자 등 서로 다른 부분을 찾는 유형이다.

예

[자료 1]

속도는 기술 혁명이 인간에게 선사한 엑스터시(ecstasy)의 형태이다. 오토바이 운전자와는 달리, 뛰어가는 사람은 언제나 자신의 육체 속에 있으며, 뛰면서 생기는 미묘한 신체적 변화와 가쁜 호흡을 생각할 수밖에 없다. 뛰고 있을 때 그는 자신의 체중, 자신의 나이를 느끼며, 그 어느 때보다도 더 자신과 자기 인생의 시간을 의식한다. 인간이 기계에 속도의 능력을 위업하고 나자 모든 게 변한다. 이때부터, 그의 고유한 육체는 관심 밖에 있게 되고 그는 비신체적 속도, 비물질적 속도, 순수한 속도, 속도 그 자체, 속도 엑스터시에 몰입한다. 기묘한 결합테크닉의 싸늘한 몰개인성과 엑스터시 불꽃. 어찌하여 느림의 즐거움은 사라져버렸는가?

⇓

[자료 2]

속도는 기술 혁명이 사람에게 선사한 엑스터시(ecstasy)의 형태이다. 오토바이 운전자와 는 달리, 뛰어가는 사람은 언제나 자신의 육체 속에 있으며, 뛰면서 생기는 미묘한 신체적 변화와 가쁜 호흡을 생각할 수밖에 없다. 뛰고 있을 때 그는 자신의 체중, 자신의 나이를 느끼며, 그 어느 때보다도 더 자신과 자신 인생의 시간을 의식한다. 인간이 기계에 속도의 능력을 위임하고 나자 모든 게 변한다. 이때부터, 그의 고유한 육체는 관심 밖에 있게 되고 그는 비신체적 속도, 비물질적 속도, 순수한 속도, 속도 그 자체, 속도 엑스티시에 몰입한다. 기묘한 결합테크닉의 서늘한 몰개인성과 엑스터시 불꽃. 어찌하여 느림의 즐거움은 사라져버렸는가?

풀이전략

1. 선택지를 통해 정답이 될 수 있는 개수의 범위를 염두에 두고 문제를 푼다.
2. 제시된 자료의 길이가 길고 많은 내용이 포함되어 있다면 어절이나 문장 단위로 적당히 끊어 읽으며 부분별로 동일성 여부를 확인한다.
3. 제한 시간이 매우 짧아 두 번 대조할 수 없으므로 학습 시 시간을 정해 두고 신속 · 정확하게 한 번에 짚어내는 연습을 한다.

빈출 2

치환

1 규칙 적용

자원의 분류 코드 생성 방식을 이해하고 적용하는 유형이다.

예

2019년에 출시된 스탠다드 시리즈 i9등급 중 USB-C를 지원하고 크기가 17인치인 윈도우가 설치된 128GB 베트남산 노트북의 제품 코드를 찾으시오.

2020년에 출시된 프리미엄 시리즈 i5등급 중 썬더볼트를 지원하고 크기가 14인치인 윈도우가 미설치된 256GB 한국산 노트북의 제품 코드

ⓐ 20 ⓑ P ⓒ 5 ⓓ T − ⓔ 14 ⓕ X ⓖ 2 ⓗ K

ⓐ 출시연도	18	2018년
	19	2019년
	20	2020년
ⓑ 시리즈	S	스탠다드
	P	프리미엄
	U	울트라
ⓒ CPU 등급	3	i3
	5	i5
	7	i7
	9	i9
ⓓ 제품 특징	T	썬더볼트 지원
	X	썬더볼트 미지원
	U	USB-C 지원

ⓔ 화면 크기	14	14인치
	15	15인치
	17	17인치
ⓕ 윈도우 설치 여부	A	설치
	X	미설치
ⓖ 저장 장치 용량	1	128GB
	2	256GB
	5	512GB
ⓗ 제조국가	K	한국
	C	중국
	J	일본
	V	베트남

※ CPU는 숫자가 클수록 등급이 높다.

※ 시리즈는 울트라>프리미엄>스탠다드 순으로 등급이 높다.

[노트북 제품 코드]

2019년에 출시(19)된 스탠다드 시리즈(S) i9등급(9) 중 USB-C를 지원(U)하고 크기가 17인치(17)인 윈도우가 설치(A)된 128GB(1) 베트남산(V) 노트북의 제품 코드는 19S9U-17A1V이다.

풀이전략

1. 먼저 주어진 예시를 참고해 규칙이 어떤 방식으로 적용되는지 파악한다.
2. 코드 번호가 복잡해 보이지만 연도, 성별 등 특정 조건끼리 끊어 필요한 부분만 확인하면 쉽게 답을 찾을 수 있다.
3. 한 가지 규칙에 2 ~ 3개의 문항이 제시되기도 한다. 단시간에 빠르게 답을 골라냈어도 조건이나 규칙을 잘못 파악했을 경우 모두 맞히지 못하는 상황이 발생할 수 있으므로 풀이의 정확도를 높이는 연습이 중요하다.

03 지각

빈출 3 종이접기

• 종이를 점선에 따라 접고 빗금 친 부분을 잘라내어, 펼쳤을 때 모양 구하기

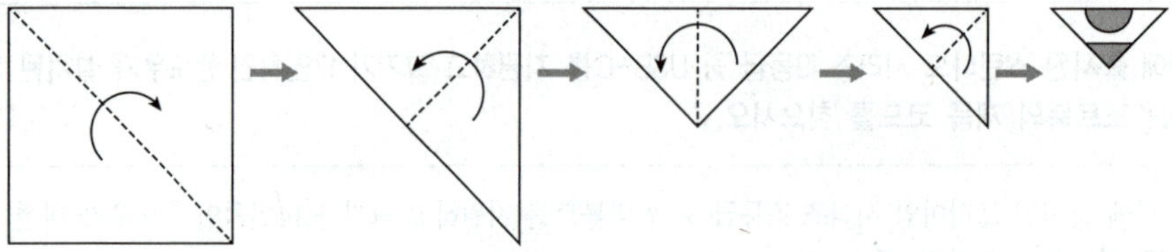

풀이방법

위와 같은 패턴의 문제는 제일 마지막 그림이 처음 종이의 어느 위치에 해당하는지를 보는 것으로 간단히 풀 수 있다.

종이를 펼치면서 접은 부분을 표시하면 오른쪽과 같다.

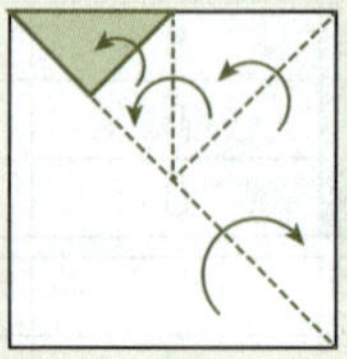

1.

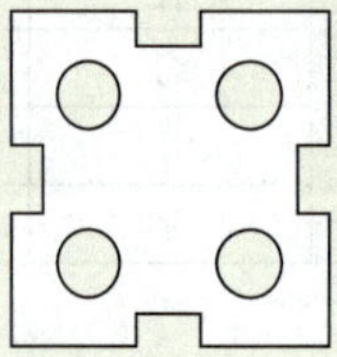

1.

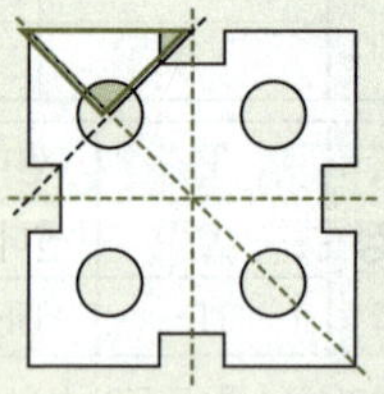

2.

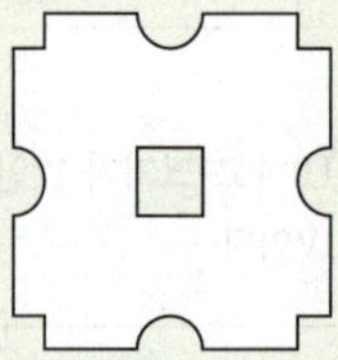

2.

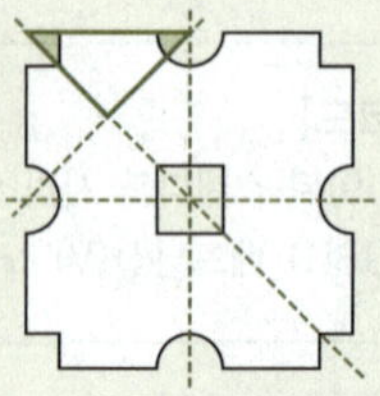

3. 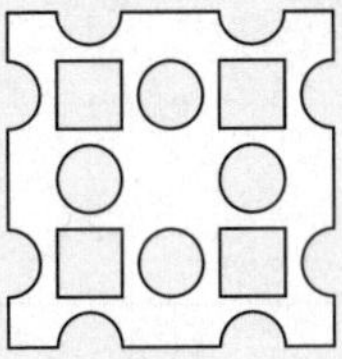	3. 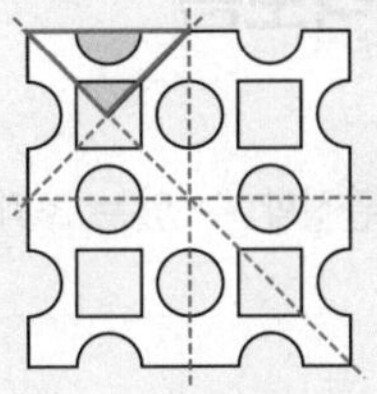
4. 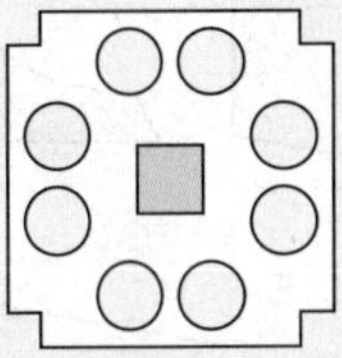	4. 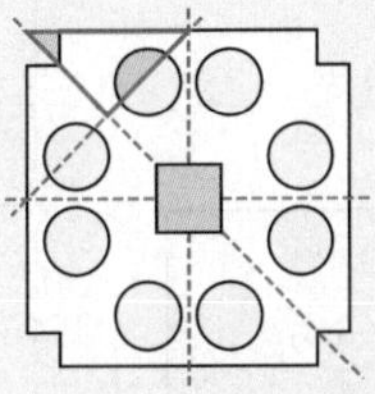
5. 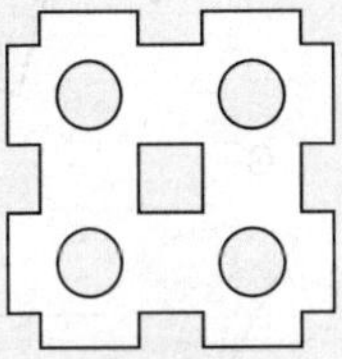	5. 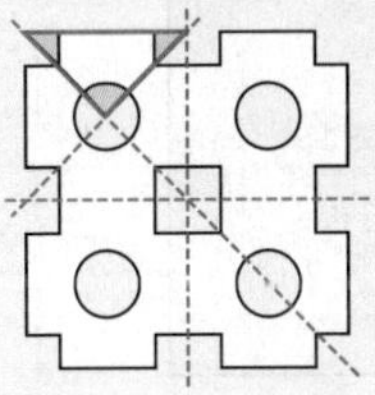

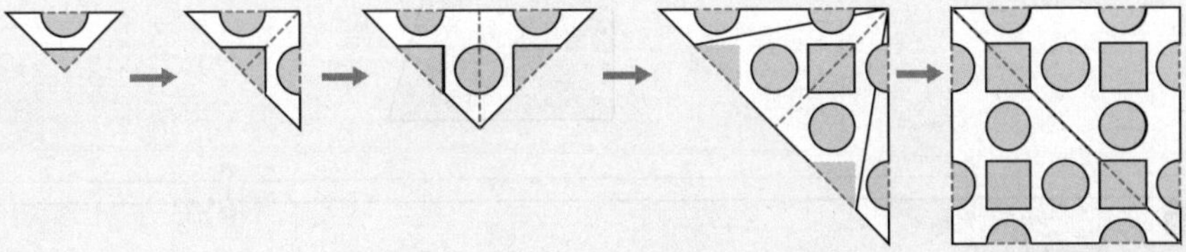

위의 그림처럼 보조선을 그리면서 잘려나간 부분이 일치하는지를 파악한다. 이와 같은 방법으로 답을 찾으면 3번임을 알 수 있다.

03 지각

빈출 4 조각모음

• 주어진 도형을 완성할 수 있는 조각 고르기

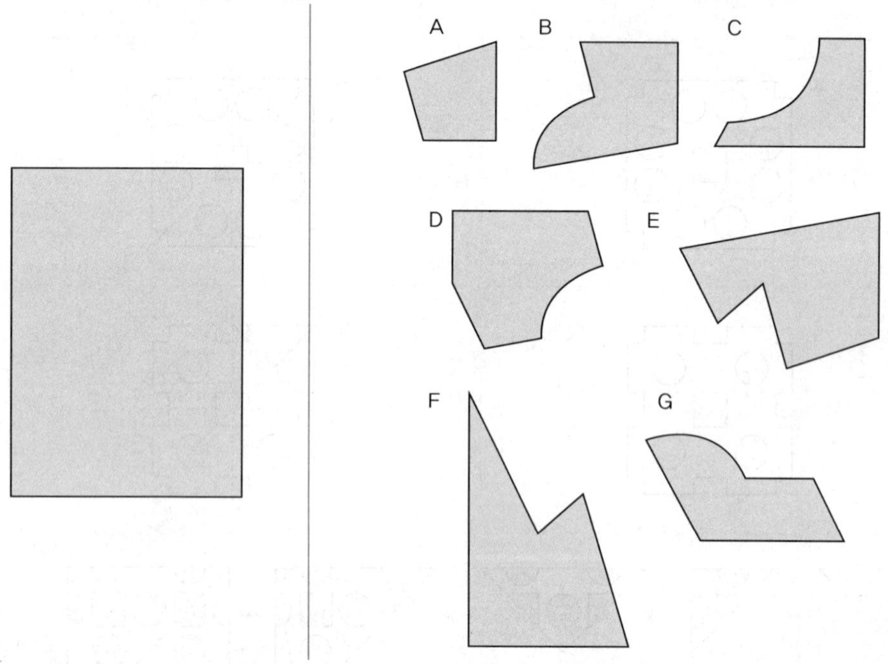

풀이방법

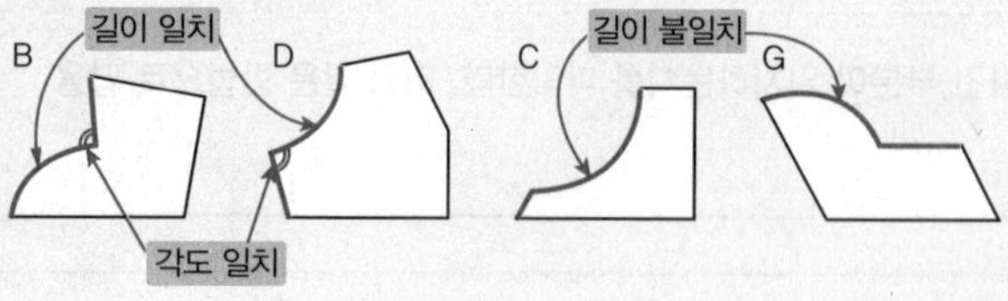

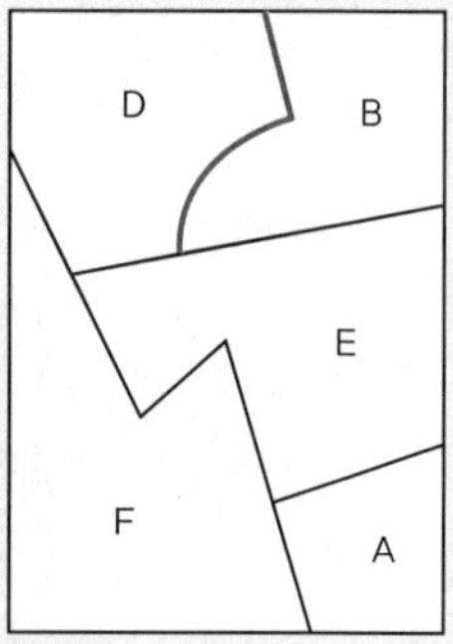

직사각형을 만들 때 필요한 도형을 찾는 유형의 문제는 특징을 빨리 알아차리는 것이 중요하다. 7개의 도형 중 곡선을 포함한 B, C, D, G에 주목한다. 곡선 부분의 길이나 그 주변의 형태로 보았을 때, B와 D는 곡선 부분이 일치한다. 하지만 남은 C와 G는 곡선 부분의 길이가 일치하지 않는다.

03 지각

빈출 5 궤적

• 궤적을 통해 회전시킨 도형 구하기

그림 1

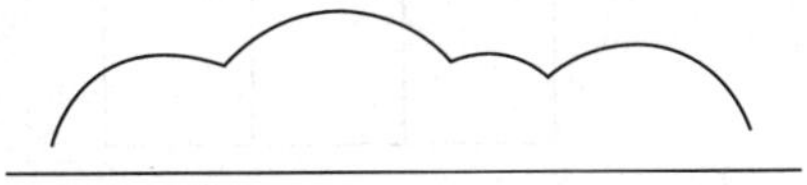

그림 2

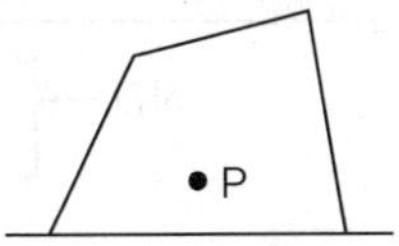

풀이방법

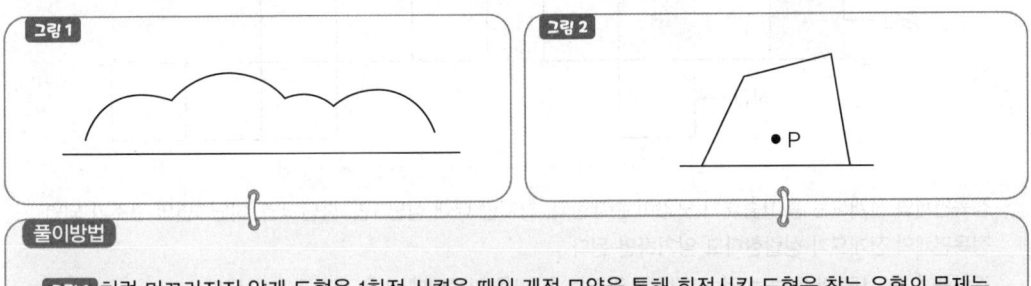

그림 1 처럼 미끄러지지 않게 도형을 1회전 시켰을 때의 궤적 모양을 통해 회전시킨 도형을 찾는 유형의 문제는 회전의 중심, 외각, 반지름에 주목하는 것이 핵심이다. 하나씩 순서대로 앞으로 나아가며 정확하게 도형이 미끄러지는 과정을 부채꼴 모양을 활용하여 그리면 그림 2 와 같은 도형이 된다.

03 지각

빈출 6 전개도

• 전개도 구하기

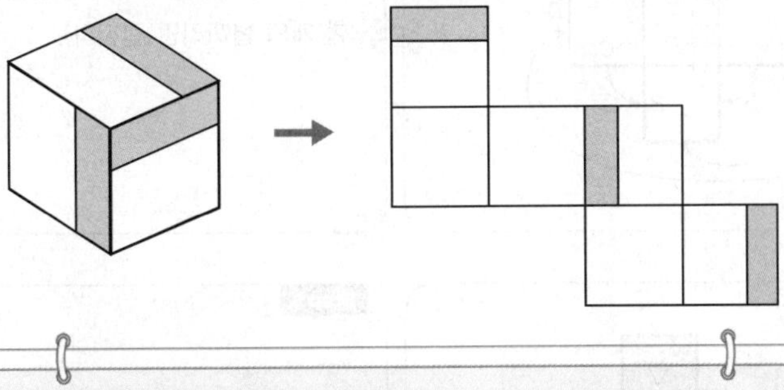

풀이방법

정육면체의 전개도를 고르는 유형의 문제는 특징이 되는 면을 찾아서 문제를 푼다.

1. 정육면체의 전개도

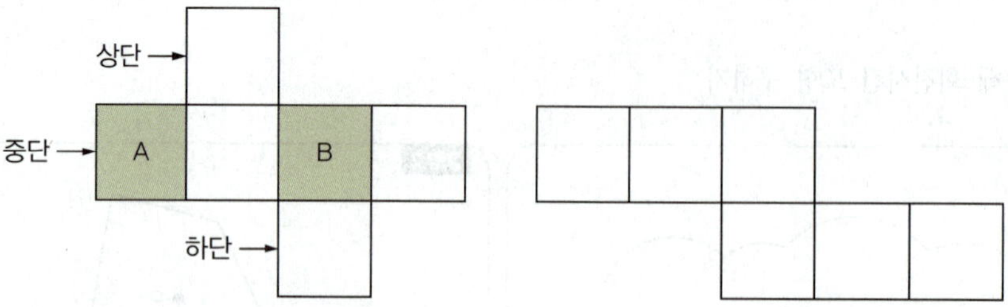

정육면체의 전개도는 총 11종류의 모양이 존재한다. 하지만 대개 상단 1면, 중단 4면, 하단 1면의 구조가 되면 정육면체의 전개도가 성립한다고 암기하면 된다.

조립했을 때 서로 마주 보는 면, 그림의 A와 B는 한 면을 가운데에 끼운 위치관계가 된다.

그림 1

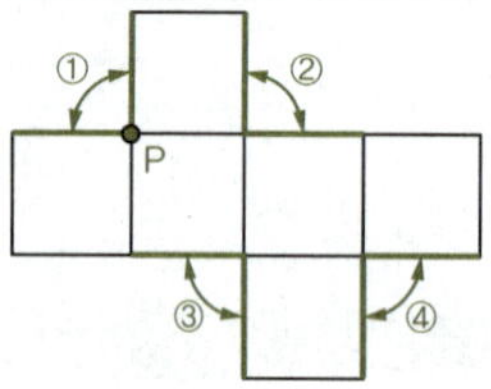

Step 1

90°를 이루는 변은 겹친다.

그림 2

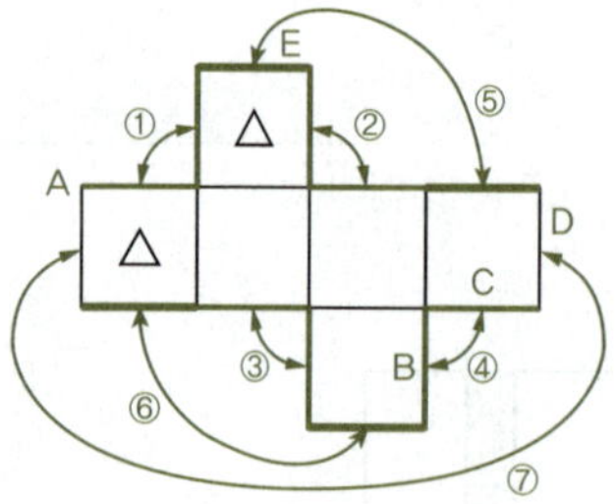

Step 2

90°를 이루는 변의 이웃한 변은 겹친다(단, 한 변은 한 개의 변끼리만 겹친다).

그림 3

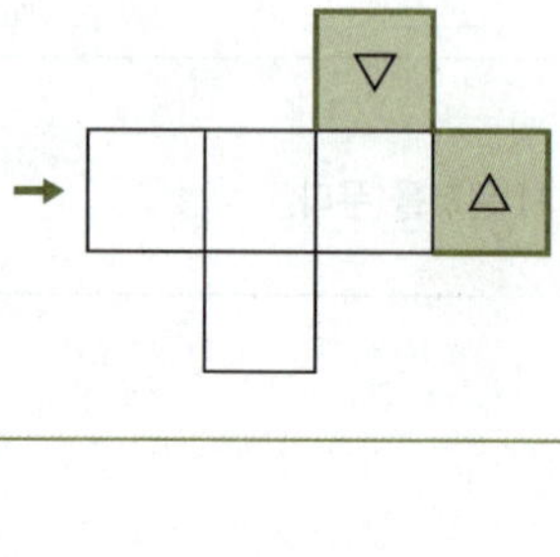

Step 3

이렇게 겹치는 변을 알아보면, 면을 이동할 수 있다.

2. 정팔면체의 전개도

그림 1

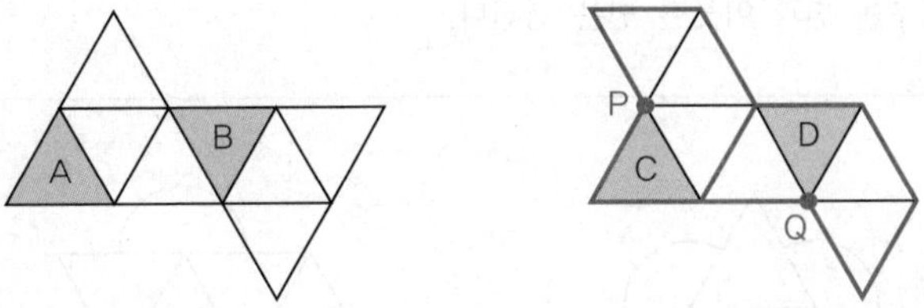

풀이방법

정팔면체의 전개도는 그림 1 과 같다. 상단 1면, 중단 6면(△과 ▽을 번갈아 배열), 하단 1면이 되거나, 오른쪽 처럼 한 꼭짓점(P, Q) 주변에 4장의 정삼각형이 모이는 그림이 되면 정팔면체의 전개도이다. 조립했을 때 서로 마주 보는 면은 A와 B, C와 D이다.

그림 2

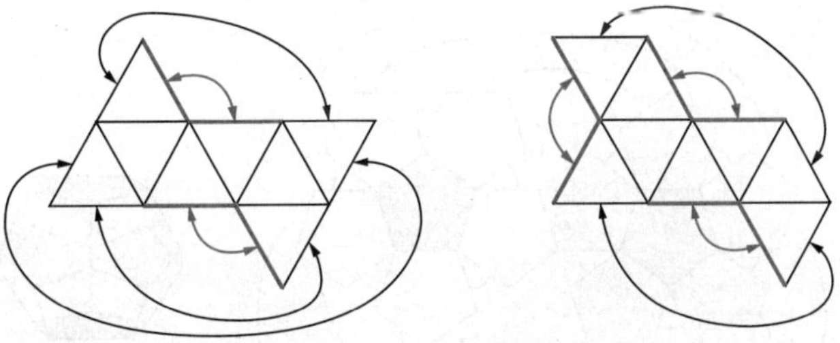

풀이방법

조립했을 때 겹치는 면은 처음에 120°를 이루는 변 (그림 2 의 색선으로 이어진 변)이며, 이어서 그 이웃한 변이 겹친다. 정육면체와 마찬가지로 면을 이동시켜 전개도를 변형할 수 있다.

3. 정다면체의 전개도

Step 1 최소의 각을 이루는 변은 겹친다.

Step 2 최소의 각을 이루는 변과 이웃한 변은 겹친다.

(1) 정사면체

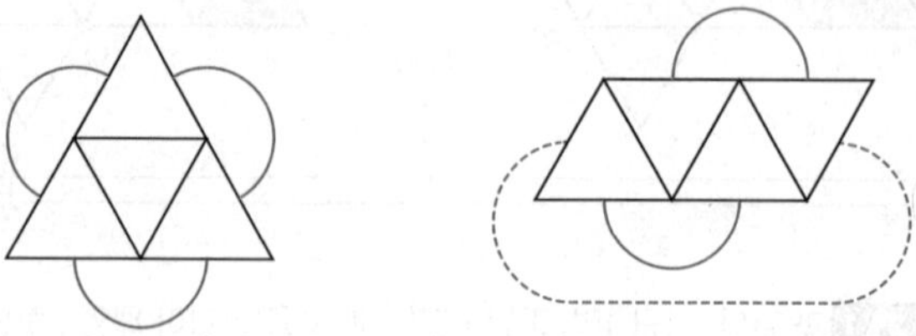

풀이방법

정사면체의 전개도는 두 가지뿐이다. 평행 관계에 위치한 면은 없다.

(2) 정십이면체

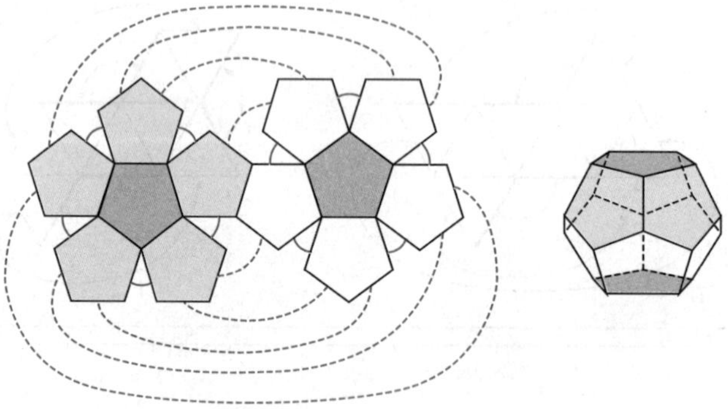

풀이방법

1개의 면을 5개의 면이 감싸며, 꽃이 핀 듯한 그림 두 개로 구성되어 있다. 각각 오른쪽 입체도형의 위쪽과 아래쪽의 절반에 해당한다.

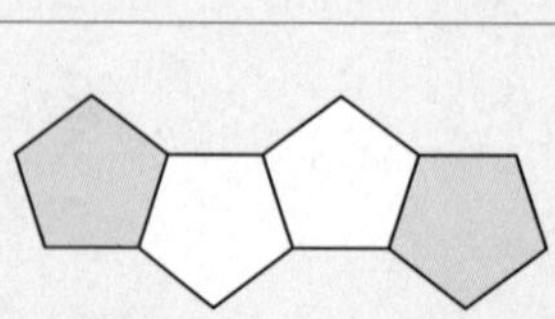

서로 마주 보는 면(평행한 면)의 위치는 정오각형을 똑바로 세운 것과 뒤집은 것을 교대로 4개 배열했을 때, 양 끝의 두 면이다.

(3) 정이십면체

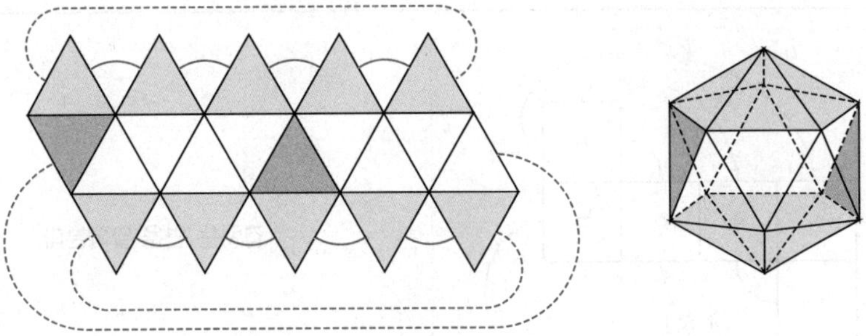

풀이방법

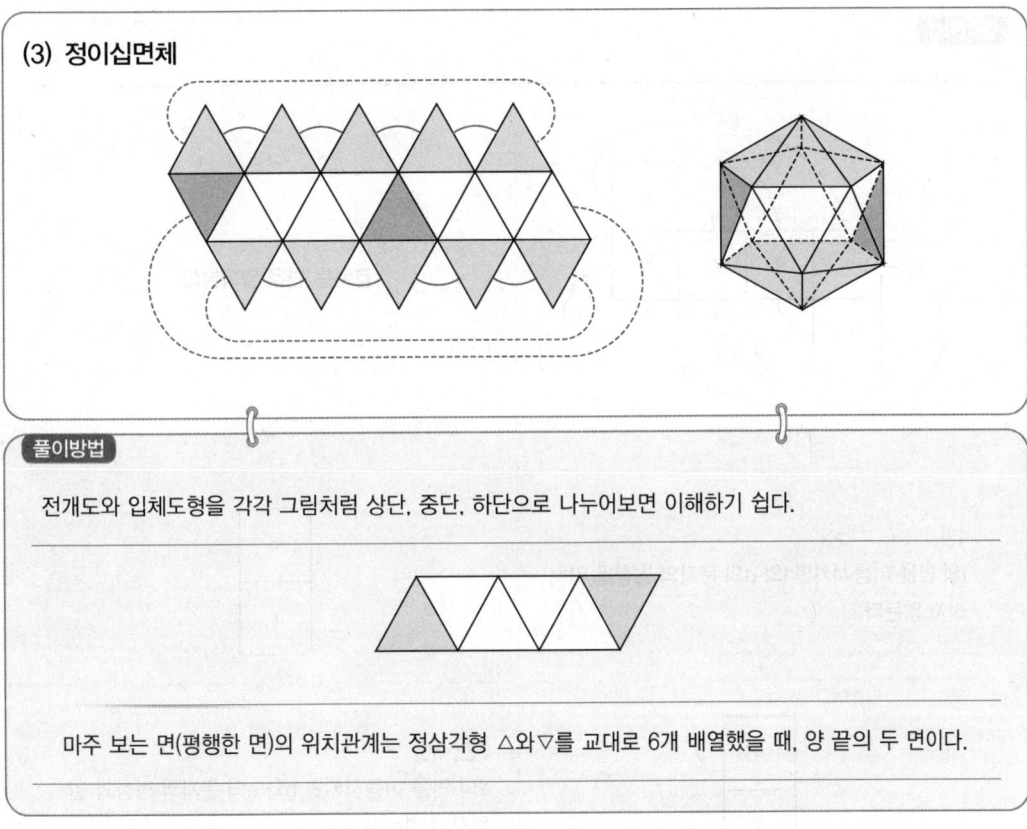

전개도와 입체도형을 각각 그림처럼 상단, 중단, 하단으로 나누어보면 이해하기 쉽다.

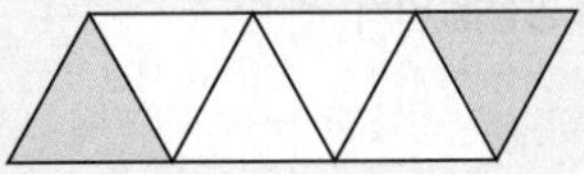

마주 보는 면(평행한 면)의 위치관계는 정삼각형 △와▽를 교대로 6개 배열했을 때, 양 끝의 두 면이다.

• 전개도를 접었을 때의 입체도형 구하기

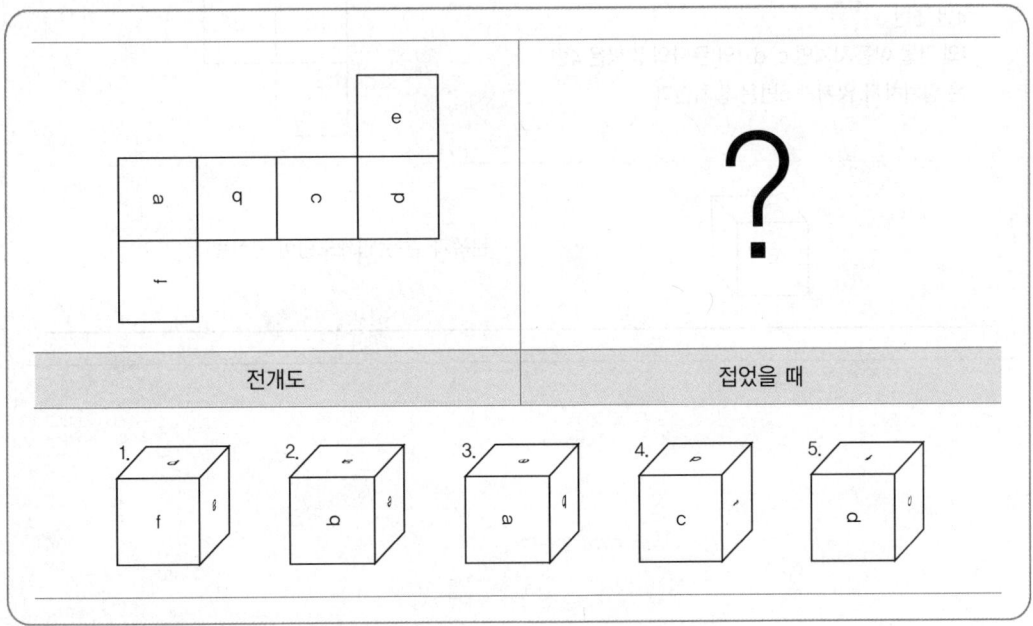

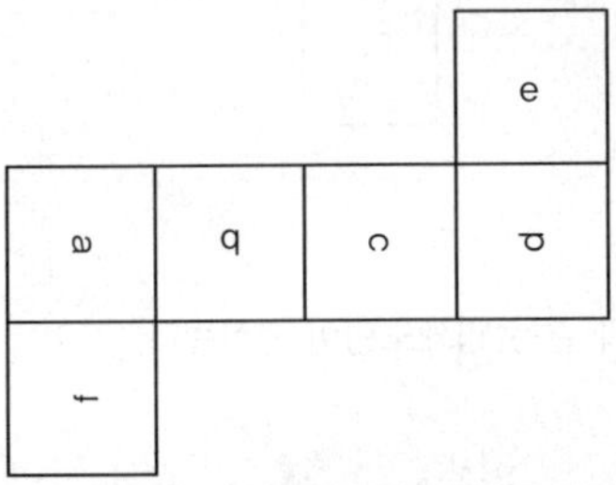	?
전개도	접었을 때

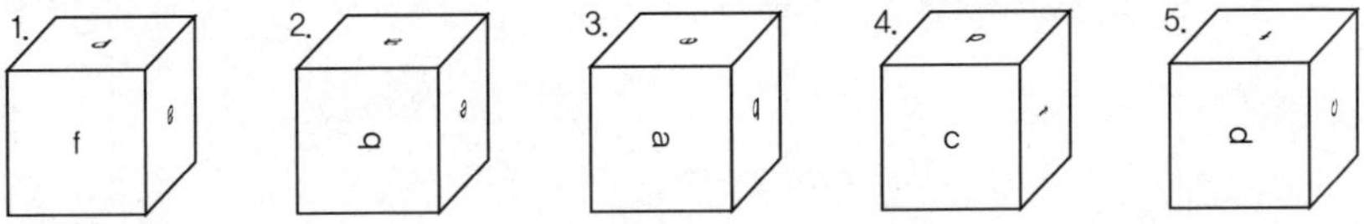

풀이방법

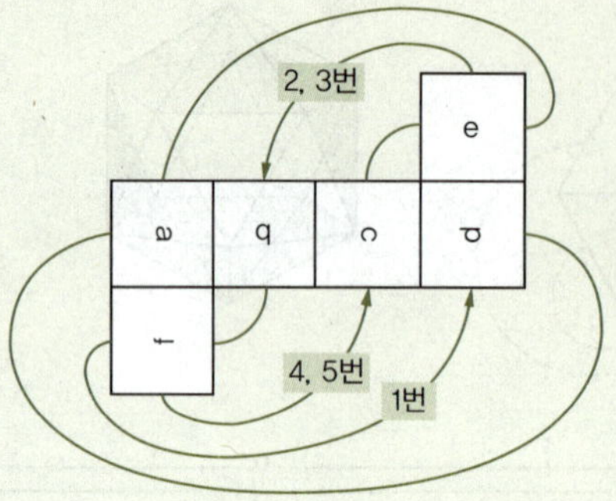

겹치는 면을 알아본다.

1번

f의 면을 이동시키면 f와 d의 문자의 방향은 일치하지 않는다.

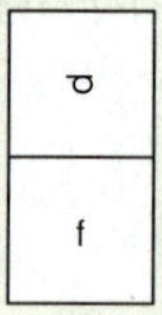

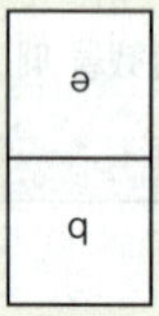

2번, 3번

e의 면을 이동시키면 b와 e의 문자의 방향과 일치하지 않는다.

4번, 5번

f의 면을 이동시키면 c, d, f의 문자의 방향은 4번은 일치하지 않지만 5번은 일치한다.

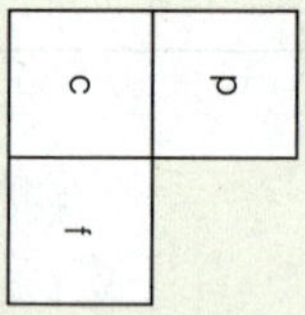

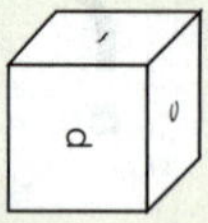

왼쪽과 같은 입체도형이 완성된다.

빈출 7 투상도

• 투상도를 통해 입체도형 추측하기

정면에서 봤을 때	위에서 봤을 때	왼쪽에서 봤을 때
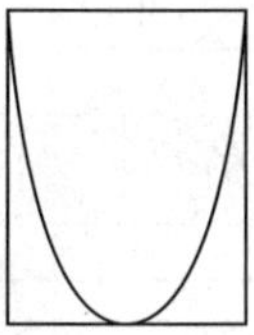	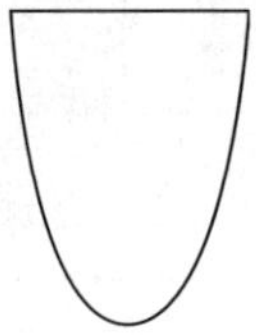	?

풀이방법

2차원 도면에서 3차원 입체도형을 추측할 수 있어야 한다. 보이지 않는 부분을 이미지화하는 것이 중요하다.

1. 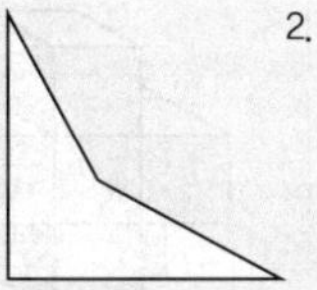
2. 
3. 
4. 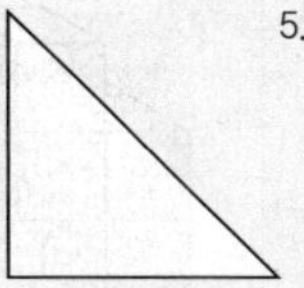
5. 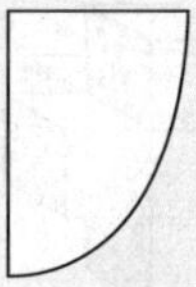

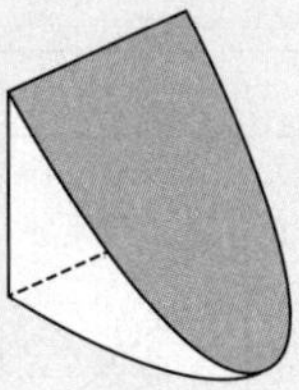

Step 1

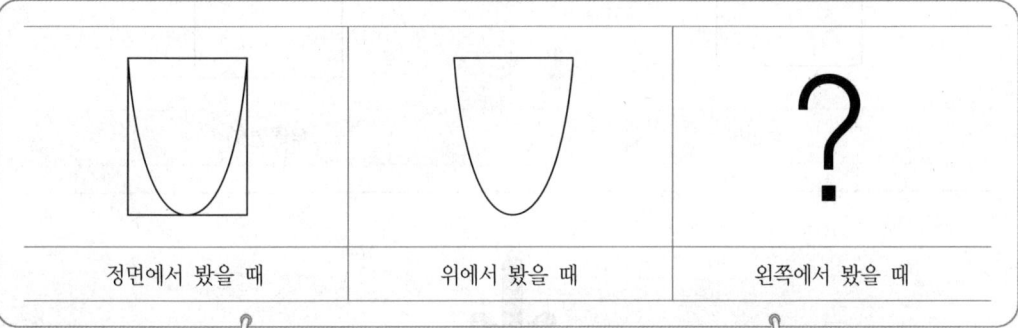

투상도를 통해 입체도형을 생각한다. 왼쪽과 같은 입체도형을 생각할 수 있다.

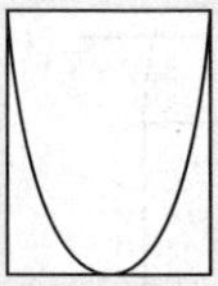
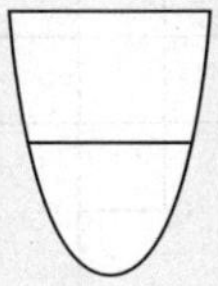

Step 2

선택지를 소거한다.

1번의 경우 정면도와 평면도는 왼쪽과 같이 된다.

2번, 3번의 경우 정면도, 평면도는 왼쪽과 같이 된다.

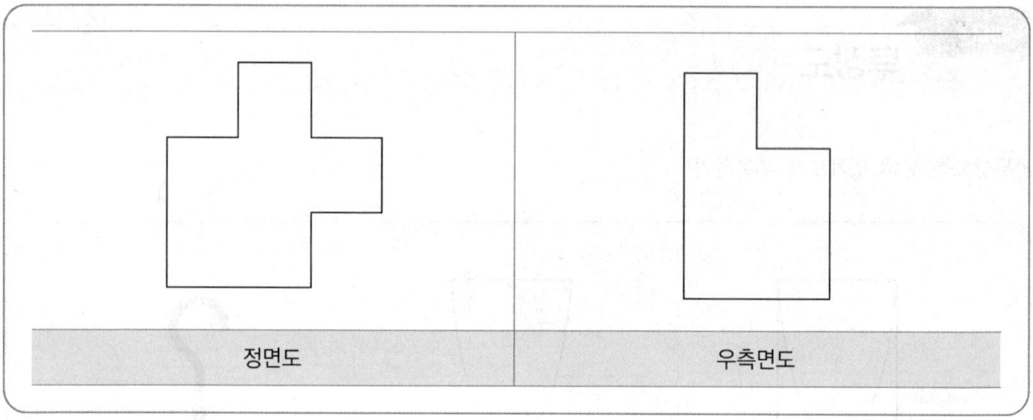

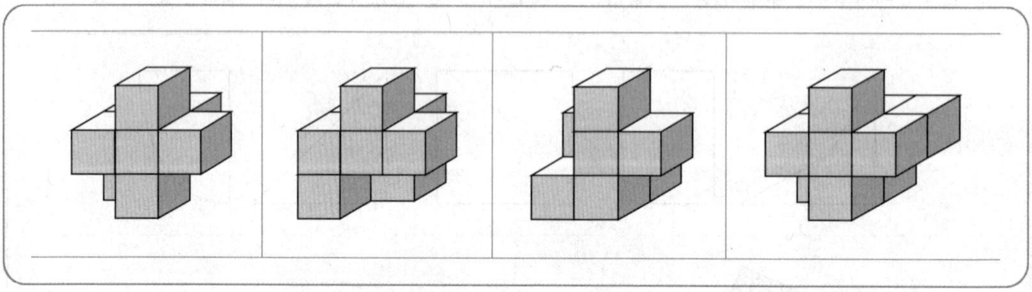

예

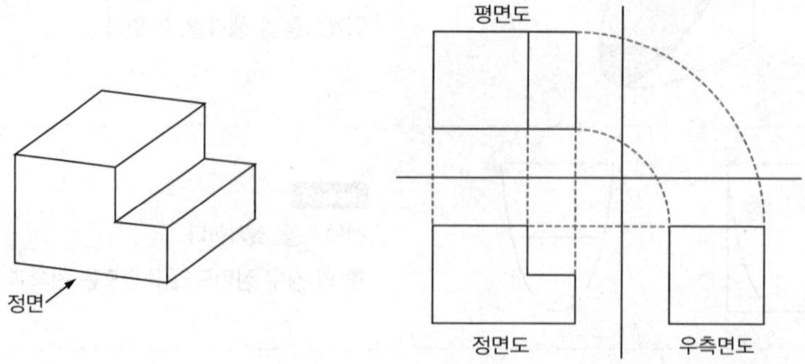

• 절단면 그리기

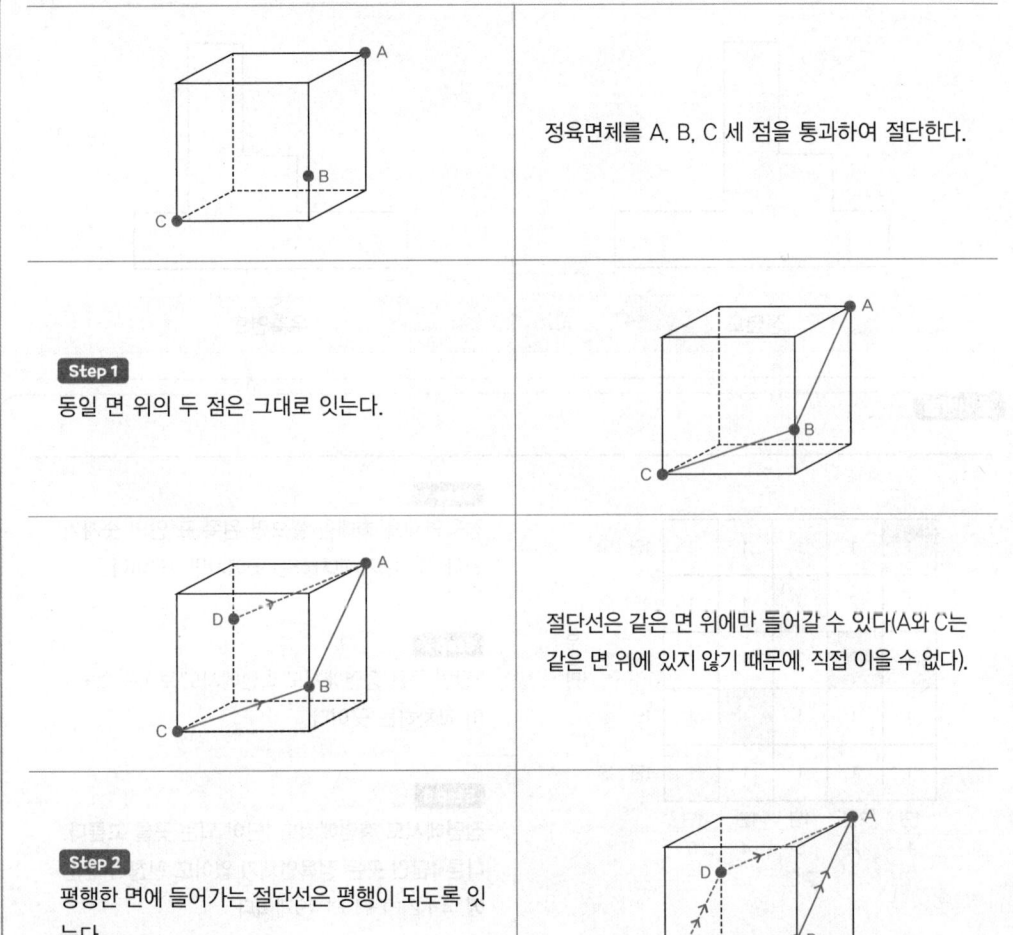

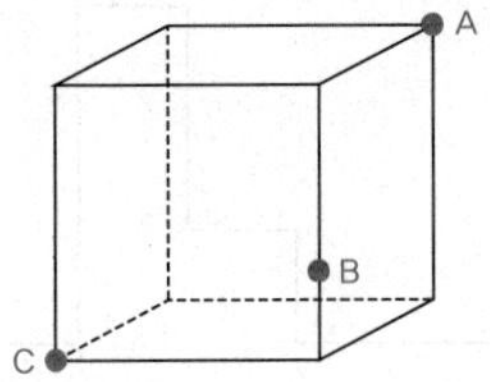	정육면체를 A, B, C 세 점을 통과하여 절단한다.
Step 1 동일 면 위의 두 점은 그대로 잇는다.	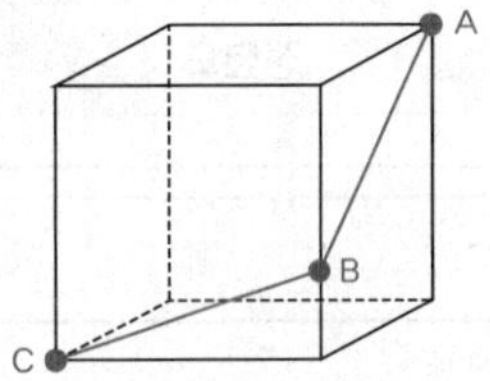
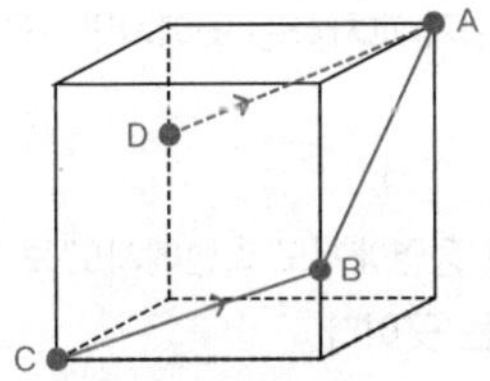	절단선은 같은 면 위에만 들어갈 수 있다(A와 C는 같은 면 위에 있지 않기 때문에, 직접 이을 수 없다).
Step 2 평행한 면에 들어가는 절단선은 평행이 되도록 잇는다.	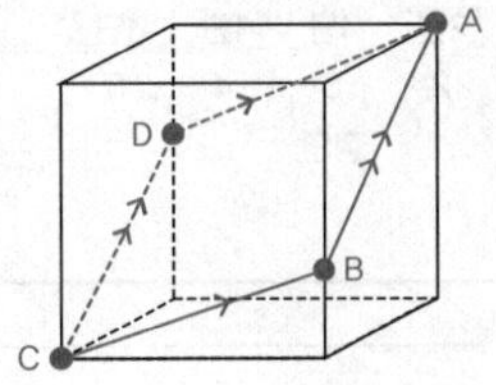

• 투상도를 통해 최소한의 정육면체의 개수 구하기

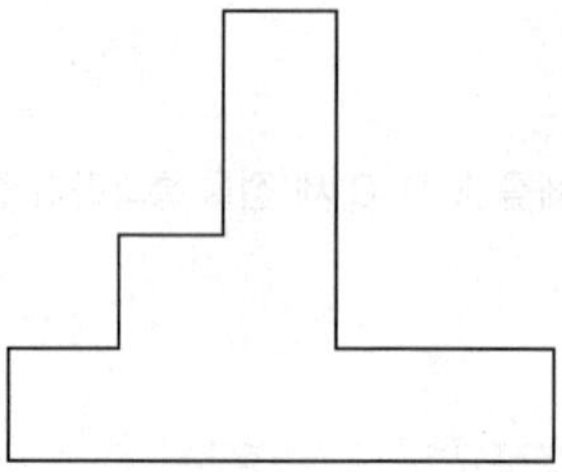

정면도

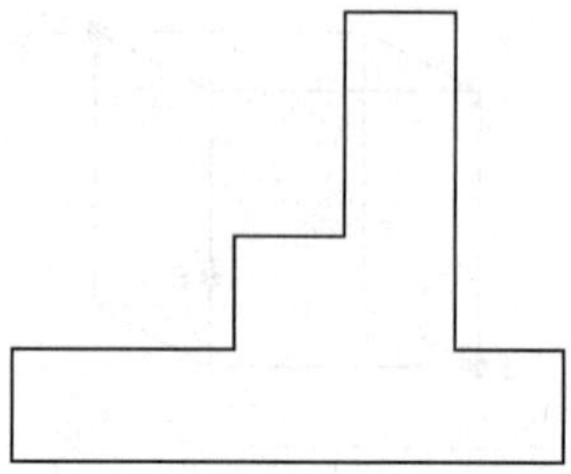

우측면도

풀이방법

	1	1	1	1	1	1단 ①
	1	2	4	1	1	4단 ②
	1	2	2	1	1	2단 ③
	1	1	1	1	1	1단 ④
	1	1	1	1	1	1단 ⑤
	1단	2단	4단	1단	1단	우측면
	1	2	3	4	5	
			정면			

Step 1

정육면체를 최대한 쌓으면 왼쪽 표 안의 숫자가 된다. 3－②가 교차하는 곳에서만 4단이다.

Step 2

2단인 곳은 정면에서도 측면에서도 보이는 2－③이 교차하는 곳이다.

Step 3

정면에서도 측면에서도 1단이 되는 곳을 고른다. 다른 1단인 곳은 정육면체가 없어도 괜찮기 때문에, 4+2+1+1+1=9개이다.

빈출 8

정육면체의 개수

• 수직으로 구멍을 뚫었을 때, 구멍이 뚫리지 않은 정육면체의 개수 구하기

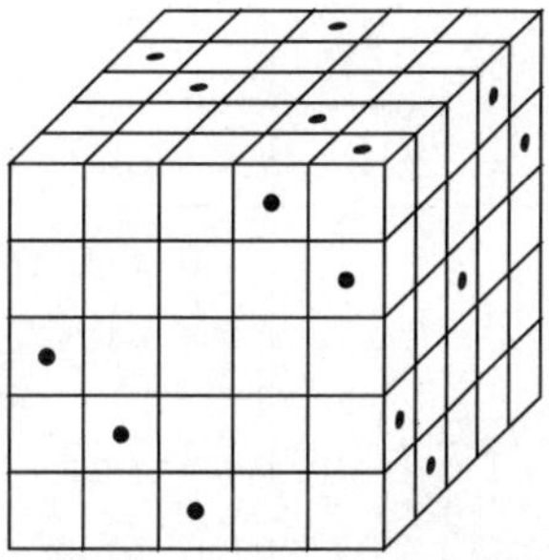

풀이방법

1단 슬라이스 방법을 사용한다.

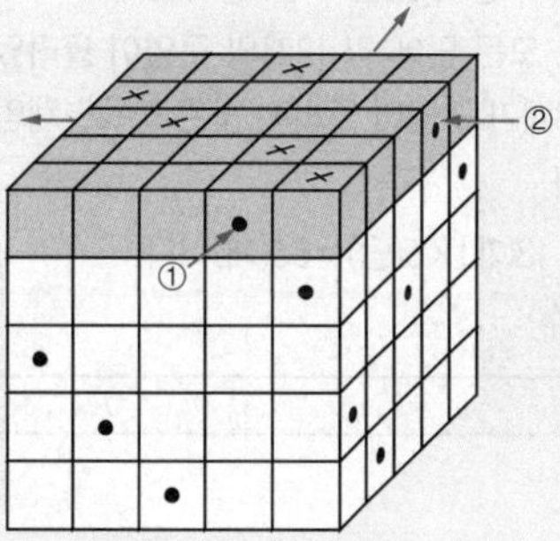

큰 정육면체를 위에서부터 1단씩 5단으로 슬라이스하여, 각 단마다 위에서 본 평면도에 구멍이 뚫린 모습을 그린다.

윗면의 5개의 점에서는 바닥까지 구멍이 뚫려 5단 모두 구멍이 생기기 때문에, 모든 평면도에 X자를 적어 넣는다.

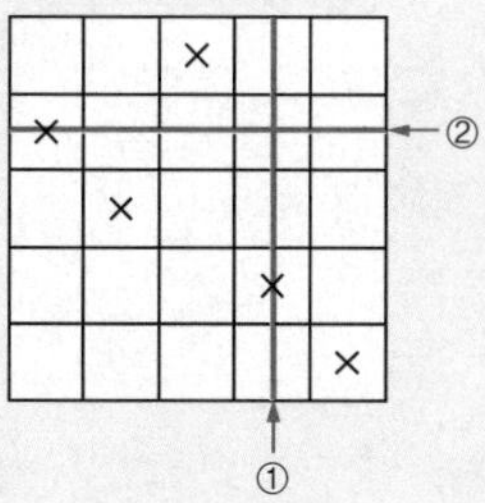

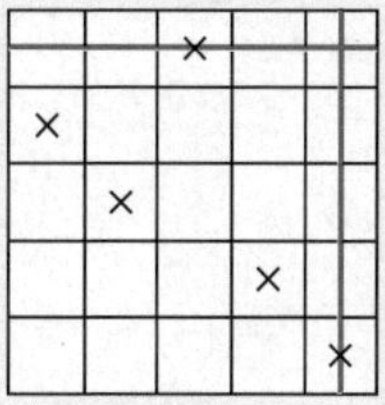

1단

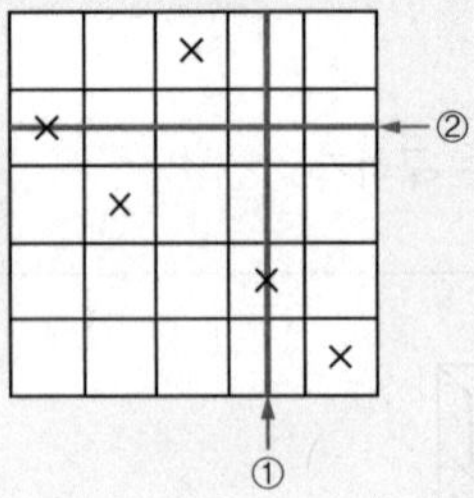

2단

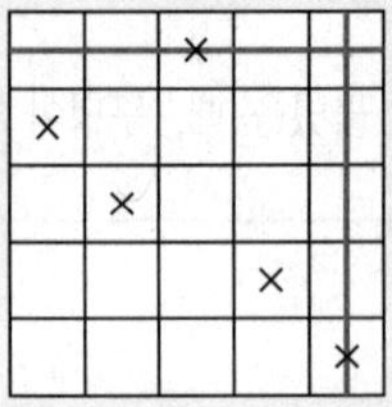

3단

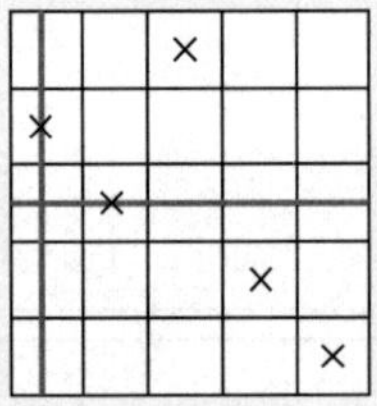

4단

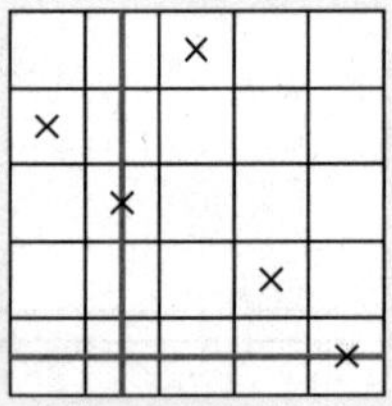

5단

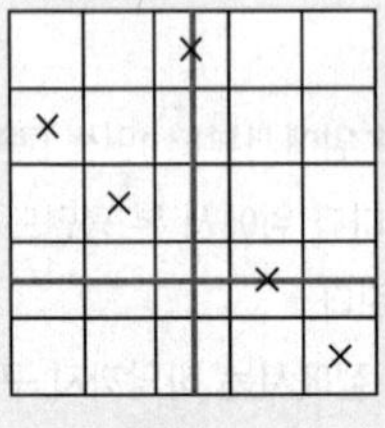

각 단에 구멍이 뚫린 작은 정육면체의 개수를 확인하면, 모든 단에 각 12개의 구멍이 뚫려있으며, 남은 13개가 구멍이 뚫리지 않은 정육면체임을 알 수 있다.

따라서 13(개)×5(단)=65(개)이다.

- 작은 색깔 정육면체가 정육면체의 한 면에서 반대편까지 일직선으로 배열되어 있을 때, 흰 정육면체의 개수 구하기

풀이방법

1. 색깔 정육면체가 더 세기 쉬우므로 전체에서 색깔 정육면체의 수만큼 뺀다.
2. 정육면체는 대칭 구조로 뒤집어도 똑같은 모양이기 때문에, 1단과 7단, 2단과 6단, 3단과 5단은 같다. 1단의 작은 색깔 정육면체는 눈에 보이는 9개뿐(7단도 마찬가지)이므로 굳이 평면도를 그리지 않아도 된다.

2단

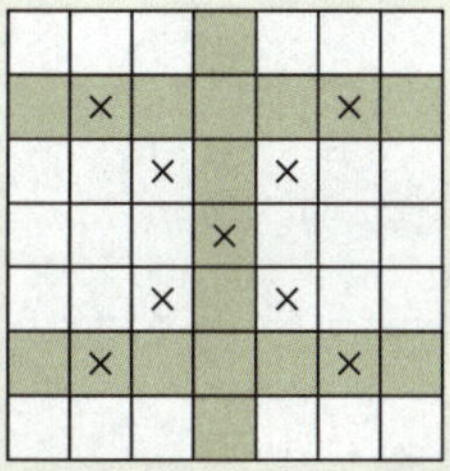

3단

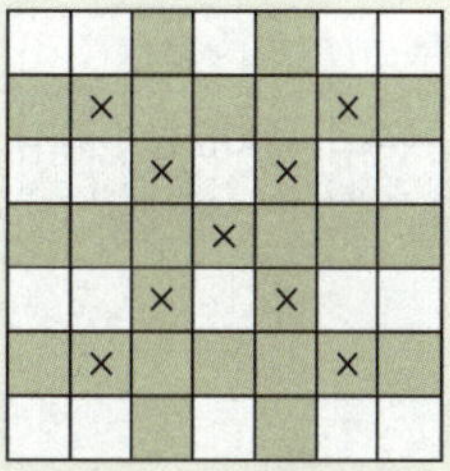

4단

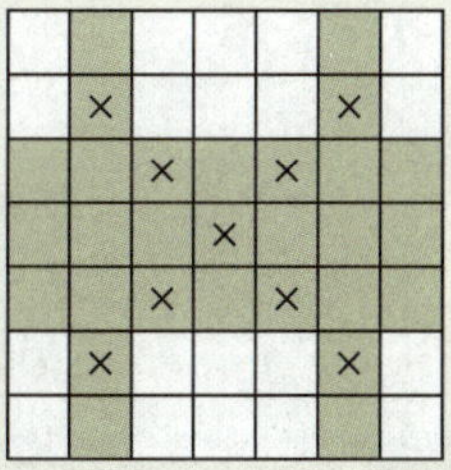

색깔 정육면체 개수는 9+23+29+29+29+23+9=151(개)이므로 흰 정육면체의 개수는 343−151=192(개)이다.

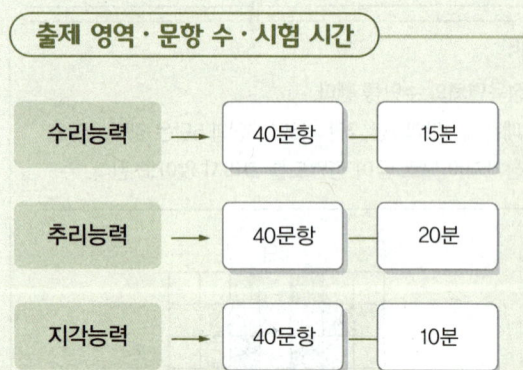

고시넷 삼성 온라인 GSAT 5급 고졸 직무적성검사 최신기출유형모의고사

출제 영역 · 문항 수 · 시험 시간

출제 영역	문항 수	시험 시간
수리능력	40문항	15분
추리능력	40문항	20분
지각능력	40문항	10분

삼성 온라인 GSAT 5급 고졸 직무적성검사

파트 2 기출유형모의고사

GSAT 1회 기출유형문제

문항수 | 120문항
시험시간 | 45분

▸ 정답과 해설 2쪽

영역 1 수리능력

40문항 / 15분

[01 ~ 10] 다음 식의 값을 구하시오.

01.

$$2.7\times5+4.8=(\quad)$$

① 18.3 ② 18.9 ③ 19.3 ④ 19.9

02.

$$\frac{1}{3}+\frac{5}{6}\times\left(-\frac{8}{9}\right)=(\quad)$$

① $\frac{11}{27}$ ② $\frac{10}{27}$ ③ $-\frac{10}{27}$ ④ $-\frac{11}{27}$

03.

$$777-21\times23=(\quad)$$

① 284 ② 294 ③ 304 ④ 314

04.

$$31-169\div13+47=(\quad)$$

① 61 ② 63 ③ 65 ④ 67

05.

$$1{,}250\times10^{-2}=(\quad)$$

① 0.125 ② 1.250 ③ 12.50 ④ 1,250

06.

$$(29-16)^2+5^2=(\quad)$$

① 146 ② 169 ③ 194 ④ 221

07.

$$3(\sqrt{3}+2\sqrt{2})+2(4\sqrt{3}-5\sqrt{2})=(\quad)$$

① $10\sqrt{3}-2\sqrt{2}$ ② $9\sqrt{3}-5\sqrt{2}$

③ $11\sqrt{3}-4\sqrt{2}$ ④ $8\sqrt{3}-5\sqrt{2}$

08.

$$4\frac{6}{11}\times\frac{11}{15}=(\quad)$$

① $\frac{5}{3}$ ② $\frac{8}{3}$ ③ $\frac{10}{3}$ ④ $\frac{13}{3}$

09.

$$\left(-\frac{2}{3}\right)+\left(-\frac{1}{4}\right)+\frac{1}{2}=(\quad)$$

① $\frac{5}{12}$　② $\frac{7}{12}$　③ $-\frac{5}{12}$　④ $-\frac{7}{12}$

10.

$$824\times35\%=(\quad)$$

① 288.0　② 288.4　③ 456.4　④ 665.4

[11 ~ 12] 다음 A와 B의 대소를 비교하시오.

11.

A : 235×91
B : 460×45

① A＞B　② A＜B　③ A＝B　④ 알 수 없음.

12.

A : 8,961÷1,150
B : 8

① A＞B　② A＜B　③ A＝B　④ 알 수 없음.

[13 ~ 15] 기호를 다음과 같이 가정하여 주어진 식의 값을 구하시오.

A♤B=A+B×2
A♧B=A×B+2

13.

5♤20

① 40
② 45
③ 50
④ 55

14.

3♧(6♤4)

① 41
② 42
③ 43
④ 44

15.

(7♤8)♧2

① 42
② 44
③ 46
④ 48

16. 1,000의 3할 6푼 5리는?

① 365 ② 36.5 ③ 3.65 ④ 0.365

17. 30의 2할 5푼은?

① 6.5 ② 7 ③ 7.5 ④ 8

18. 4L의 8푼은?

① 3.2mL ② 32mL ③ 320mL ④ 3,200mL

19. 영수는 복권 25개를 구입하여 8개가 당첨되었다. 영수의 당첨률은?

① 8할 ② 3할 2푼 ③ 8푼 ④ 3푼 2리

20. 지성이는 과녁 맞히기 게임에서 25번을 던져 13번을 성공시켰다. 지성이의 성공률은?

① 5할 2푼 ② 5푼 2리 ③ 5할 2리 ④ 5할 2푼 5리

21. 소영이가 집에서 10km의 거리에 위치한 백화점에 가는데 시속 4km로 걷다가 시속 6km로 뛰었더니 총 2시간 20분이 걸렸다. 소영이가 뛴 시간은 몇 분인가? (단, 소영이는 중간에 쉬지 않았다)

① 10분 ② 20분 ③ 30분 ④ 40분

22. A 상자에 진짜 보석 4개와 가짜 보석 5개가 들어 있고, B 상자에 진짜 보석 3개와 가짜 보석 5개가 들어 있다. A 상자에서 한 개를 꺼내서 보지 않고 B 상자에 넣은 뒤 B 상자에서 다시 한 개를 꺼낼 때, 두 번 다 진짜 보석을 꺼낼 확률은?

① $\frac{4}{81}$ ② $\frac{8}{81}$

③ $\frac{16}{81}$ ④ $\frac{32}{81}$

23. 소영, 승훈, 미영, 지훈, 아영 중 대표 2명을 뽑는 경우는 몇 가지인가?

① 8가지 ② 9가지 ③ 10가지 ④ 11가지

24. 물 500g에 소금을 넣어 농도 20%의 소금물을 만들려고 할 때, 넣어야 하는 소금의 양은?

① 110g ② 115g ③ 120g ④ 125g

25. A 농장에서는 오리와 소를 총 200마리 키운다. 오리와 소의 다리 수가 총 620개라고 할 때, 오리와 소는 각각 몇 마리인가?

① 오리 60마리, 소 140마리 ② 오리 90마리, 소 110마리

③ 오리 100마리, 소 100마리 ④ 오리 120마리, 소 80마리

26. 어떤 프로젝트를 수행하는 데 A가 혼자 하면 10일, B가 혼자 하면 15일이 걸린다. A, B가 함께 프로젝트를 수행한다면 며칠 만에 완료할 수 있는가?

① 3일 ② 4일 ③ 5일 ④ 6일

27. 현재 채린이와 삼촌의 나이 차는 18세이고, 4년 후에는 삼촌의 나이가 채린이 나이의 2배가 된다. 채린이의 현재 나이는 몇 세인가?

① 14세 ② 16세 ③ 18세 ④ 20세

28. 가로의 길이가 8cm, 높이가 6cm인 직육면체의 부피가 192cm^3라고 할 때, 세로의 길이는?

① 4cm ② 8cm ③ 12cm ④ 16cm

29. 김 과장은 사내 퀴즈대회에서 60점을 획득했다. 전체 20문제를 풀 때 문제를 맞히면 5점씩 획득하고 틀리면 5점씩 감점될 때, 김 과장이 맞힌 문제는 모두 몇 개인가?

① 7개 ② 12개 ③ 15개 ④ 16개

30. 자동차가 120km/h로 달려 3시간 30분 만에 목적지에 도착했다면 달린 거리는?

① 400km ② 420km ③ 440km ④ 460km

[31 ~ 32] 다음 자료를 보고 이어지는 질문에 답하시오.

〈연도별 · 국가별 특허출원 건수〉

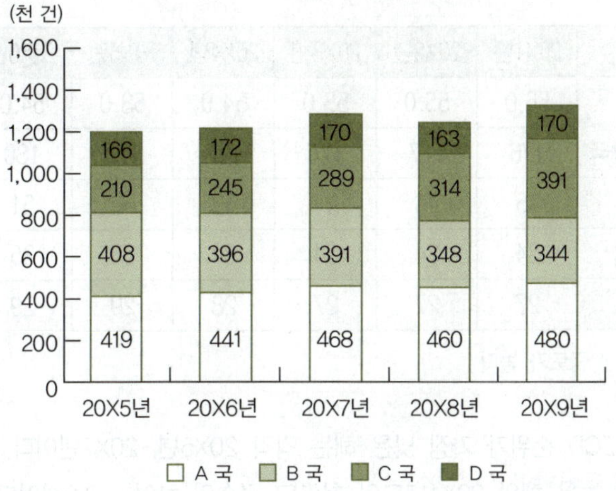

31. 위 그래프에 대한 설명으로 옳은 것은?

① A ~ D 국의 특허출원 건수의 총합은 20X5년부터 계속 증가했다.
② A ~ D 국 중 특허출원 건수가 가장 많은 나라는 A 국이다.
③ B 국의 특허출원 건수는 매년 C 국보다 많다.
④ D 국의 특허출원 건수는 매년 165,000건을 초과한다.

32. C 국의 특허출원 건수가 가장 많은 해에 D 국의 특허출원 건수는 몇 건인가?

① 163,000건 ② 166,000건 ③ 170,000건 ④ 172,000건

33. 다음은 우리나라 부패인식지수(CPI)의 연도별 변동 추이에 관한 표이다. 이에 대한 설명으로 적절하지 않은 것은?

〈부패인식지수(CPI)의 연도별 변동 추이〉

(단위 : 점, 개국, 위)

구분		20X1년	20X2년	20X3년	20X4년	20X5년	20X6년	20X7년	20X8년
CPI	점수	56.0	55.0	55.0	54.0	53.0	54.0	57.0	59.0
	조사대상국	176	177	175	168	176	180	180	180
	순위	45	46	44	43	52	51	45	39
OECD	회원국	34	34	34	34	35	35	36	36
	순위	27	27	27	28	29	29	30	27

※ 점수가 높을수록 청렴도가 높다.

① CPI 순위와 OECD 순위가 가장 낮은 해는 각각 20X5년, 20X7년이다.

② 청렴도가 가장 높은 해와 20X1년도의 청렴도 점수의 차이는 3.0점이다.

③ 조사 기간 동안 우리나라의 CPI는 OECD 국가에서 항상 상위권을 차지하였다.

④ 우리나라는 다른 해에 비해 20X8년에 가장 청렴했다고 볼 수 있다.

34. 다음은 어느 고등학교의 학업 평가 결과를 나타낸 표이다. 영역별로 1 ~ 5등급으로 나누어진다고 할 때, 이에 대한 설명으로 옳지 않은 것은?

〈학업 평가 4 ~ 5등급 비율〉

(단위 : %)

구분	A 영역	B 영역	C 영역	D 영역
20X8년	56.0	47.2	45.6	43.1
20X9년	45.9	44.5	39.9	35.4

① 20X8년 대비 20X9년에 4 ~ 5등급 비율이 가장 크게 변한 영역은 A 영역이다.

② 20X9년 C 영역에서 1 ~ 3등급을 받은 학생의 비율은 54.4%이다.

③ 20X8년 D 영역에서 4 ~ 5등급을 받은 학생 수가 B 영역에서 4 ~ 5등급을 받은 학생 수보다 적다.

④ 20X8년과 20X9년 모두 학업 평가 4 ~5등급 비율은 D 영역－C 영역－B 영역－A 영역 순으로 낮다.

35. 다음 그래프를 보고 추측한 내용이 적절하지 않은 사람은?

〈연도별 등록 외국인 · 불법체류 외국인 현황〉

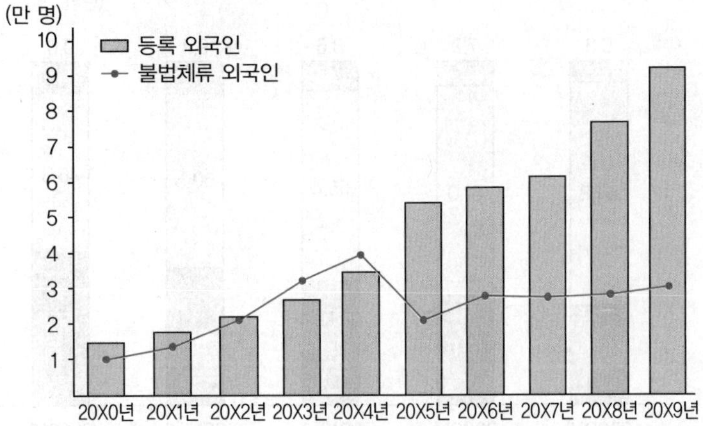

- A : 등록 외국인 수가 매년 증가하고 있지만 변수가 발생하면 그 수가 줄어들 수도 있어.
- B : 불법체류 외국인의 수는 20X4년에 최고치를 기록하면서 처음으로 등록 외국인 숫자보다 많아졌어.
- C : 20X5년에 등록 외국인 수가 급격히 증가한 이유는 불법체류 외국인이 등록 외국인이 되었기 때문은 아닐까?
- D : 20X6년 이후 불법체류 외국인의 숫자는 비교적 안정적으로 유지되고 있어.

① A　　② B

③ C　　④ D

36. 다음 경지규모별 농가 비중 추이에 관한 그래프를 해석한 내용 중 적절하지 않은 것은?

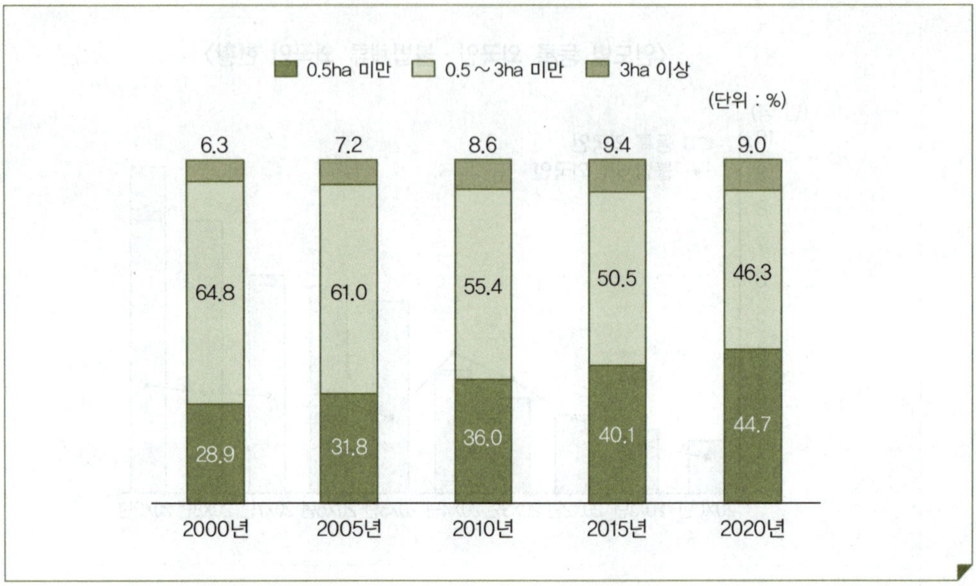

① 3ha 이상 농가 비중은 계속 증가하였다.

② 0.5～3ha 미만 농가 비중이 계속 감소하고 있다.

③ 0.5～3ha 미만 농가가 전체에서 차지하는 비중이 항상 가장 크다.

④ 0.5ha 미만 농가의 비중이 꾸준히 증가하였다.

[37 ~ 38] 다음은 OECD 국가별 고용률 비교 자료이다. 이어지는 질문에 답하시오.

〈국가별 청년 고용률〉

(단위 : %)

구분	25 ~ 29세					30 ~ 34세				
	1995년	2000년	2005년	2010년	2015년	1995년	2000년	2005년	2010년	2015년
한국	86.3	88.2	74.7	70.0	69.3	95.4	91.2	89.8	87.5	90.0
프랑스	82.4	83.5	83.2	81.9	77.9	89.0	88.5	89.1	88.0	83.5
독일	79.2	81.1	74.2	78.7	80.6	88.4	89.3	84.8	87.1	88.5
이탈리아	71.1	69.4	72.7	66.8	58.6	86.5	86.3	86.6	82.6	76.3
일본	92.8	90.3	87.6	86.5	87.8	95.6	93.7	92.1	91.2	91.7
영국	83.0	87.6	86.4	83.4	84.9	86.2	89.7	89.0	86.6	89.4
미국	87.1	88.9	85.8	78.0	82.0	89.2	91.5	89.0	82.1	85.9
OECD	84.4	85.2	83.1	79.5	80.5	89.3	90.4	88.9	86.0	87.0

37. 25 ~ 29세와 30 ~ 34세에서 1995 ~ 2015년의 고용률 변동 추이가 한국과 같은 나라는 순서대로 어느 나라인가?

① 독일, 일본　　② 프랑스, 영국

③ 프랑스, 일본　　④ 미국, 이탈리아

38. 다음 중 30 ~ 34세의 2010년 대비 2015년 고용률의 증가율이 가장 큰 나라는?

① 한국　　② 독일

③ 영국　　④ 미국

[39 ~ 40] 다음 자료를 보고 이어지는 질문에 답하시오.

〈20XX년 주택형태별 에너지 소비 현황〉

(단위 : 천 TOE)

구분	연탄	석유	도시가스	전력	열에너지	기타	합계
단독주택	411.8	2,051.8	2,662.1	2,118.0	–	110.3	7,354
아파트	–	111.4	5,609.3	2,551.5	1,852.9	–	10,125
연립주택	1.4	33.0	1,024.6	371.7	4.3	–	1,435
다세대주택	–	19.7	1,192.6	432.6	–	–	1,645
상가주택	–	10.2	115.8	77.6	15.0	2.4	221
총합	413.2	2,226.1	10,604.4	5,551.4	1,872.2	112.7	20,780

39. 위의 자료에 대한 해석으로 적절한 것은?

① 단독주택에서 소비한 전력 에너지량은 단독주택 전체 에너지 소비량의 30% 이상을 차지한다.
② 모든 주택형태에서 가장 많이 소비한 에너지 유형은 도시가스 에너지이다.
③ 아파트는 다른 주택형태에 비해 가구당 에너지 소비량이 많다.
④ 모든 주택형태에서 소비되는 에너지 유형은 4가지이다.

40. 아파트 전체 에너지 소비량 중 도시가스 에너지 소비량이 차지하는 비율은? (단, 소수점 아래 둘째 자리에서 반올림한다)

① 25.2% ② 36.2% ③ 52.4% ④ 55.4%

40문항 / 20분

영역 2 추리능력

[01 ~ 10] 다음 나열된 숫자들의 공통된 규칙을 찾아 '?'에 들어갈 알맞은 숫자를 고르시오.

01.

4 12 9 27 24 (?)

① 60 ② 64 ③ 68 ④ 72

02.

48 47 44 39 32 (?) 12

① 22 ② 23 ③ 24 ④ 25

03.

(?) 11 21 32 53 85

① 7 ② 8 ③ 9 ④ 10

04.

12 9 13 10 14 11 15 (?)

① 11 ② 12 ③ 13 ④ 14

05.

311 316 326 337 350 358 374 (?)

① 375 ② 380 ③ 385 ④ 388

06.

1 4 2 9 4 16 8 (?)

① 9 ② 12 ③ 16 ④ 25

07.

7 14 20 25 29 (?)

① 31 ② 32 ③ 33 ④ 34

08.

8 24 12 36 18 (?) 27 81

① 48 ② 54 ③ 64 ④ 72

09.

2 3 8 63 (?)

① 3,512 ② 3,672 ③ 3,800 ④ 3,968

10.

6 8 19 (?) 249

① 45 ② 61 ③ 98 ④ 124

[11 ~ 15] 다음 나열된 문자들의 공통된 규칙을 찾아 '?'에 들어갈 알맞은 문자를 고르시오.

11.

W A F L S (?)

① A ② C ③ G ④ J

12.

ㅠ ㅏ ㅛ ㅓ (?)

① ㅏ ② ㅑ ③ ㅠ ④ ㅡ

13.

마 자 파 다 사 (?)

① 가 ② 자 ③ 카 ④ 하

14.

C D G J (?)

① L ② M ③ N ④ O

15.

수 목 토 화 (?)

① 월 ② 목 ③ 토 ④ 일

[16 ~ 20] 다음은 공통된 규칙에 따라 문자가 나열된 것이다. 동일한 규칙이 적용되지 않은 하나를 고르시오.

16. ① 크트츠프 ② NOMP ③ 서셔샤소 ④ 요죠뵤쵸

17. ① 다따라바 ② KLMQ ③ DEFJ ④ 아애야여

18. ① 아야어여 ② 애얘에예 ③ 유으의이 ④ 예와외우

19. ① 꺼거거거 ② 어저저저 ③ 떠더더더 ④ 머러러러

20. ① 공공동공 ② 롱롱봉롱 ③ 송송종송 ④ 콩콩통콩

21. 다음 〈보기〉의 내용을 통해 바르게 추론한 것은?

| 보기 |

- 키가 170cm인 가영이는 나영이보다 키가 크다.
- 다영이는 나영이보다 키가 작다.
- 라영이의 키는 155cm로 마영이보다 키가 크다.

① 나영이의 키가 두 번째로 크다.
② 마영이는 다영이보다 키가 작다.
③ 가영이는 마영이보다 키가 크다.
④ 라영이는 나영이보다 키가 크다.

22. 다음 명제가 모두 참일 때 옳은 것은?

- 껌을 좋아하는 아이는 사탕도 좋아한다.
- 초콜릿을 좋아하지 않는 아이는 사탕도 좋아하지 않는다.
- 감자칩을 좋아하는 아이는 사탕도 좋아한다.

① 감자칩을 좋아하는 아이는 초콜릿도 좋아한다.
② 감자칩을 좋아하는 아이는 껌을 좋아하지 않는다.
③ 초콜릿을 좋아하는 아이는 감자칩도 좋아한다.
④ 껌을 좋아하는 아이는 초콜릿은 좋아하지 않는다.

23. 다음 명제들이 모두 참일 때 옳은 것은?

- 달리기를 못하는 사람은 수영을 못한다.
- 달리기를 잘하는 사람은 항상 운동화를 신는다.
- 윤재는 항상 구두를 신는다.

① 윤재는 달리기를 잘한다.
② 윤재는 수영을 못한다.
③ 수영을 잘하는 사람은 구두를 신는다.
④ 수영을 못하는 사람은 운동화를 신지 않는다.

24. 같은 엘리베이터에 탄 사원 A ~ E 중 한 명은 거짓말을 하고 있다. 〈보기〉를 고려할 때 반드시 참인 것은? (단, 같은 층에서 내린 사람은 없다)

| 보기 |

- A : B는 확실히 1층에서 내렸어.
- B : C는 1층에서 내렸어.
- C : 잘은 모르겠지만, D는 적어도 3층에서는 내리지 않았어.
- D : E는 4층에서 내렸어.
- E : 나는 4층에서 내렸고 A는 5층에서 내렸어.

① A는 4층에서 내렸다.
② B는 3층에서 내렸다.
③ C는 1층에서 내렸다.
④ D는 2층에서 내렸다.

25. 다음 명제들이 모두 참이라고 할 때, 반드시 참인 것은?

- 유리가 당번이라면 찬호는 당번이 아니다.
- 찬호가 당번이 아니라면 호재는 당번이다.
- 호재가 당번이라면 수하는 당번이다.

① 유리가 당번이라면 호재는 당번이다.
② 찬호가 당번이라면 유리는 당번이다.
③ 호재가 당번이라면 수하는 당번이 아니다.
④ 유리가 당번이 아니라면 찬호는 당번이다.

26. 다음 전제를 바탕으로 참이 되는 결론은?

[전제] • 미국의 물가는 스위스보다 비싸다.
• 홍콩의 물가는 프랑스보다 싸다.
• 프랑스의 물가는 미국보다 비싸다.
[결론] • ______________________

① 스위스의 물가는 프랑스보다 싸다.
② 홍콩의 물가는 스위스보다 비싸다.
③ 홍콩의 물가는 미국보다 싸다.
④ 미국과 홍콩의 물가는 같다.

27. 다음 밑줄 친 부분에 들어갈 전제로 적절한 것은?

[전제] • ____________________
• 맵고 짠 음식을 좋아하는 사람은 라면보다 칼국수를 더 좋아하지 않는다.
[결론] • 그러므로 형진이는 맵고 짠 음식을 좋아하지 않는다.

① 형진이는 라면보다 칼국수를 더 좋아한다.
② 형진이는 라면보다 칼국수를 더 좋아하지 않는다.
③ 맵고 짠 음식을 좋아하는 사람은 형진이다.
④ 맵고 짠 음식을 좋아하지 않는 사람은 형진이다.

28. 다음 밑줄 친 부분에 들어갈 전제로 적절한 것은?

| 보기 |

[전제] • 하얀 옷을 입는 사람은 모두 깔끔하다.
• 깔끔한 사람들은 모두 안경을 쓴다.
• ____________________
[결론] • 따라서 수인이는 하얀 옷을 입지 않는다.

① 하얀 옷을 입지 않는 사람은 수인이가 아니다.
② 수인이는 안경을 쓰지 않는다.
③ 안경을 쓰는 사람들은 모두 하얀 옷을 입는다.
④ 깔끔하지 않은 사람들은 모두 안경을 쓰지 않는다.

29. Z, Y, X, W, V 다섯 명이 자동차 경주를 하고 순위에 대해 나눈 대화이다. 이 중 한 명만 거짓말을 할 때, 1위부터 순위를 바르게 나열한 것은?

> Z : W는 5등을 했고, Y와 순위 차이가 제일 커.
> Y : Z는 1등도 꼴찌도 하지 않았어.
> X : 나와 Y는 2순위 차이가 나.
> W : 나는 4등을 했어.
> V : 나는 2등을 했고, X와 연이은 순위에 있어.

① Y－V－X－Z－W ② Y－V－X－W－Z
③ V－W－Z－Y－X ④ V－Y－X－Z－W

30. 인사팀은 신입사원들의 부서배치를 위해 각 신입사원들의 특기사항을 파악 중이다. 각 신입사원들의 특기사항이 〈조건〉을 따를 때 다음 중 반드시 거짓말을 하고 있는 신입사원은?

| 조건 |

- 영어를 할 수 있는 신입사원은 모두 중국어를 할 수 있다.
- 컴퓨터활용능력이 있는 신입사원은 운전면허가 없다.
- 운전면허가 있는 신입사원은 CPA자격증이 없다.
- 특기사항은 위에 제시된 사항 외에는 고려치 않되, 3개의 특기사항을 갖고 있는 신입사원은 없다.

① 철수 : 나는 오로지 중국어만 잘해.
② 영희 : 나는 컴퓨터활용능력도 갖추고 있고 CPA자격증도 있지만 영어를 몰라.
③ 가람 : 나는 영어, 중국어를 할 수 있고 컴퓨터활용능력자격증과 CPA자격증 보유자야.
④ 인호 : 나는 운전을 할 줄 알고 영어도 할 수 있지만 CPA자격증은 없어.

31. 발표 수업에서 한 조가 된 영희와 철수, 미정이는 발표 순서를 정하고 다음과 같이 발표 순서에 대한 발언을 하였다. 두 번째로 발표를 하게 되는 사람은? (단, 철수는 항상 거짓말을 하고, 미정이는 사실만을 말하며, 영희는 거짓말을 하는지 사실을 말하는지 알 수 없다)

> ㉠ 첫 번째로 발표하는 사람 : 두 번째로 발표하는 사람은 영희이다.
> ㉡ 두 번째로 발표하는 사람 : 세 번째로 발표하는 사람은 철수이다.
> ㉢ 세 번째로 발표하는 사람 : 세 번째로 발표하는 사람은 영희가 아니다.

① 영희　　② 철수
③ 미정　　④ 알 수 없음.

32. 네 자리 숫자로 이루어진 자물쇠 비밀번호가 다음 〈조건〉을 만족한다고 할 때, 비밀번호로 알맞은 것은?

| 조건 |

- 각 자리의 비밀번호는 1에서 9까지의 숫자이고 모두 홀수이다.
- 첫 번째와 세 번째 숫자의 합이 두 번째와 네 번째 숫자의 합보다 작다.
- 연속된 두 숫자의 합은 모두 같다.
- 두 번째 숫자와 네 번째 숫자의 곱은 9이다.

① 1313　　② 3159
③ 3413　　④ 9137

33. 인사팀 직원 A ~ G 7명은 취업박람회에 지원을 나가게 되었다. 이들은 승용차 2대에 3명 혹은 4명씩 나누어 타기로 하고, B가 4명이 탄 차를 운전하기로 하였다. 다음 〈조건〉을 바탕으로 할 때, B와 같은 차를 타고 박람회장에 갈 수 있는 3명은 누구인가?

| 조건 |

- 7명 중 운전을 할 수 있는 사람은 B, C, D 3명이다.
- B와 D는 같은 차를 타고 가지 않는다.
- B와 C는 같은 차를 타고 가지 않는다.
- A와 G는 같은 차를 타고 간다.

① A, C, E ② A, E, G

③ C, E, F ④ C, E, G

34. □□기업은 최근 감사를 진행하던 중에 부정청탁을 받은 정황을 포착하였다. 이에 관련된 직원 4명을 불러 조사한 결과 다음과 같은 사실을 알 수 있었다. 반드시 부정청탁을 받은 사람은?

- 해미는 부정청탁을 받은 사실이 없다.
- 유결이 부정청탁을 받았다면 다른 한 명도 부정청탁을 받았다.
- 문영이 부정청탁을 받았다면 다른 두 명도 부정청탁을 받았다.
- 해미, 유결, 문영, 기현 중 최소 한 명은 부정청탁을 받았다.

① 해미 ② 유결

③ 문영 ④ 기현

[35 ~ 36] 다음 〈제시문〉을 읽고 제시된 문장이 참이면 ①, 거짓이면 ②, 참 · 거짓을 알 수 없으면 ③을 고르시오.

| 제시문 |

- 배추를 기르는 농가는 당근을 기르지 않는다.
- 상추를 기르지 않는 농가는 당근을 기르지 않는다.
- 당근을 기르지 않는 농가는 감자를 기르지 않는다.
- 상추 또는 오이를 기르는 농가는 호박을 기른다.

35.

감자를 기르는 농가는 배추를 기른다.

① 참 ② 거짓 ③ 알 수 없음.

36.

당근을 기르는 농가는 상추와 감자를 기른다.

① 참 ② 거짓 ③ 알 수 없음.

[37 ~ 38] 다음 〈제시문〉을 읽고 제시된 문장이 참이면 ①, 거짓이면 ②, 참 · 거짓을 알 수 없으면 ③을 고르시오.

| 제시문 |

- 해외출장으로 런던, 파리, 워싱턴, 베이징, 도쿄를 한 번씩 가려고 한다.
- 같은 대륙에 속하는 출장지는 연속으로 가야 한다.
- 베이징은 파리보다 먼저 가야 한다.
- 도쿄는 워싱턴의 바로 다음으로 간다.

37.

워싱턴에 가장 먼저 간다.

① 참 ② 거짓 ③ 알 수 없음.

38.

가장 나중에 방문하는 대륙은 아시아이다.

① 참 ② 거짓 ③ 알 수 없음.

[39 ~ 40] 다음 〈제시문〉을 읽고 제시된 문장이 참이면 ①, 거짓이면 ②, 참 · 거짓을 알 수 없으면 ③을 고르시오.

| 제시문 |

- 학생들은 모두 이과 또는 문과에 간다.
- 소설책 읽는 것을 좋아하는 학생은 국어 시험 성적이 높다.
- 이과에 간 학생은 국어 시험 성적이 낮다.
- 문과에 간 학생은 수다 떠는 것을 좋아한다.
- 수다 떠는 것을 좋아하지 않는 학생은 소설책 읽는 것을 좋아하지 않는다.

39.

수다 떠는 것을 좋아하지 않는 학생은 이과에 간다.

① 참 ② 거짓 ③ 알 수 없음.

40.

문과에 간 학생은 소설책 읽는 것을 좋아한다.

① 참 ② 거짓 ③ 알 수 없음.

영역 3

지각능력

40문항 / 10분

[01 ~ 04] 좌우의 문자를 비교하여 같으면 ①, 다르면 ②를 고르시오.

01.

dksjfiwhges – dksjfiwhges

① 같음.　　　② 다름.

02.

가나다라마바 – 가나다랴마바

① 같음.　　　② 다름.

03.

IXVIIIVIIXIVIIIIXIIXII – IXVIIIVIIXIVIIIIXIIXII

① 같음.　　　② 다름.

04.

科句剋各肝艮闇 – 科句剋各肝艮闇

① 같음.　　　② 다름.

[05 ~ 07] 좌우의 문자를 비교하여 서로 다른 것을 고르시오.

05. ① 아갸가거로호 – 아갸가거로호
② 모노가타라하디 – 모노가타라하다
③ ㄹㅍㅊㄴㅋㅈㅂ – ㄹㅍㅊㄴㅋㅈㅂ
④ FXTJPU – FXTJPU

06. ① POPULAR – POPULAR
② 12131141 – 12131411
③ 3710462489 – 3710462489
④ $(X+Y)^2+3\times Y+3y^2$ – $(X+Y)^2+3\times Y+3y^2$

07. ① ISBN 89KG-001A-5902 – ISBN 89KG-001A-5902
② ISBN 46PV-5330-0GVX – ISBN 46PV-5330-0GVX
③ ISBN 72YK-B5ER-4233 – ISBN 72YK-B5ER-4233
④ ISBN HSCV-361J-R798 – ISBN HSCV-861J-R793

[08 ~ 09] 제시된 기호, 문자의 배열과 동일한 것을 고르시오.

08.

間 閒 聞 問 開 閏 聞

① 間 閒 聞 問 問 閏 閒
② 開 閒 聞 問 開 間 聞
③ 間 閒 聞 問 開 閏 聞
④ 間 閒 開 問 聞 閏 聞

09.

■▲◁▷♤◆♥

① ■▽◁▷♤◆♥
② ■▲▷◁♤◆♥
③ ■▲◁▷♣◆♥
④ ■▲◁▷♤◆♥

수리능력
추리능력
지각능력
영역별 빈출이론
1회
2회
3회
기출유형문제
인성검사
면접가이드

[10 ~ 11] 제시된 단어를 오름차순으로 바르게 정렬한 것을 고르시오.

10.

울산 전주 대전 서울 청주 춘천 영주

① 대전－서울－전주－춘천－청주－영주－울산
② 서울－대전－춘천－청주－전주－영주－울산
③ 대전－서울－영주－울산－전주－청주－춘천
④ 서울－영주－전주－청주－춘천－울산－대전

11.

딸기 바나나 대추 배 참외 포도

① 딸기－바나나－참외－포도－대추－배
② 대추－배－바나나－참외－포도－딸기
③ 대추－딸기－바나나－배－포도－참외
④ 대추－딸기－바나나－배－참외－포도

12. 오른쪽의 정렬된 단어에 왼쪽의 단어를 추가하여 다시 정렬하려고 한다. 왼쪽의 단어가 들어가야 할 자리는?

eraser

① glue ② pen ③ ruler ④ scissors

[13 ~ 15] 제시된 수식을 계산한 값이 〈보기〉의 분류표에서 어느 범위에 해당하는지 고르시오.

| 보기 |

①	②	③	④
15 ~ 17	10 ~ 14	6 ~ 9	3 ~ 5
31 ~ 34	28 ~ 30	26 ~ 27	22 ~ 25

13.

$4+5\times2+9$

14.

$5+30\div6+7$

15.

$2+8+4\times4$

16. 다음은 같은 크기의 블록을 쌓아 만든 입체도형이다. 전체 블록의 개수는? (단, 뒷면에 보이지 않는 블록은 없다)

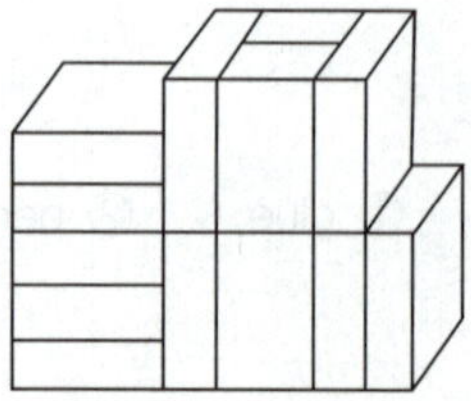

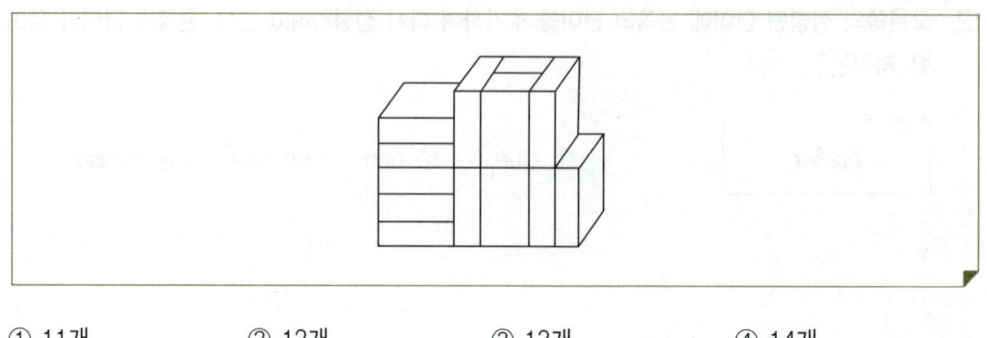

① 11개　② 12개　③ 13개　④ 14개

17. 다음은 같은 크기와 모양의 블록을 쌓아 만든 입체도형이다. 색칠된 블록의 윗면과 밑면에 직접 접촉하고 있는 블록의 개수는?

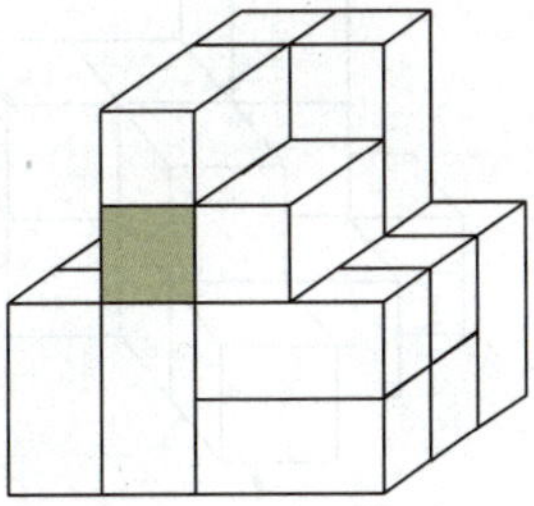

① 2개 ② 3개
③ 4개 ④ 5개

18. 다음은 같은 크기의 블록을 쌓아 올린 것이다. 그림상에서 한 면도 보이지 않는 블록은 모두 몇 개인가?

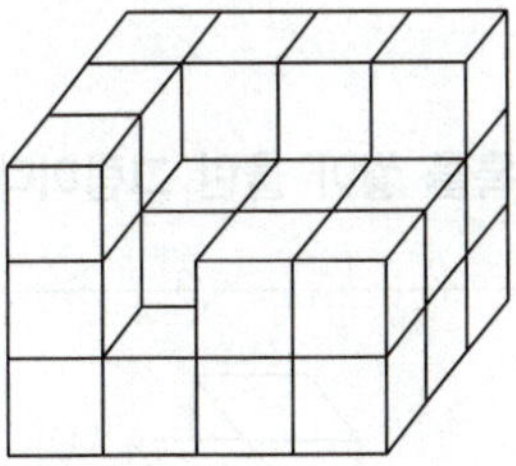

① 9개 ② 10개
③ 11개 ④ 12개

[19 ~ 20] 다음은 같은 크기의 블록을 쌓아 올린 그림이다. 이어지는 질문에 답하시오.

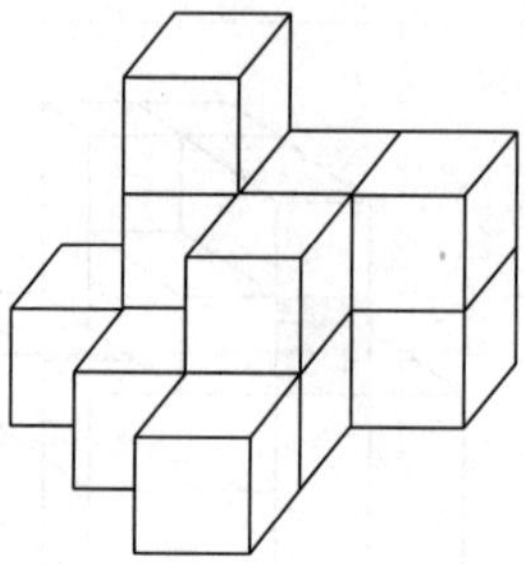

19. 블록은 모두 몇 개인가?

① 9개　② 10개　③ 11개　④ 12개

20. 그림상에서 세 면이 보이는 블록은 모두 몇 개인가?

① 2개　② 3개　③ 4개　④ 5개

[21 ~ 22] 다음은 같은 크기의 블록을 쌓아 올린 그림이다. 이어지는 질문에 답하시오.

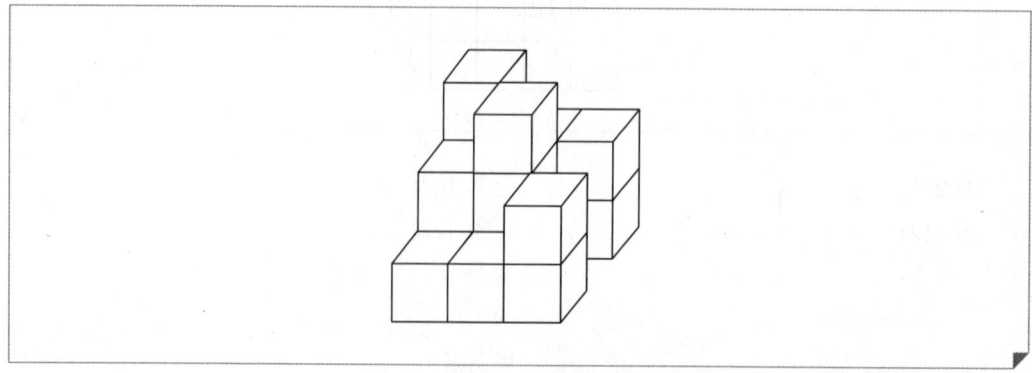

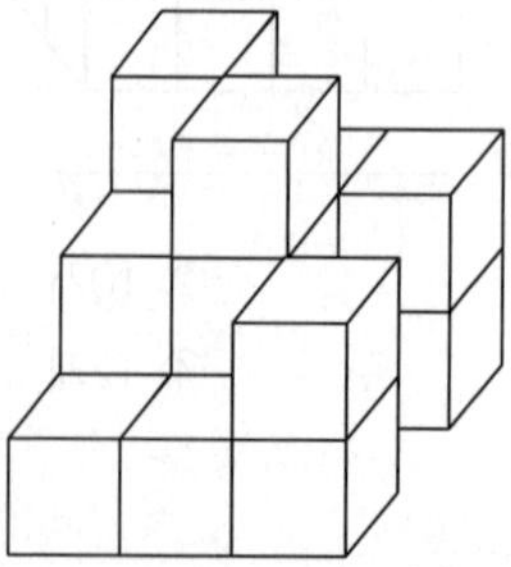

21. 블록은 모두 몇 개인가?

① 13개 ② 14개 ③ 15개 ④ 16개

22. 블록에서 밑면을 제외하고 페인트를 칠할 때, 2개의 면이 칠해지는 블록은 모두 몇 개인가?

① 4개 ② 5개 ③ 6개 ④ 7개

[23 ~ 24] 제시된 〈보기〉와 동일한 도형을 고르시오.

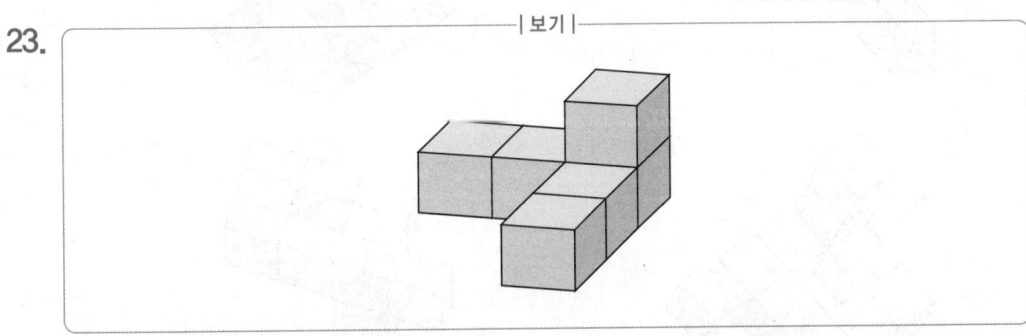

23. | 보기 |

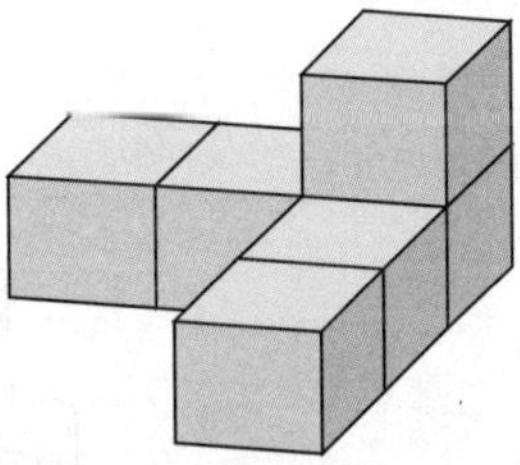

① 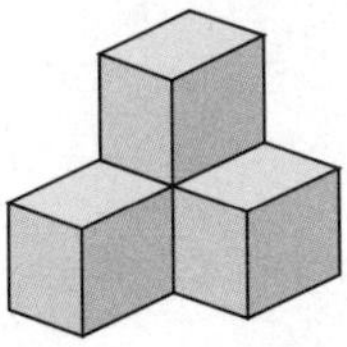

② 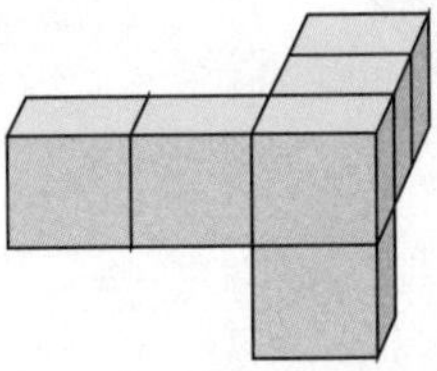

③ 

④ 

24.

| 보기 |

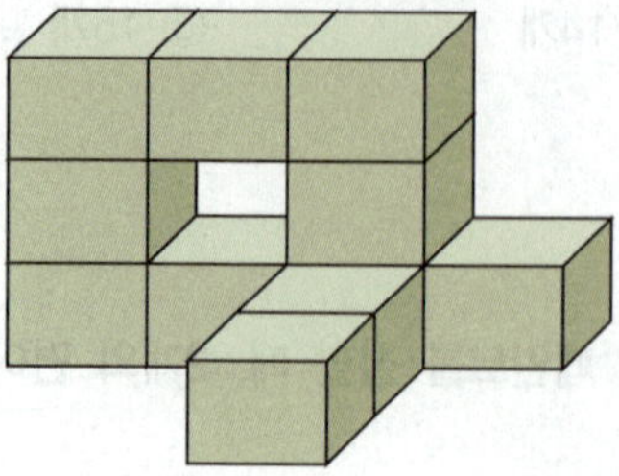

①

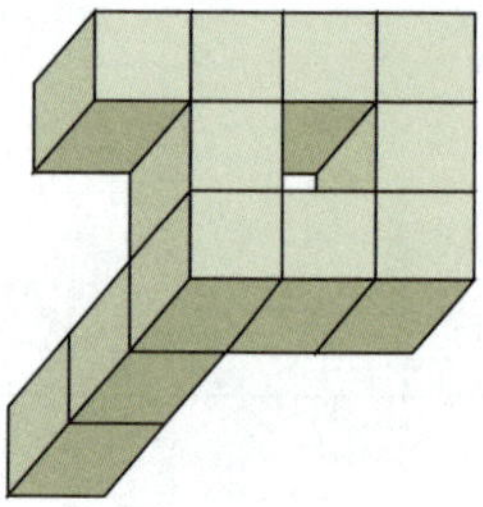

②

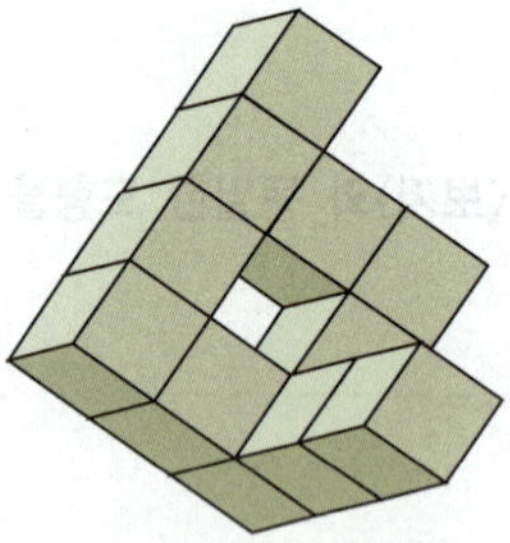

③

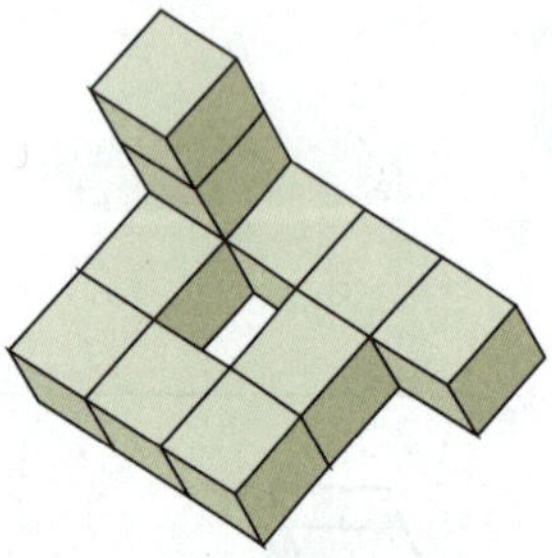

④

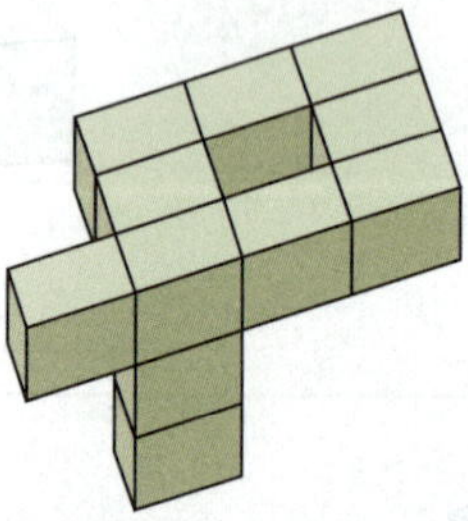

[25 ~ 29] 제시된 도형 및 그림과 동일한 것을 고르시오.

25.

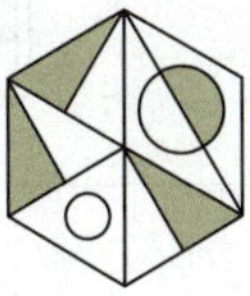

① 
② 
③ 
④ 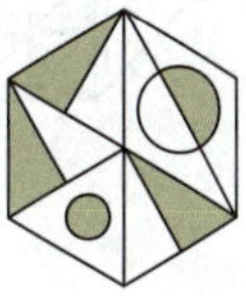

26.

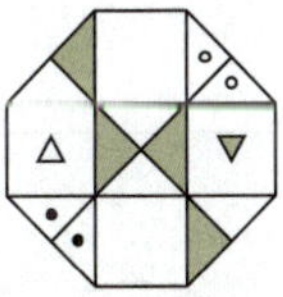

① 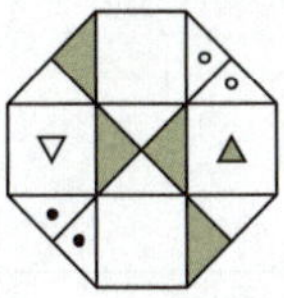
② 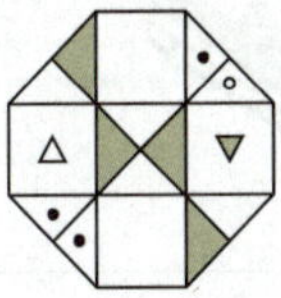
③ 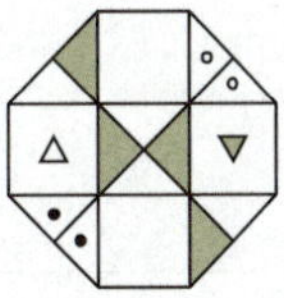
④ 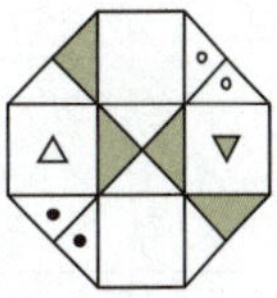

27.

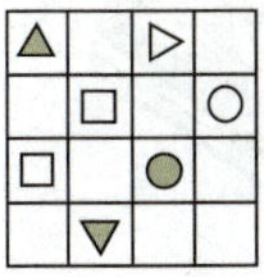

① 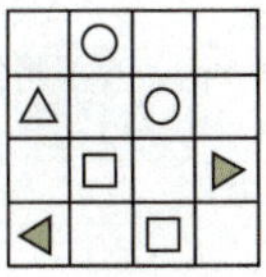
② 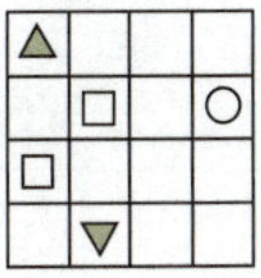
③ 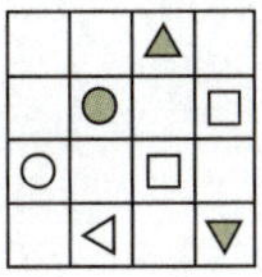
④ 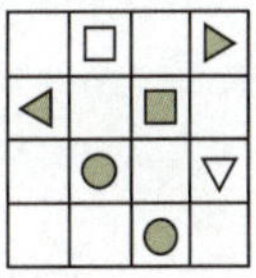

28.

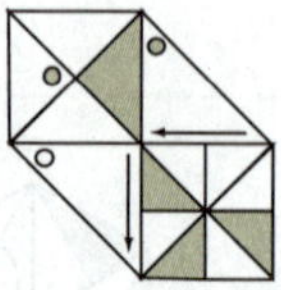

① 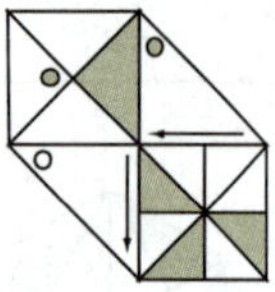
② 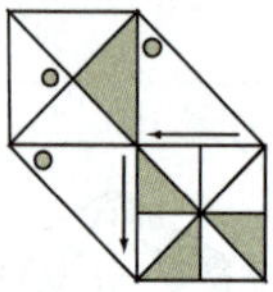
③ 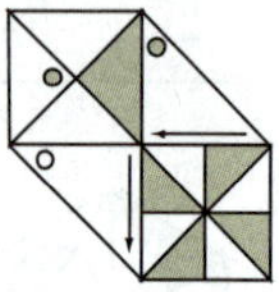
④ 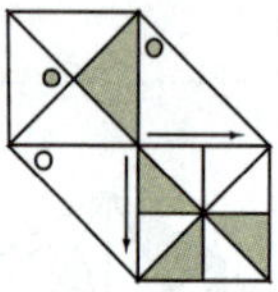

29.

① 
② 
③ 
④ 

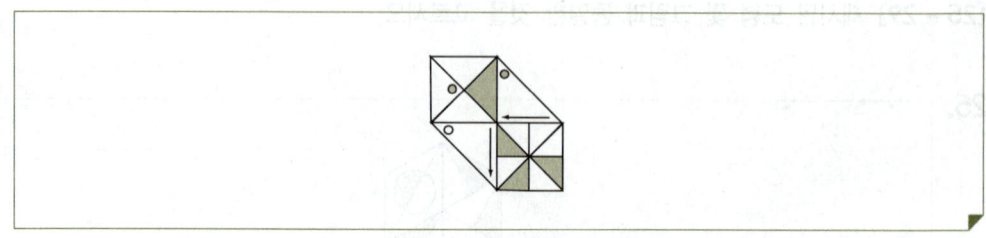

[30 ~ 34] 다음 중 모양이 다른 하나를 고르시오.

30. ①

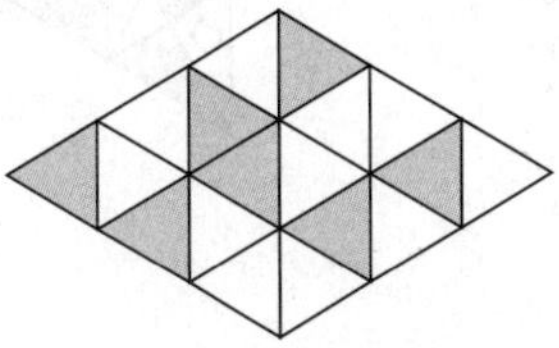

②

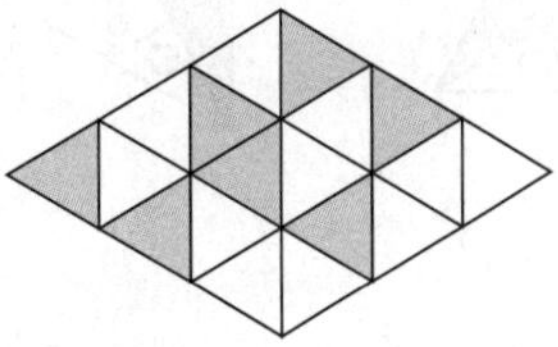

③

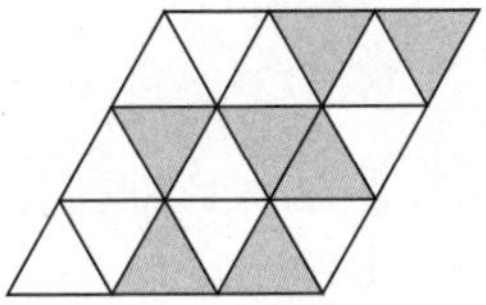

④

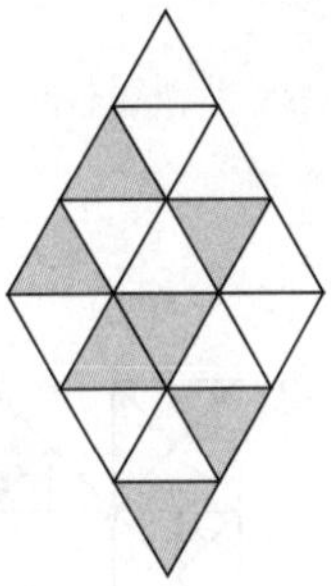

31. ①

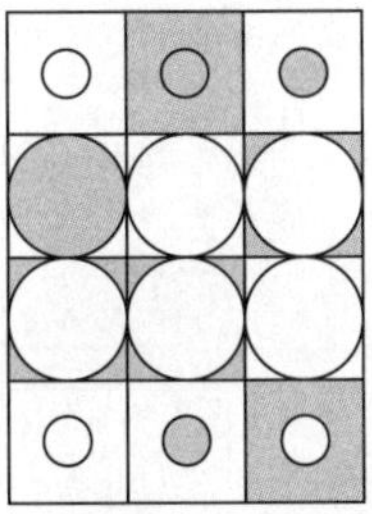

②

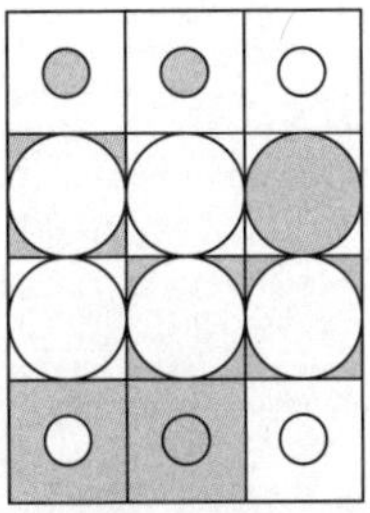

③

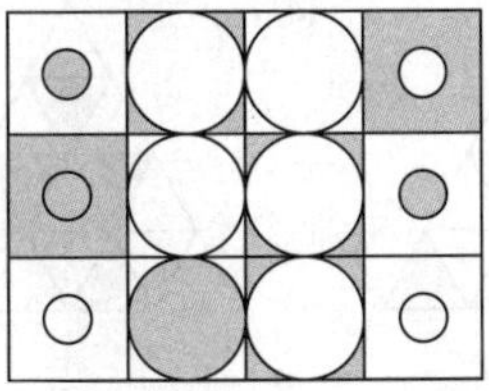

④

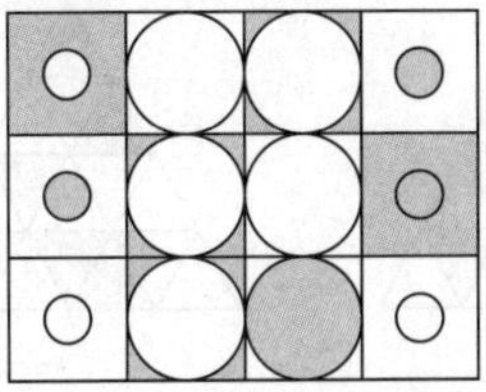

32.

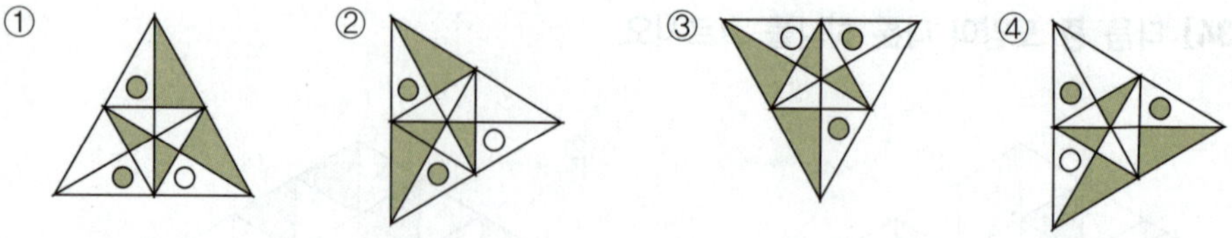

33.

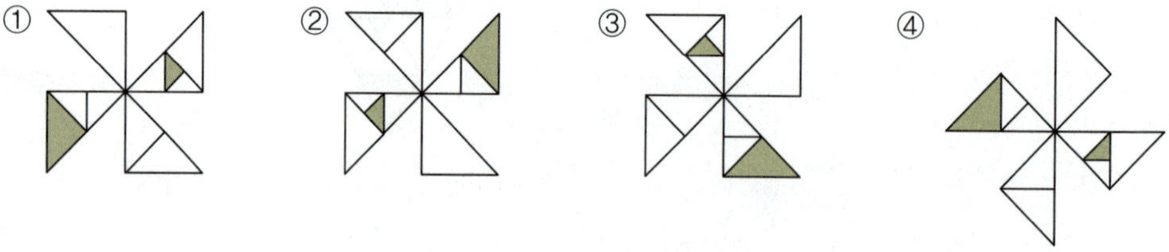

34.

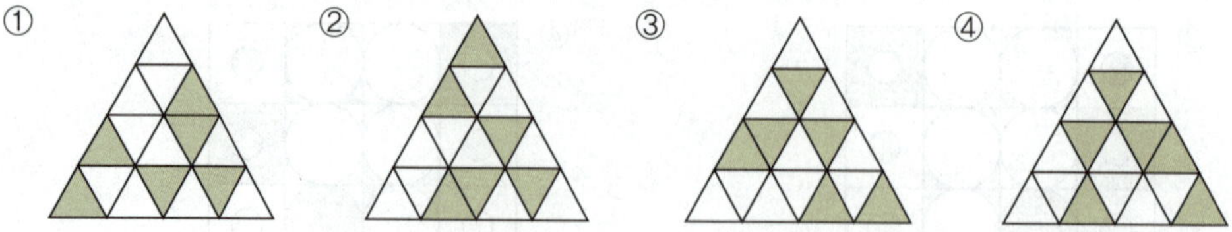

[35 ~ 40] 다음 그림의 조각을 순서대로 바르게 배열한 것을 고르시오.

35.

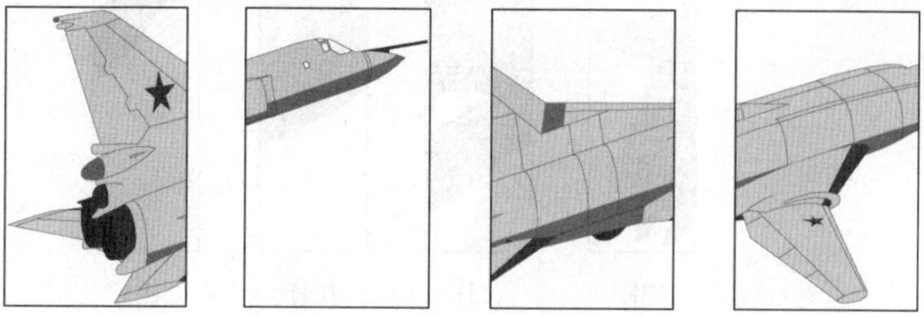

(가) (나) (다) (라)

① (가)－(다)－(라)－(나)
② (가)－(라)－(다)－(나)
③ (나)－(가)－(라)－(다)
④ (나)－(라)－(가)－(다)

36.

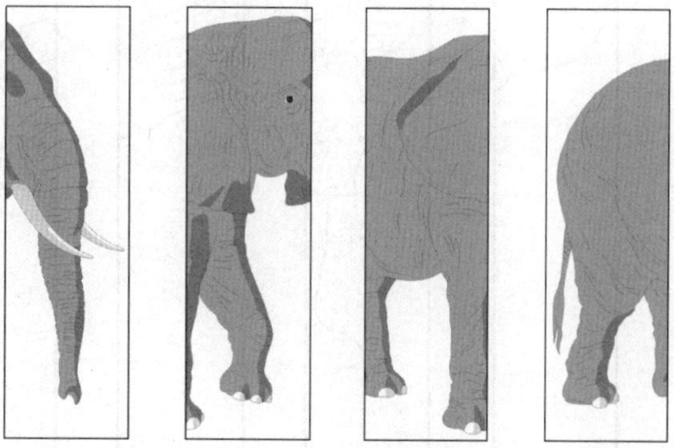

(가) (나) (다) (라)

① (나)－(가)－(라)－(다)
② (나)－(가)－(다)－(라)
③ (라)－(나)－(가)－(다)
④ (라)－(다)－(나)－(가)

37.

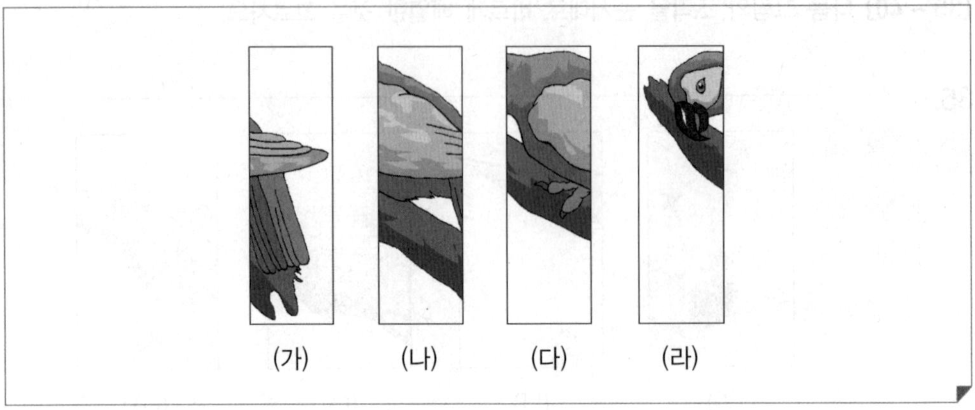

① (다)-(나)-(라)-(가)
② (다)-(라)-(가)-(나)
③ (라)-(다)-(나)-(가)
④ (라)-(다)-(가)-(나)

38.

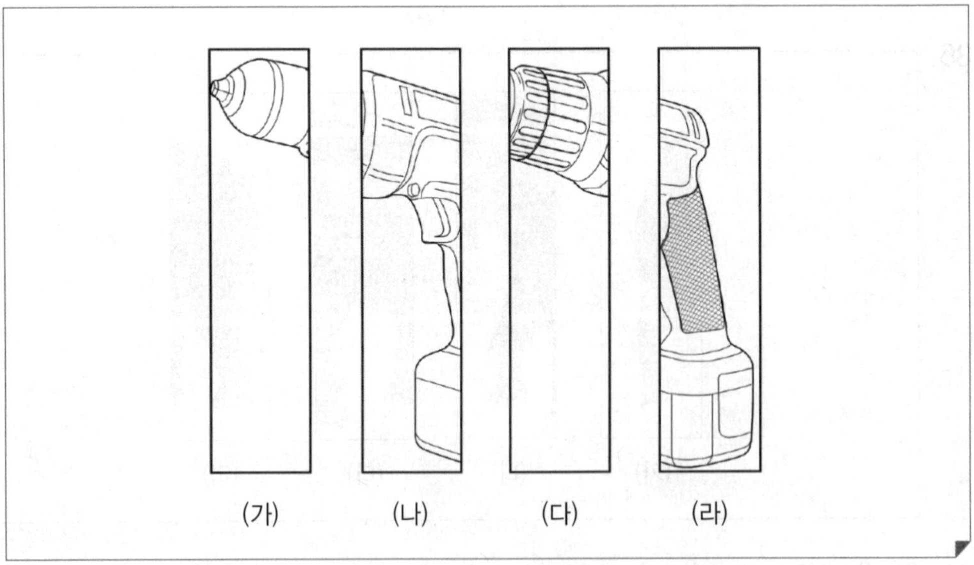

① (가)-(다)-(나)-(라)
② (가)-(라)-(나)-(다)
③ (나)-(가)-(라)-(다)
④ (나)-(라)-(가)-(다)

39.

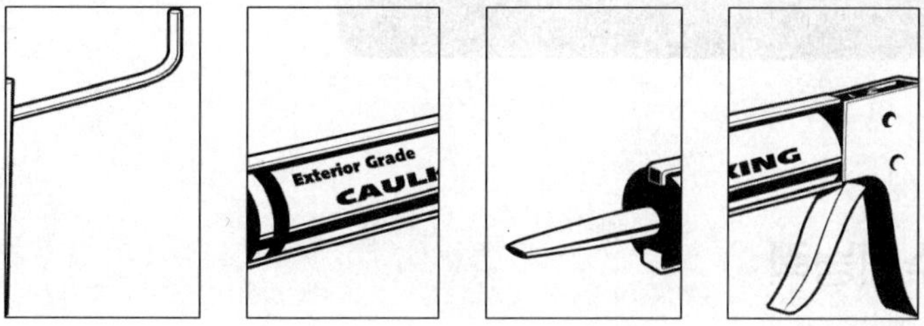

(가) (나) (다) (라)

① (가)－(라)－(나)－(다)
② (가)－(라)－(다)－(나)
③ (다)－(가)－(라)－(나)
④ (다)－(나)－(라)－(가)

40.

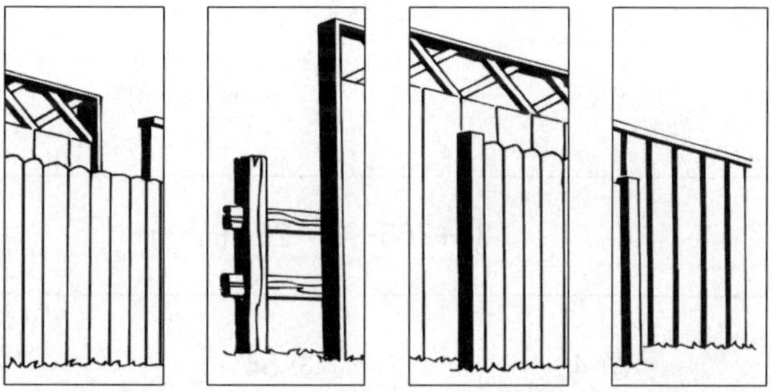

(가) (나) (다) (라)

① (나)－(다)－(가)－(라)
② (나)－(다)－(라)－(가)
③ (라)－(나)－(가)－(다)
④ (라)－(나)－(다)－(가)

GSAT 2회 기출유형문제

문항수 | 120문항
시험시간 | 45분

▸ 정답과 해설 19쪽

영역 1 수리능력

40문항 / 15분

[01 ~ 10] 다음 식의 값을 구하시오.

01.

$$\frac{7}{4}+\frac{5}{8}\div\frac{5}{16}=(\quad)$$

① $\frac{13}{4}$　② $\frac{15}{4}$　③ $\frac{17}{4}$　④ $\frac{19}{4}$

02.

$$34+765\div17-25=(\quad)$$

① 47　② 49　③ 54　④ 57

03.

$$13.22+154.22+21.79$$

① 1,925　② 690.53　③ 690　④ 189.23

04.

$$4\sqrt{2}+3\sqrt{3}\times 2\sqrt{6}=(\quad)$$

① $18\sqrt{6}$　② $22\sqrt{5}$　③ $18\sqrt{3}$　④ $22\sqrt{2}$

05.

$$\left(\frac{3}{5}-\frac{2}{7}\right)\times\frac{7}{11}$$

① $\frac{1}{11}$　② $\frac{1}{5}$　③ $\frac{9}{35}$　④ $\frac{11}{35}$

06.

$$0.008\div 0.0004$$

① 0.02　② 0.2　③ 2　④ 20

07.

$$-15\div 5-(-3)^2=(\quad)$$

① −12　② −6　③ 6　④ 12

08.

$$\left(-\frac{1}{2}\right)-\left(-\frac{1}{4}\right)-\frac{2}{3}$$

① $-\frac{13}{12}$　② $-\frac{11}{12}$　③ $\frac{11}{12}$　④ $\frac{13}{12}$

09.

$$96-80+34\times28-90=(\quad)$$

① 878　② 960　③ 1,178　④ 1,260

10.

$$4\sqrt{9}\times\sqrt{3}=(\quad)$$

① $4\sqrt{12}$　② $12\sqrt{12}$　③ $5\sqrt{27}$　④ $12\sqrt{3}$

[11 ~ 12] 다음 A와 B의 대소를 비교하시오.

11.

A : $\frac{26}{17}$

B : $\frac{51}{35}$

① A > B　② A < B　③ A = B　④ 알 수 없음.

12.

A : 389×104
B : 42,000

① A > B ② A < B ③ A = B ④ 알 수 없음.

[13 ~ 15] 기호를 다음과 같이 가정하여 주어진 식의 값을 구하시오.

A◎B=A+B
A◆B=A×B

13.

25◎18

① 34 ② 37 ③ 40 ④ 43

14.

10◎(12◆5)

① 60 ② 65 ③ 70 ④ 75

15.

(9◎2)◆(7◎5)

① 132 ② 133 ③ 134 ④ 135

16. 2,345의 3푼 9리는?

① 23.958　② 53.585　③ 78.055　④ 91.455

17. 196의 42%는?

① 82.32　② 83.22　③ 84.34　④ 823.4

18. 5km의 7할은?

① 3.5m　② 35m　③ 350m　④ 3,500m

19. 44의 2할 1푼 1리는?

① 0.9284　② 9.284　③ 92.84　④ 928.4

20. 농구선수 A는 25번의 자유투를 던져 12번을 성공했다. A의 자유투 성공률은?

① 4할 8푼　② 4푼 8리　③ 4할 8리　④ 4할 8푼 8리

21. 물 225g에 소금 75g을 넣고 완전히 녹일 때, 이 소금물의 농도는 몇 %인가?

① 5% ② 15% ③ 25% ④ 35%

22. 동전을 5개 던졌을 때 적어도 한 개가 앞면이 나올 확률은?

① $\frac{30}{32}$ ② $\frac{31}{32}$ ③ $\frac{3}{5}$ ④ $\frac{4}{5}$

23. 일정한 속도로 걷는 해진이와 4km/h로 걷는 지수가 같은 지점에서 서로 등을 지고 동시에 반대쪽을 향해 출발했다. 2시간 15분 후 둘 사이의 거리가 21.375km라고 할 때, 해진이의 속도는?

① 5km/h ② 5.25km/h ③ 5.5km/h ④ 5.75km/h

24. 2020년에 20세가 된 언니와 7세가 된 동생이 있다. 언니의 나이가 동생 나이의 2배가 되는 해는 언제인가?

① 2024년 ② 2026년 ③ 2028년 ④ 2030년

25. 민지는 초콜릿 10개를 가지고 있고 엄마가 하루에 1개씩 초콜릿을 준다. 민지가 하루에 초콜릿을 2개씩 먹는다면 초콜릿을 다 먹는 날은 며칠 뒤인가? (단, 1일 뒤부터 엄마에게 초콜릿을 받으며 그때부터 초콜릿을 먹기 시작한다)

① 4일 ② 6일 ③ 8일 ④ 10일

26. 구슬을 전부 꿰는 데 A 혼자서는 5시간, B 혼자서는 7시간이 걸린다. 둘이 함께 구슬을 전부 꿰면 몇 시간이 걸리겠는가?

① 1시간 ② 1시간 55분 ③ 2시간 ④ 2시간 55분

27. 원가가 2,000원인 상품에 50%의 이익을 붙여 정가를 매겼는데 잘 팔리지 않아 할인하여 팔았더니 원가의 30% 이익이 남았다. 할인한 금액은?

① 200원 ② 400원 ③ 600원 ④ 800원

28. 두 개의 주사위를 동시에 던질 때 나온 눈의 합이 5 또는 8이 되는 경우의 수는 몇 가지인가?

① 8가지 ② 9가지 ③ 10가지 ④ 11가지

29. 정은이는 한 개에 1,500원인 참외와 한 개에 2,500원인 오렌지를 합하여 총 10개를 구매하고 20,000원을 지불하였다. 정은이가 산 참외의 개수는?

① 3개 ② 4개 ③ 5개 ④ 6개

30. 혜경이는 100원짜리 연필과 120원짜리 볼펜을 2,100원어치 샀다. 구입한 연필의 개수가 볼펜 개수의 3배일 때 구입한 연필의 개수는?

① 5개 ② 9개 ③ 12개 ④ 15개

[31 ~ 32] 다음은 20X1년 난청 환자 수를 나타낸 자료이다. 이어지는 질문에 답하시오.

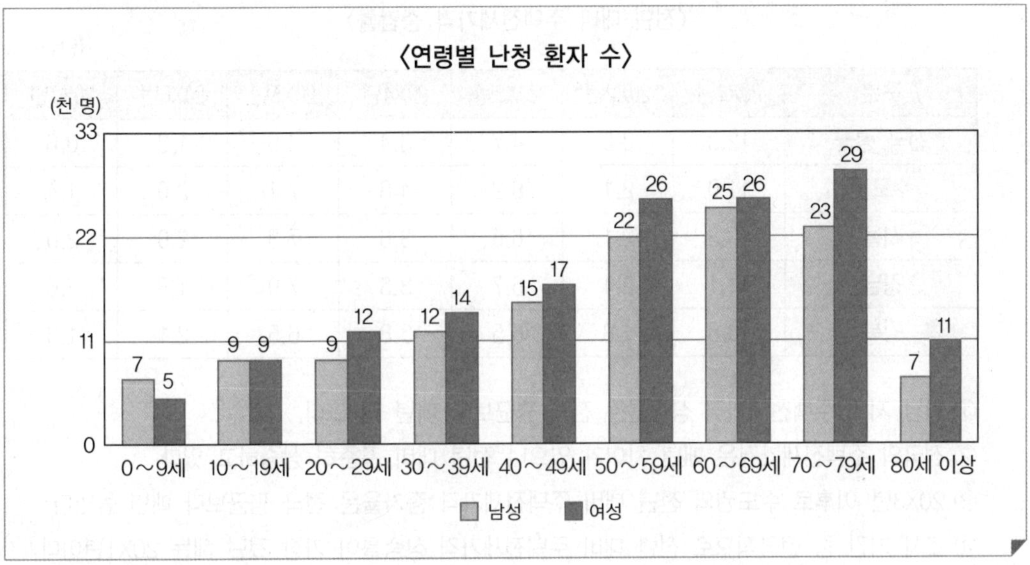

31. 전체 여성 난청 환자 중 80세 이상 환자가 차지하는 비율은? (단, 소수점 아래 둘째 자리에서 반올림한다)

① 5.1% ② 7.4% ③ 9.3% ④ 11.8%

32. 위 자료에 대한 설명으로 옳은 것은?

① 전 연령대에서 여성 환자의 수가 남성 환자의 수보다 많다.

② 남성과 여성 환자 수의 차이가 가장 큰 연령대는 70 ~ 79세이다.

③ 남성 환자와 여성 환자의 수는 모두 60 ~ 69세 이후부터 줄어들고 있다.

④ 60 ~ 69세 남성 환자 수는 80세 이상 남성 환자 수의 4배 이상이다.

33. 다음 자료에 대한 설명으로 옳지 않은 것은?

〈전년 대비 주택전세가격 증감률〉

(단위 : %)

구분	20X1년	20X2년	20X3년	20X4년	20X5년	20X6년	20X7년
전국 평균	12.3	3.5	4.7	3.4	4.9	1.3	0.6
수도권	11.0	2.1	6.2	4.8	7.1	2.0	1.4
서울	10.8	2.1	6.6	3.6	7.3	2.0	2.0
강남	11.1	2.4	6.7	3.3	7.9	1.8	2.6
강북	10.6	1.8	6.5	3.8	6.5	2.1	1.5

① 강남 지역 주택전세가격 상승률은 전국 평균보다 매년 더 크다.

② 전국의 주택전세가격은 매년 차이가 있으나 전년 대비 꾸준히 상승하고 있다.

③ 20X3년 이후로 수도권의 전년 대비 주택전세가격 증가율은 전국 평균보다 매년 높았다.

④ 조사 기간 중 전국적으로 전년 대비 주택전세가격 상승률이 가장 컸던 해는 20X1년이다.

34. 다음 자료에 대한 설명으로 옳지 않은 것은?

〈연도별 4개 질환 만성질환자 수〉

(단위 : 천 명)

구분	2020년	2021년	2022년	2023년
고혈압	3,199	3,563	3,867	4,252
당뇨병	1,344	1,485	1,572	1,749
심장질환	488	530	554	606
뇌혈관질환	357	396	432	466

① 4개 질환의 만성질환자 수는 매년 늘어나고 있다.

② 당뇨병 만성질환자 수가 전년도에 비해 가장 많이 증가한 해는 2023년이다.

③ 제시된 4년 동안의 심장질환 만성질환자 수는 총 2,178,000명이다.

④ 2021년도 4개 질환 만성질환자 중 고혈압 환자가 차지하는 비율은 약 62.46%이다.

35. 다음 이산가족 상봉 인원에 대한 그래프를 올바르게 해석한 내용을 〈보기〉에서 모두 고른 것은?

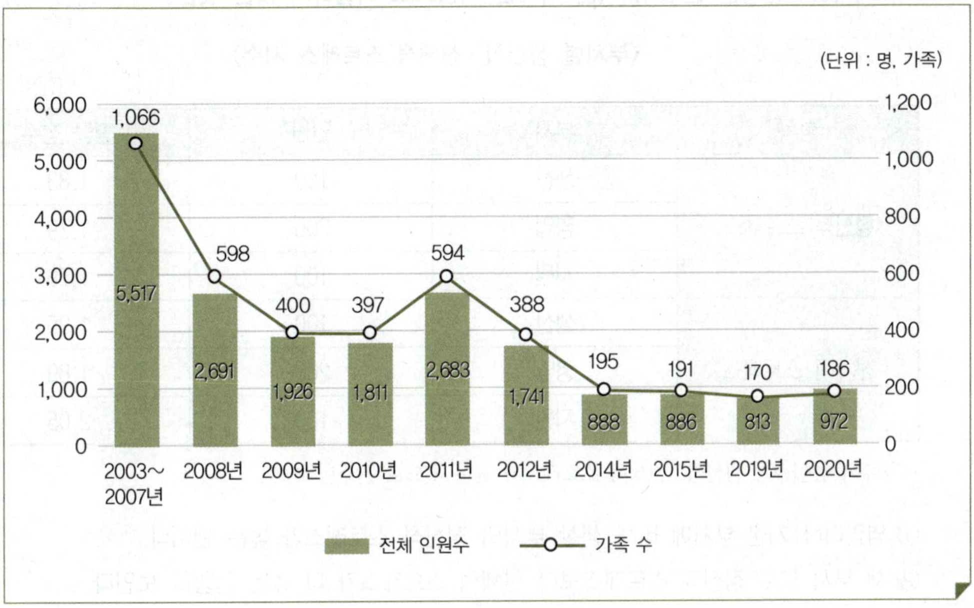

| 보기 |

(가) 해마다 이산가족 상봉 전체 인원수는 조금씩 감소하고 있다.

(나) 2011년 이후 이산가족 상봉 전체 인원수와 가족 수는 모두 감소하고 있다.

(다) 이산가족 상봉 가족 수는 2008 ~ 2020년 중 2008년이 가장 많다.

① (가) ② (다)

③ (가), (나) ④ (나), (다)

36. ○○기업 인사팀에서는 부서별로 직원들의 정신적 및 신체적 스트레스 지수를 조사하여 다음 자료와 같은 결과를 얻었다. 이를 이해한 내용으로 적절하지 않은 것은?

〈부서별 정신적 · 신체적 스트레스 지수〉

(단위 : 명, 점)

항목	부서	인원	평균 점수
정신적 스트레스	생산	100	1.83
	영업	200	1.79
	지원	100	1.79
신체적 스트레스	생산	100	1.95
	영업	200	1.89
	지원	100	2.05

※ 점수가 높을수록 정신적 · 신체적 스트레스가 높은 것으로 간주한다.

① 영업이나 지원 부서에 비해 생산 부서의 정신적 스트레스가 높은 편이다.

② 세 부서 모두 정신적 스트레스보다 신체적 스트레스가 더 높은 경향을 보인다.

③ 신체적 스트레스가 가장 높은 부서는 지원 부서이며, 그다음으로는 생산, 영업 순이다.

④ 전 부서원(생산, 영업, 지원)의 정신적 스트레스 지수 평균 점수와 전 부서원의 신체적 스트레스 지수 평균 점수의 차이는 0.16 이상이다.

[37 ~ 38] 다음은 유원지의 연령별 · 성별 매출액 비율이다. 이어지는 질문에 답하시오.

(단위 : %, 만 원)

구분		A 유원지	B 유원지	C 유원지	D 유원지
성인	남자	19.2	21.3	22.1	13.6
	여자	23.5	26.4	19.8	20.7
학생	남자	17.8	14.2	23.0	11.6
	여자	21.4	19.2	10.3	34.4
소인	남자	( )	10.7	20.7	7.2
	여자	12.3	8.2	4.1	12.5
합계		100.0	100.0	100.0	100.0
총매출액		4,026	2,160	3,284	1,819

37. A 유원지의 총매출액에서 소인 남자가 차지하는 비율은?

① 5.4% ② 5.6%
③ 5.8% ④ 6.0%

38. D 유원지에 입장한 여학생의 경우 이들의 전체 매출액의 37%는 고등학생이었다. 이때 총매출액에서 여자 고등학생이 차지하는 비율은? (단, 소수점 아래 둘째 자리에서 반올림한다)

① 11.3% ② 12.7%
③ 14.5% ④ 23.7%

[39 ~ 40] 다음은 우리나라 도시와 농촌 간 소득격차에 관한 자료이다. 이어지는 질문에 답하시오.

〈연도별 도시 · 농촌 간 소득격차〉

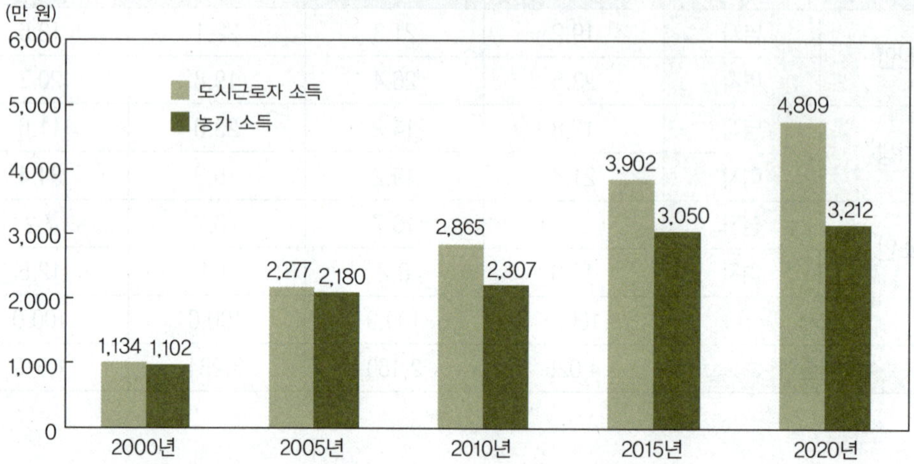

39. 도시와 농촌 간 소득격차가 가장 큰 해의 농가 소득은 그 해 전체 소득의 몇 %인가? (단, 소수점 아래 둘째 자리에서 반올림한다)

① 약 39.6%　　② 약 39.8%
③ 약 40.0%　　④ 약 40.2%

40. 2010년 대비 2020년의 도시근로자 소득과 농가 소득의 증가분은 각각 얼마인가?

① 1,835만 원, 801만 원　　② 1,844만 원, 805만 원
③ 1,935만 원, 901만 원　　④ 1,944만 원, 905만 원

영역 2

추리능력

40문항 / 20분

[01 ~ 10] 다음 나열된 숫자들의 공통된 규칙을 찾아 '?'에 들어갈 알맞은 숫자를 고르시오.

01.

6 12 9 18 15 30 (?)

① 24 ② 27 ③ 35 ④ 60

02.

124 121 112 85 (?)

① 62 ② 41 ③ 27 ④ 4

03.

1 1 2 3 5 8 (?) 21

① 12 ② 13 ③ 14 ④ 15

04.

70 140 35 280 (?) 560

① 17.5 ② 18 ③ 18.5 ④ 20

05.

1 2 4 9 19 36 (?)

① 39 ② 48 ③ 53 ④ 62

06.

1 2 6 24 120 (?)

① 360 ② 480 ③ 600 ④ 720

07.

12 15 19 24 30 (?)

① 32 ② 35 ③ 37 ④ 40

08.

87 77 68 60 (?) 47 42

① 53 ② 55 ③ 57 ④ 59

09.

24 72 (?) 36 6 18

① 10 ② 12 ③ 14 ④ 15

10.

2 9 7 14 12 19 (?)

① 15 ② 16 ③ 17 ④ 18

[11 ~ 16] 다음 나열된 문자들의 공통된 규칙을 찾아 '?'에 들어갈 알맞은 문자를 고르시오.

11.

ㄱ ㄲ ㄷ ㅁ ㅆ (?)

① ㅈ ② ㅊ ③ ㅋ ④ ㅎ

12.

B D F H J (?)

① L ② M ③ N ④ P

13.

G K O S W A (?)

① C ② D ③ E ④ F

14.

ㄴ ㅂ ㄹ ㅇ ㅂ (?)

① ㅋ ② ㄷ ③ ㅊ ④ ㅎ

15.

E J I N (?)

① P ② F ③ M ④ N

16.

A 2 E 10 Q (?)

① 23 ② 24 ③ 26 ④ 27

[17 ~ 20] 다음은 공통된 규칙에 따라 문자가 나열된 것이다. 동일한 규칙이 적용되지 않은 하나를 고르시오.

17. ① UTSR ② QONM ③ LKJI ④ DCBA

18. ① GGII ② JJNN ③ AAEE ④ SSWW

19. ① 가가나가 ② AABA ③ 도도노도 ④ HHIH

20. ① ABDH ② BCEI ③ 쇄쇠수슈 ④ 뷰슈유쮸

21. 다음 명제들이 항상 참이라 할 때 옳은 것은?

• 어떤 수영 강사는 담배를 피운다. • 모든 흡연자는 당구를 친다. • 어떤 수영 강사는 당구를 치지 않는다.

① 담배를 피우지 않는 수영 강사는 모두 당구를 친다.
② 당구를 치지 않으면서 담배만 피우는 수영 강사도 있다.
③ 담배를 피우는 수영 강사는 모두 당구를 친다.
④ 당구를 치는 사람은 모두 수영 강사이다.

22. 다음 명제들이 항상 참이라 할 때 옳은 것은?

> • 사과를 좋아하는 사람은 귤을 좋아한다.
> • 딸기를 좋아하지 않는 사람은 귤을 좋아하지 않는다.
> • 바나나를 좋아하는 사람은 딸기를 좋아한다.

① 귤을 좋아하는 사람은 사과를 좋아한다.
② 사과를 좋아하지 않는 사람은 딸기를 좋아한다.
③ 딸기를 좋아하는 사람은 바나나를 좋아하지 않는다.
④ 사과를 좋아하는 사람은 딸기를 좋아한다.

23. 다음 명제가 모두 참일 때 항상 참인 것은?

> • 요리를 잘하는 사람은 반드시 청소도 잘한다.
> • 청소를 잘하는 사람은 반드시 키가 크다.
> • 나는 요리를 잘한다.

① 키가 크면 청소를 잘한다.
② 청소를 잘하면 요리를 잘한다.
③ 키가 작으면 청소를 잘한다.
④ 나는 키가 크다.

24. 다음 명제가 모두 참일 때 항상 참이라고 볼 수 없는 것은?

- A 회사에 다니는 사람은 일본어에 능통하지 못하다.
- B 대학교를 졸업한 사람은 일본어에 능통하다.
- C 학원에 다니지 않은 사람은 B 대학교를 졸업했다.

① B 대학교를 졸업하지 않은 사람은 C 학원에 다녔다.
② 일본어에 능통하지 못한 사람은 C 학원에 다녔다.
③ B 대학교를 졸업한 사람은 C 학원에 다니지 않았다.
④ A 회사에 다니는 사람은 B 대학교를 졸업하지 않았다.

25. 다음 〈조건〉이 성립할 때, 반드시 참인 것은?

| 조건 |

- 에어로빅 강좌를 신청하지 않은 사람들은 모두 요리 강좌를 신청하지 않았다.
- 영화감상 강좌를 신청하지 않은 사람들은 모두 에어로빅 강좌를 신청하지 않았다.
- 우쿨렐레 강좌 신청자 중 일부는 요리 강좌를 신청하였다.

① 에어로빅 강좌를 신청한 사람은 모두 요리 강좌를 신청하였다.
② 우쿨렐레 강좌 신청자 중 일부는 영화감상 강좌를 신청하였다.
③ 에어로빅 강좌를 신청한 사람들은 모두 우쿨렐레 강좌를 신청하지 않았다.
④ 요리 강좌를 신청하지 않은 사람들 중 일부는 에어로빅 강좌를 신청하였다.

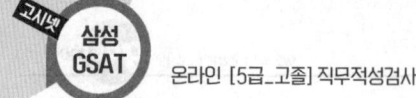

26. 다음 A, B 두 개의 명제가 모두 참일 경우, C에 들어갈 명제로 적절한 것은?

> A. 게으르지 않은 사람은 운동을 싫어하지 않는다.
> B. 긍정적이지 않은 사람은 운동을 싫어한다.
> C. 그러므로 ______________________

① 긍정적이지 않은 사람은 게으르다.
② 운동을 싫어하는 사람은 긍정적이다.
③ 운동을 싫어하지 않는 사람은 긍정적이지 않다.
④ 긍정적이지 않은 사람은 운동을 싫어하지 않는다.

27. 다음 밑줄 친 부분에 들어갈 문장으로 적절한 것은?

> 축구를 좋아하는 사람은 유산소 운동을 열심히 한다. 야구를 좋아하는 사람은 유산소 운동을 열심히 한다. 그러므로 ______________________

① 유산소 운동을 열심히 하는 사람은 축구도 야구도 좋아한다.
② 유산소 운동을 열심히 하지 않는 사람은 축구도 야구도 좋아하지 않는다.
③ 축구를 좋아하는 사람은 야구를 좋아한다.
④ 야구를 좋아하는 사람은 축구를 좋아하지 않는다.

28. 다음 밑줄 친 부분에 들어갈 명제로 적절한 것은?

> • 민형이가 보를 내면 채원이는 가위를 낸다.
> • 노준이가 바위를 내면 채원이는 가위를 내지 않는다.
> • 그러므로 ______________________

① 채원이가 가위를 내면 노준이는 바위를 낸다.
② 노준이가 바위를 내면 민형이는 보를 내지 않는다.
③ 민형이가 보를 내면 노준이는 바위를 낸다.
④ 채원이가 가위를 내면 민형이가 보를 낸다.

29. 다음 밑줄 친 부분에 들어갈 명제로 적절한 것은?

> • 진달래를 좋아하는 사람은 감성적이다.
> • 백합을 좋아하는 사람은 보라색을 좋아하지 않는다.
> • 감성적인 사람은 보라색을 좋아한다.
> • 그러므로 ______________________

① 감성적인 사람은 백합을 좋아한다.
② 백합을 좋아하는 사람은 감성적이다.
③ 진달래를 좋아하는 사람은 보라색을 좋아한다.
④ 보라색을 좋아하는 사람은 감성적이다.

30. 다음 밑줄 친 부분에 들어갈 문장으로 적절한 것은?

> 지아는 소설책과 시집을 많이 읽는다. 소설책을 많이 읽는 사람은 글쓰기를 잘한다. 그러므로 ______________________

① 시집을 많이 읽는 사람은 글쓰기를 잘한다.
② 소설책과 시집을 많이 읽어야 한다.
③ 지아는 글쓰기를 잘한다.
④ 시집과 글쓰기는 관련이 없다.

31. 다음 조건을 충족하는 리그의 구성으로 적절한 것은?

> 여섯 개의 야구 팀 A, B, C, D, E, F를 세 팀씩 두 리그로 나누고자 한다. 단, E와 F 팀은 다른 리그에 속해야 하며, C가 소속된 리그에는 A 혹은 B 팀이 반드시 소속되어야 한다.

① B, C, F　　② A, B, E
③ A, B, C　　④ B, E, F

32. 부장, 과장, 대리, 사원 A, 사원 B는 기획안에 관한 회의 진행을 위해 6인용 원형 테이블에 앉아 있다. 앉은 위치가 다음 〈조건〉과 같다고 할 때, 부장의 오른쪽 옆자리에 앉은 사람은?

| 조건 |

- 대리와 사원 A는 나란히 앉아 있다.
- 사원 B의 왼쪽 옆자리에는 아무도 앉아 있지 않다.
- 과장은 대리의 왼쪽 옆자리에 앉아 있다.
- 사원 A는 부장과 마주 보고 앉아 있다.

① 과장　　② 대리
③ 사원 B　　④ 아무도 앉아 있지 않다.

33. 동물원에 있는 A, B, C, D관에 각각 다른 동물(악어, 사슴, 치타, 독수리)이 살고 있다. 〈조건〉을 참고할 때 사슴이 사는 곳은?

| 조건 |

- 악어는 C관과 D관 두 곳 중 한 관에 있다.
- 사슴은 B관에서 살지 않는다.
- 치타와 독수리는 A와 C관에서 살지 않는다.

① A관　　② B관
③ C관　　④ D관

34. 정면에서 보았을 때 A, B, C, D, E 다섯 사람이 〈조건〉에 맞추어 일렬로 서 있다. 다음 중 항상 옳은 것은?

| 조건 |

- D는 A의 왼쪽에 있다.
- E와 D의 사이에 C가 있다.
- A는 왼쪽에서 다섯 번째 자리에 있지 않다.
- A와 C의 사이에 B가 있다.

① A는 3번째에 있다.　　② B는 4번째에 있다.
③ D는 2번째에 있다.　　④ E는 5번째에 있다.

35. 다음 〈조건〉을 바탕으로 추론하였을 때 참인 것은? (단, 주어진 팀 외에 다른 팀은 고려하지 않는다)

| 조건 |

- 경영지원팀은 총무팀과 다른 층을 사용한다.
- 개발팀은 총무팀과 다른 층을 사용한다.
- 회계팀은 다른 세 팀과 다른 층을 사용한다.

① 회계팀과 개발팀은 같은 층을 사용한다.
② 경영지원팀은 회계팀과 다른 층을 사용한다.
③ 개발팀은 경영지원팀과 같은 층을 사용한다.
④ 총무팀은 회계팀과 같은 층을 사용한다.

36. A, B, C, D, E가 달리기 시합을 했는데 그 결과에 대해 각각 다음과 같이 진술했다. 이 중 거짓말을 하는 사람이 세 명이라고 할 때 1등을 한 사람은 누구인가?

- A : D가 1등이야.
- B : A는 거짓말을 하고 있어.
- C : 내가 1등이야.
- D : A의 말이 맞아.
- E : C가 1등이야.

① A ② B ③ C ④ D

37. V, W, X, Y, Z 중 한 명이 다른 한 명에게 지갑을 절도당했다. 다섯 명 중 거짓말을 하고 있는 사람은 1명뿐이고 나머지는 모두 진실만을 말할 때, 범인은 누구인가?

- V : 나와 Z는 범인이 아니야.
- W : Y는 범인이 아니야.
- X : 범인은 W야.
- Y : W는 거짓말을 하고 있어.
- Z : 지갑을 절도당한 사람은 X야.

① V ② W ③ X ④ Y

38. 철수, 영희, 승한, 세영 총 4명의 신입직원은 A 팀에 2명, B 팀에 1명, C 팀에 1명 배정됐다. 다음 진술 중 하나는 거짓이고 나머지는 모두 참일 때, A 팀에 들어간 사람을 모두 고른 것은?

- 철수 : 나는 A 팀이다.
- 승한 : 나는 C 팀이 아니다.
- 영희 : 나는 B 팀이다.
- 세영 : 나는 C 팀이다.

① 철수, 승한　② 철수, 영희　③ 철수, 세영　④ 승한, 영희

39. A, B 중 한 사람은 월, 수, 금요일에 거짓말을 하고, 다른 한 사람은 화, 목, 토요일에 거짓말을 한다. 두 사람이 다음과 같이 말했을 때, 오늘은 무슨 요일인가? (단, 일요일은 A, B 모두 진실을 말한다)

- A : 나는 어제 진실을 말했다.
- B : 어제는 월요일이었다.

① 월요일　② 화요일　③ 토요일　④ 일요일

40. A, B, C 세 사람은 각각 영업팀, 회계팀, 총무팀 중 서로 다른 부서에서 일하고 있다. 회계팀에서 일하는 사람은 언제나 진실을 말하고, 총무팀에서 일하는 사람은 항상 거짓을 말한다고 할 때, 〈보기〉의 진술에 따라 사원과 해당 부서를 바르게 연결한 것은?

| 보기 |

- A : C가 회계팀에서 일한다.
- B : A의 말은 틀렸다. C는 영업팀에서 일한다.
- C : 나는 회계팀도, 영업팀도 아니다.

	A	B	C
①	회계팀	총무팀	영업팀
②	회계팀	영업팀	총무팀
③	총무팀	영업팀	회계팀
④	총무팀	회계팀	영업팀

영역 3 지각능력

40문항 / 10분

[01 ~ 05] 좌우의 숫자나 문자 또는 기호를 비교하여 같으면 ①, 다르면 ②를 고르시오.

01.

42154874415 – 42154874415

① 같음.　　② 다름.

02.

사각형의내부의사각형의내부 – 사각형의내부의삼각형의내부

① 같음.　　② 다름.

03.

伽 修 儺 邏 裸 噓 邏 雌 ㆅ 鑄 擺 曉 – 伽 修 儺 邏 裸 噓 邏 雌 ㆅ 鑄 擺 曉

① 같음.　　② 다름.

04.

냐 뇨 뉴 녀 냥 뇽 늉 녕 – 냐 뇨 뉴 녀 녕 뇽 늉 녕

① 같음.　　② 다름.

05.

♎ ♮ ♃ ☊ ♓ ♀ ♯ ♐ ♆ – ♎ ♮ ♃ ☊ ♓ ☨ ♯ ♐ ♆

① 같음. ② 다름.

[06 ~ 07] 좌우의 문자를 비교하여 서로 다른 것을 고르시오.

06. ① 간장공장공장장 – 간장공장공장장 ② IMMEDIATELY – IMNEDIATELY
③ 588883254857 – 588883254857 ④ 각한다라팍한 – 각한다라팍한

07. ① 大韓民國 – 大韓民國 ② 秋分春分 – 秋分春汾
③ 九曲肝腸 – 九曲肝腸 ④ 三水甲山 – 三水甲山

[08 ~ 09] 제시된 문자의 배열과 동일한 것을 고르시오.

08.

강천충청전주완주원경

① 강천충청완주전주원경 ② 강천충청전주완주원경
③ 강천충주전주완주원경 ④ 강천청충완주전주원경

09.

大韓民國萬歲

① 大歲民國萬韓 ② 犬韓民國萬歲
③ 大韓民國瞞歲 ④ 大韓民國萬歲

[10 ~ 12] 제시된 숫자가 〈보기〉의 분류표에서 어느 범위에 해당하는지 고르시오.

| 보기 |

①	②	③	④
5001 ~ 5280	5281 ~ 5465	5466 ~ 5621	5622 ~ 5889
5890 ~ 6031	6032 ~ 6173	6174 ~ 6391	6392 ~ 6584
6585 ~ 6707	6708 ~ 6966	6967 ~ 7348	7349 ~ 7506
7507 ~ 7777	7778 ~ 7912	7913 ~ 8262	8263 ~ 8405

10.

7404

11.

6065

12.

5911

[13 ~ 15] 제시된 단어를 오름차순으로 바르게 정렬한 것을 고르시오.

13.

에스파냐	미얀마	캐나다	인도네시아	페루	뉴질랜드

① 캐나다 – 뉴질랜드 – 미얀마 – 인도네시아 – 에스파냐 – 페루
② 뉴질랜드 – 미얀마 – 인도네시아 – 에스파냐 – 페루 – 캐나다
③ 캐나다 – 뉴질랜드 – 미얀마 – 에스파냐 – 인도네시아 – 페루
④ 뉴질랜드 – 미얀마 – 에스파냐 – 인도네시아 – 캐나다 – 페루

14.

apple	banana	mango	orange	strawberry	coconut

① strawberry – mango – banana – orange – apple – coconut
② apple – coconut – orange – strawberry – mango – banana
③ strawberry – orange – mango – coconut – banana – apple
④ apple – banana – coconut – mango – orange – strawberry

15.

유리병	타자기	고무	수수깡	비빔밥	호루라기

① 고무 – 수수깡 – 유리병 – 비빔밥 – 타자기 – 호루라기
② 고무 – 비빔밥 – 수수깡 – 유리병 – 타자기 – 호루라기
③ 호루라기 – 타자기 – 비빔밥 – 유리병 – 수수깡 – 고무
④ 호루라기 – 타자기 – 유리병 – 수수깡 – 비빔밥 – 고무

[16 ~ 18] 다음은 S사 사내도서관에서 사용하는 도서 청구기호 생성방법이다. 이어지는 질문에 답하시오.

〈기본구조〉

한국십진분류법(KDC)　　한글순 도서기호법

조정래 「정글만리」 → 811.049 조74ㅈ — 책 제목 첫 글자 초성

저자의 성 ┘ (조)

└ 저자 이름 첫 글자 '정'의 모음 'ㅓ' (4)

└ 저자 이름 첫 글자 '정'의 자음 'ㅈ' (7)

〈자료 1〉 한국십진분류법(KDC)의 문학 분야 도서분류

문학	800 ~ 809	독일문학	850 ~ 859
한국문학	810 ~ 819	프랑스문학	860 ~ 869
중국문학	820 ~ 829	스페인 및 포르투갈문학	870 ~ 879
일본문학 및 기타 아시아문학	830 ~ 839	이탈리아문학	880 ~ 889
영미문학	840 ~ 849	기타 제문학	890 ~ 899

〈자료 2〉 한글순 도서기호법(제5표)

자음 기호 (저자 성을 제외한 이름의 첫 글자 자음)				모음 기호(저자 성을 제외한 이름의 첫 글자 모음)			
				초성이 'ㅊ'이 아닌 글자		초성이 'ㅊ'인 글자	
ㄱ ㄲ	1	ㅇ	6	ㅏ	2	ㅏ(ㅐ ㅑ ㅒ)	2
ㄴ	19	ㅈ ㅉ	7	ㅐ(ㅑ ㅒ)	3	ㅓ(ㅔ ㅕ ㅖ)	3
ㄷ ㄸ	2	ㅊ	8	ㅓ(ㅔ ㅕ ㅖ)	4	ㅗ(ㅘ ㅙ ㅚ ㅛ)	4
ㄹ	29	ㅋ	87	ㅗ(ㅘ ㅙ ㅚ ㅛ)	5	ㅜ(ㅝ ㅞ ㅟ ㅠ ㅡ ㅢ)	5
ㅁ	3	ㅌ	88	ㅜ(ㅝ ㅞ ㅟ ㅠ)	6	ㅣ	6
ㅂ ㅃ	4	ㅍ	89	ㅡ(ㅢ)	7		
ㅅ ㅆ	5	ㅎ	9	ㅣ	8		

〈자료 3〉 S사 사내도서관 문학 분야 대여 순위 1 ~ 20위

순위	도서 청구기호	순위	도서 청구기호
1	843 모64ㅁ	11	843 가884ㅍ
2	833.6 히14ㄴ	12	838 하62ㅅ
3	843 대74ㅁ	13	818 공78ㅇ

4	853 노194ㅅ	14	859.7 라57ㅁ
5	843 갤295ㅋ	15	873.09 박95ㄷ
6	859.82 네65ㄴ	16	879 코892ㅂ
7	863 베44ㅈ	17	881 알22ㄷ
8	863 를897ㄲ	18	814.6 강53ㄴ
9	813.6 이74ㅃ	19	833.6 오14새
10	813.6 최64ㅂ	20	818 성54ㅋ

16. 문학 분야 도서순위 1 ~ 20위 중에서 영미문학의 범주에 속하는 도서는 모두 몇 권인가?

① 4권 ② 5권 ③ 6권 ④ 7권

17. 다음 중 대여 순위 1 ~ 20위의 도서들이 속한 문학범주가 아닌 것은?

① 스페인 및 포르투갈문학
② 중국문학
③ 이탈리아문학
④ 독일문학

18. 다음은 문학 분야 한 권의 도서 정보이다. 이 책의 도서 청구기호 뒷자리로 옳은 것은?

제목 : 나의 특별한 하루
저자 : 이채이
책 소개 : 발간 후 한 달 만에 1만 부 판매를 기록한 인기 방송작가 겸 대한민국 대표 소설가 이채이의 신작 소설

① 채83ㄴ ② 이83ㅇ ③ 이82ㄴ ④ 채68ㅇ

19. 다음 그림에서 두 면만 보이는 블록은 모두 몇 개인가?

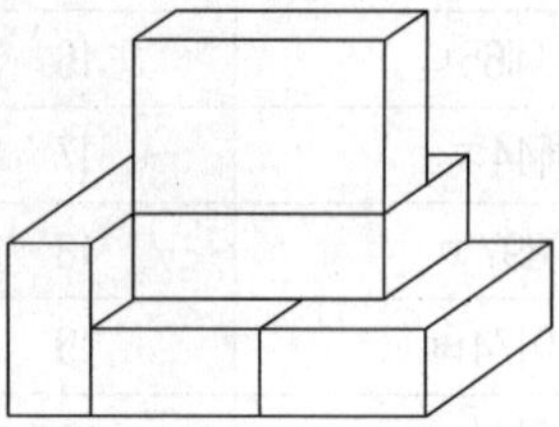

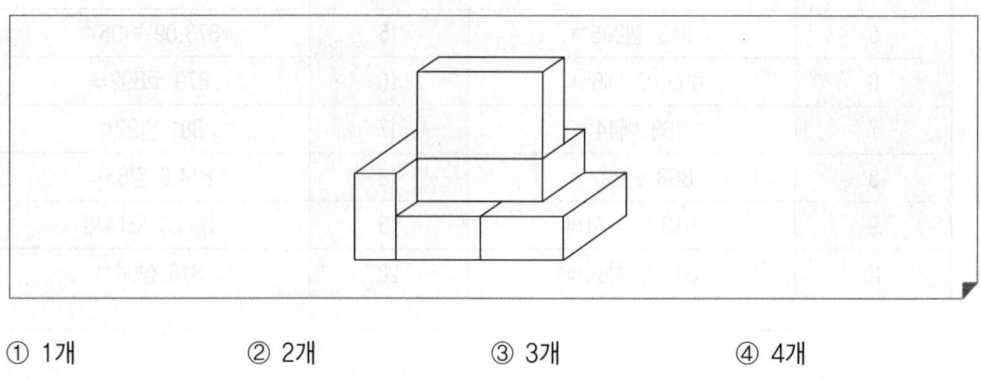

① 1개 ② 2개 ③ 3개 ④ 4개

20. 다음은 같은 크기와 모양의 블록을 쌓아 올린 그림이다. 블록의 개수는? (단, 뒷면에 보이지 않는 블록은 없다)

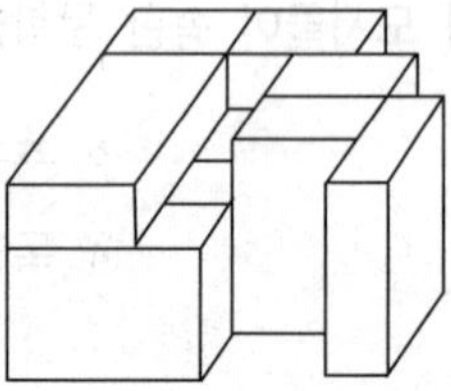

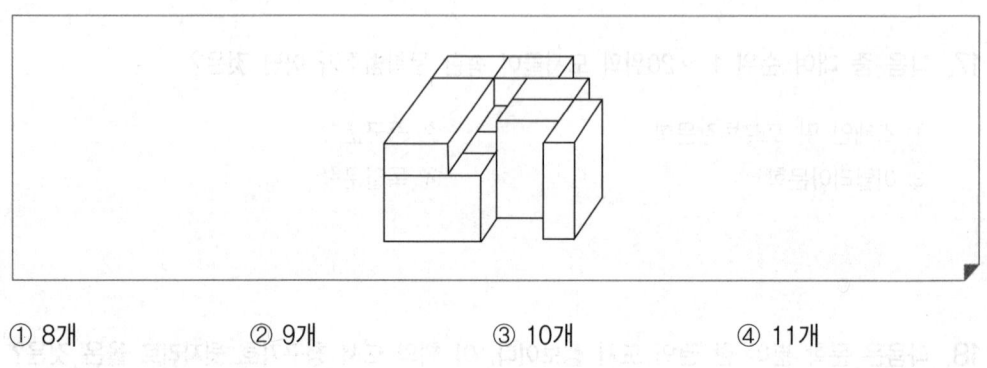

① 8개 ② 9개 ③ 10개 ④ 11개

21. 다음은 같은 크기와 모양의 블록을 겹쳐 쌓은 그림이다. 그림상에서 한 면도 보이지 않는 블록의 개수는?

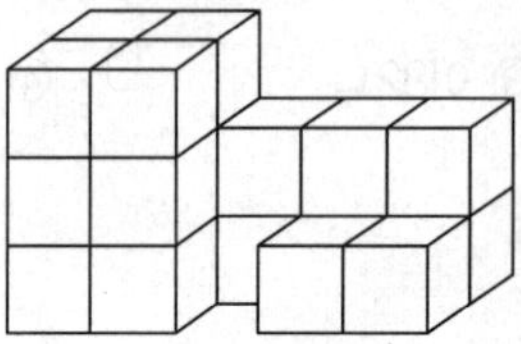

① 2개
② 3개
③ 4개
④ 5개

[22 ~ 23] 다음은 같은 크기의 블록을 쌓아 올린 그림이다. 이어지는 질문에 답하시오.

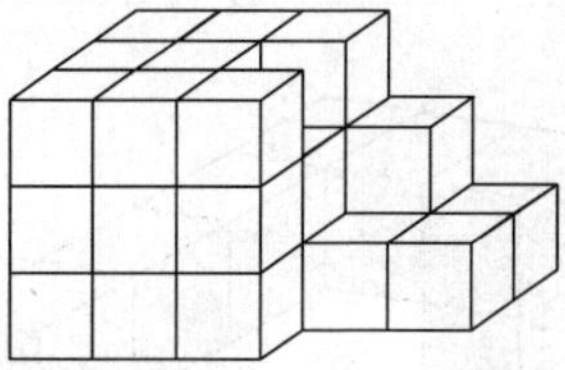

22. 블록의 개수는 모두 몇 개인가? (단, 뒷면에 보이지 않는 블록은 없다)

① 27개　② 29개　③ 31개　④ 33개

23. 그림상에서 두 면만 보이는 블록은 모두 몇 개인가?

① 5개　② 6개　③ 7개　④ 8개

[24 ~ 25] 다음은 같은 크기와 모양의 블록을 쌓아 올린 그림이다. 이어지는 질문에 답하시오.

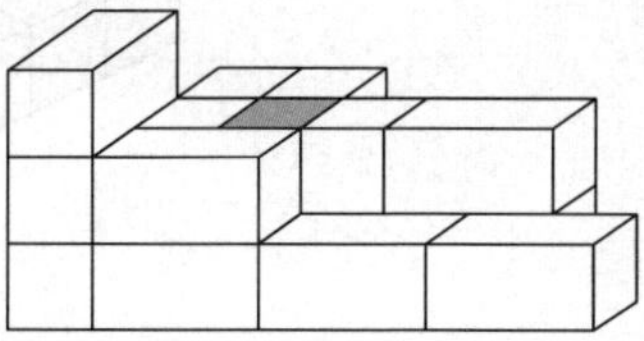

24. 색칠된 블록에 직접 접촉하고 있는 블록의 개수는 모두 몇 개인가?

① 3개　② 4개　③ 5개　④ 6개

25. 그림상에서 한 면만 보이는 블록은 모두 몇 개인가?

① 7개　② 8개　③ 9개　④ 10개

[26 ~ 27] 제시된 〈보기〉와 동일한 도형을 고르시오.

26.

| 보기 |

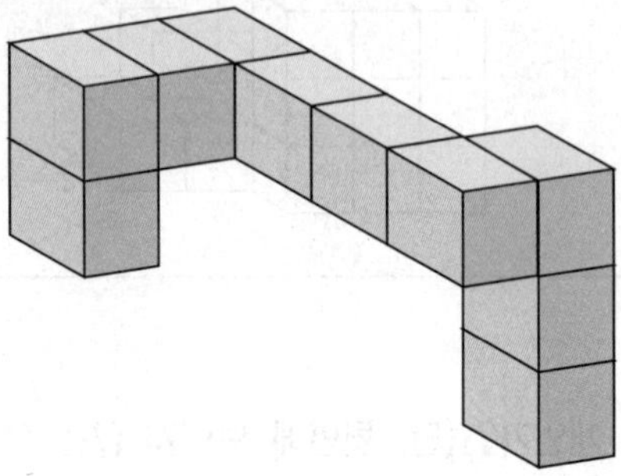

①

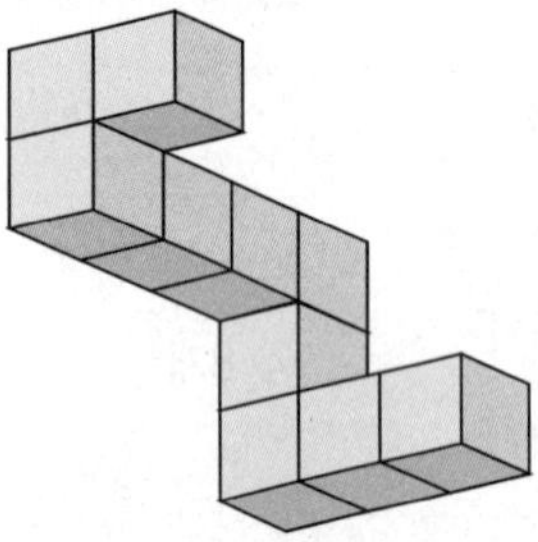

②

③

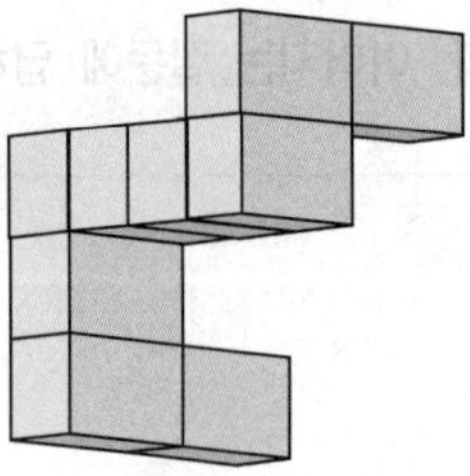

④

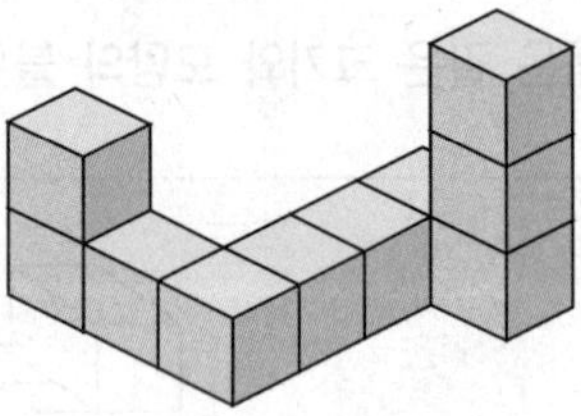

27.

| 보기 |

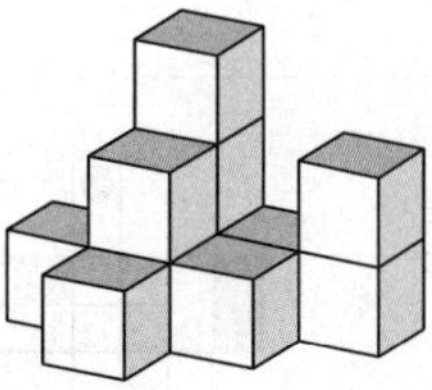

①

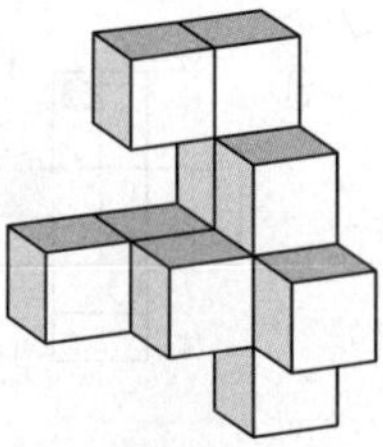

②

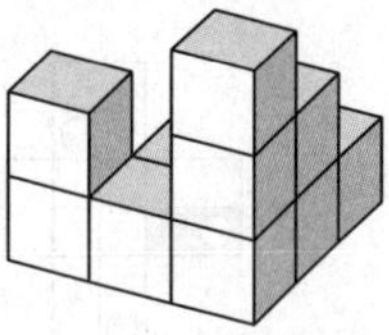

③

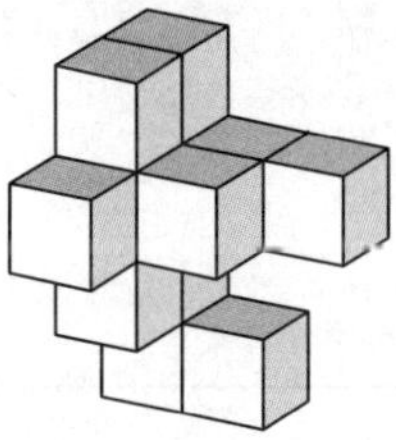

④

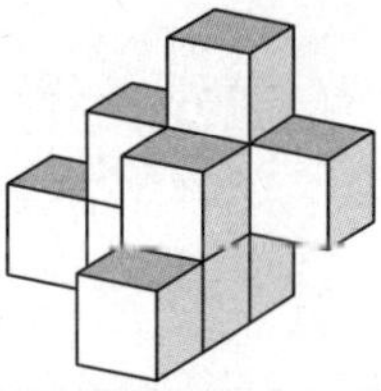

[28 ~ 31] 제시된 도형 또는 그림과 동일한 것을 고르시오.

28.

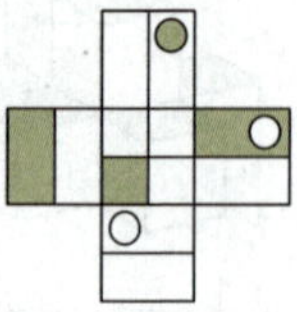

① 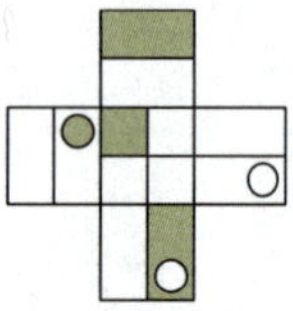
② 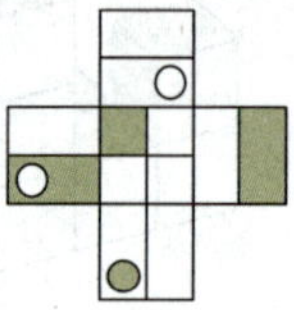
③ 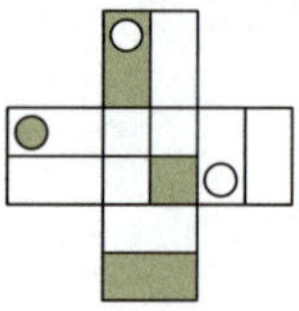
④ 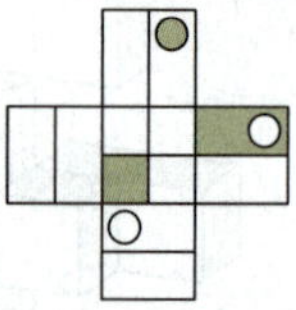

29.

① 
② 
③ 
④ 

30.

①
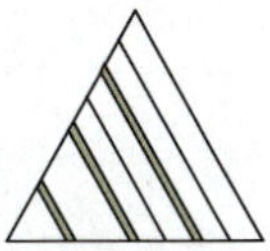
②
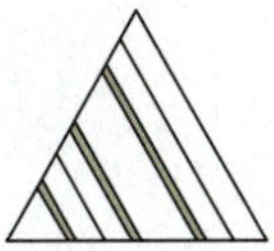
③
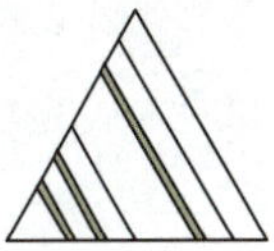
④
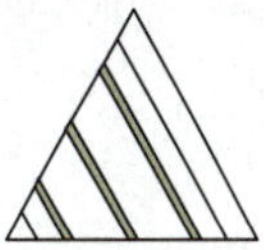

31.

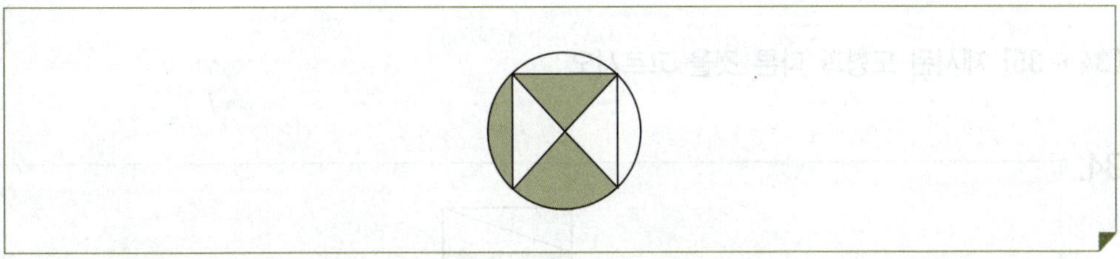

①
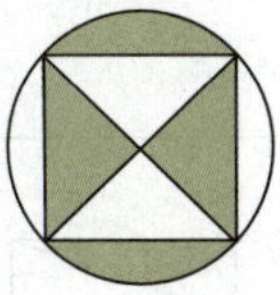
②
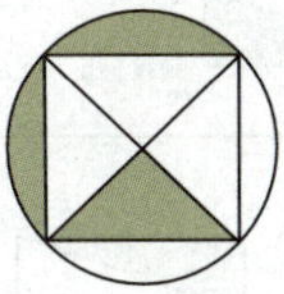
③
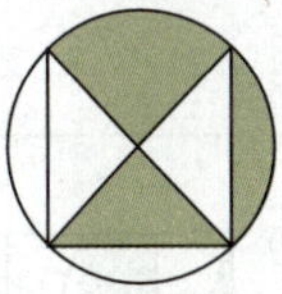
④
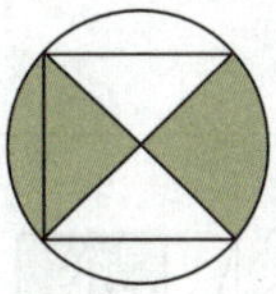

[32 ~ 33] 다음 중 모양이 다른 하나를 고르시오.

32. ① 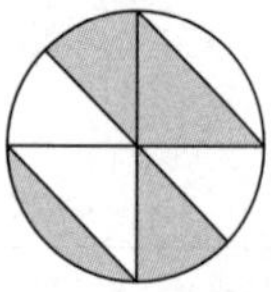 ② 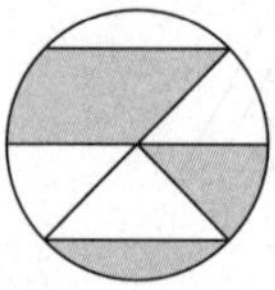 ③ 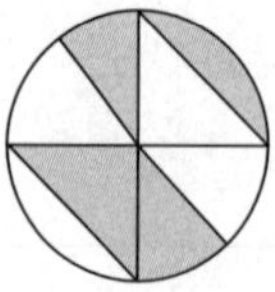 ④ 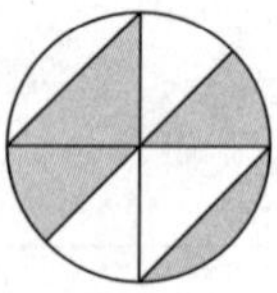

33. ①  ② 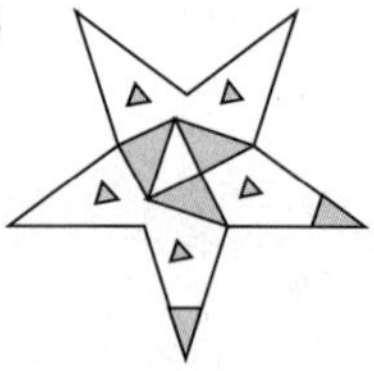 ③ 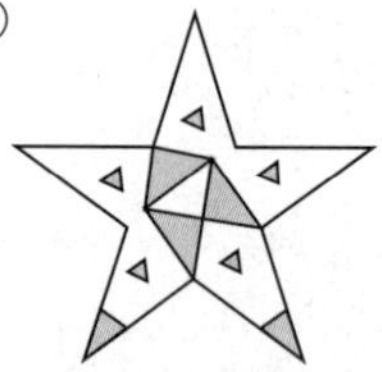 ④ 

[34 ~ 35] 제시된 도형과 다른 것을 고르시오.

34.

① 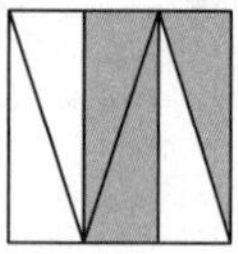 ② 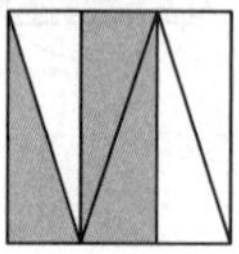 ③ 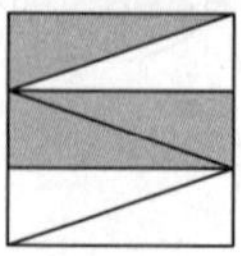 ④ 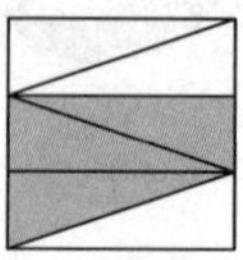

35.

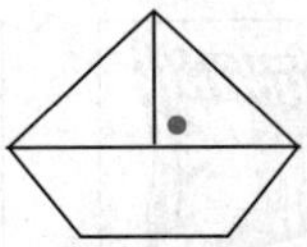

① 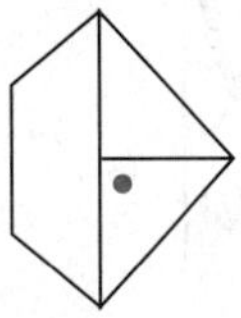
② 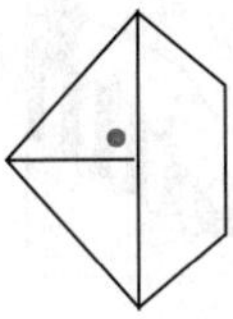
③ 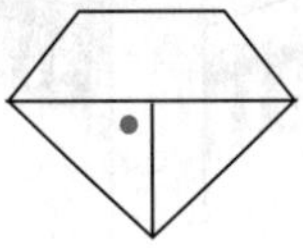
④ 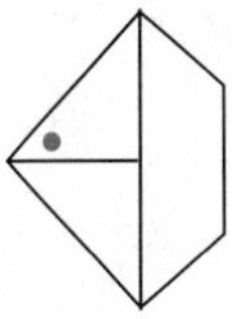

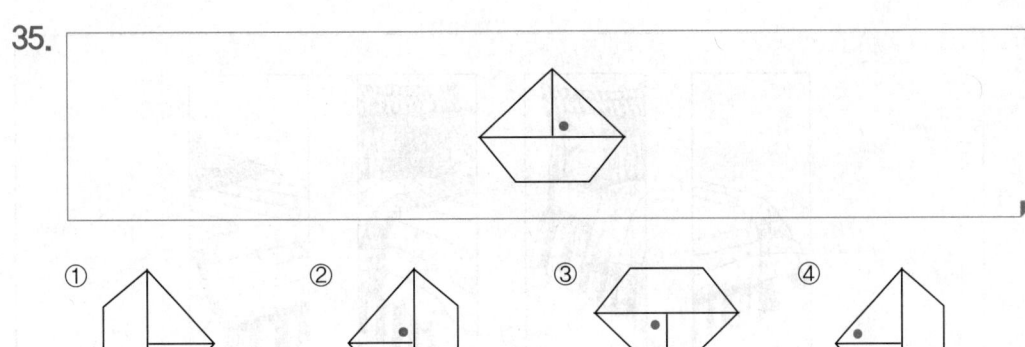

[36 ~ 40] 다음 그림의 조각을 순서대로 올바르게 배열한 것을 고르시오.

36.

(가) (나) (다) (라)

① (가)－(나)－(다)－(라)　　② (가)－(다)－(나)－(라)
③ (라)－(나)－(다)－(가)　　④ (라)－(다)－(나)－(가)

37.

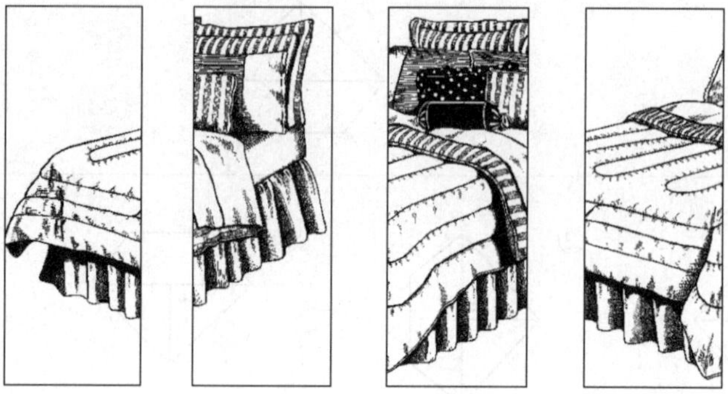

(가) (나) (다) (라)

① (가)-(라)-(다)-(나)　② (가)-(라)-(나)-(다)

③ (가)-(다)-(나)-(라)　④ (가)-(다)-(라)-(나)

38.

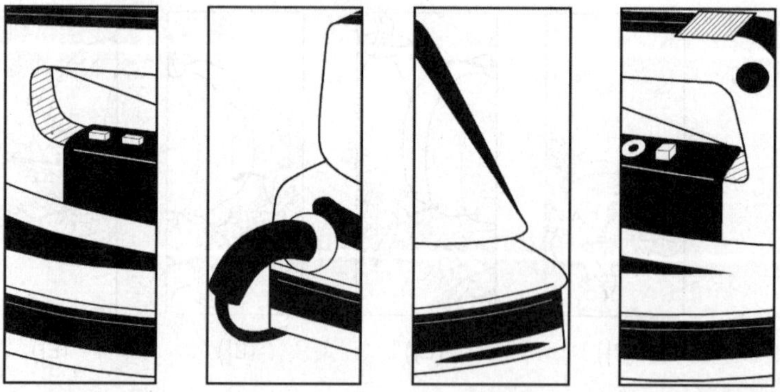

(가) (나) (다) (라)

① (나)-(가)-(라)-(다)　② (나)-(라)-(가)-(다)

③ (다)-(가)-(라)-(나)　④ (다)-(나)-(라)-(가)

39.

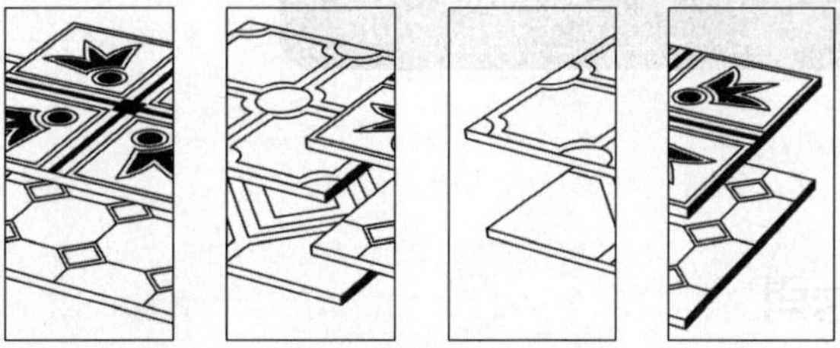

(가) (나) (다) (라)

① (가)－(나)－(다)－(라)　② (다)－(가)－(나)－(라)

③ (다)－(나)－(가)－(라)　④ (라)－(가)－(나)－(다)

40.

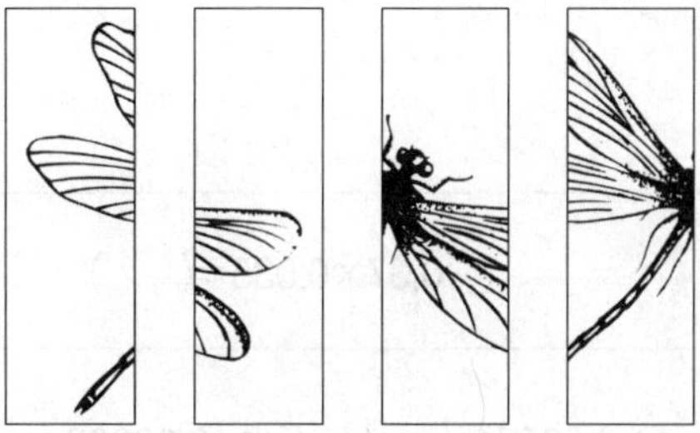

(가) (나) (다) (라)

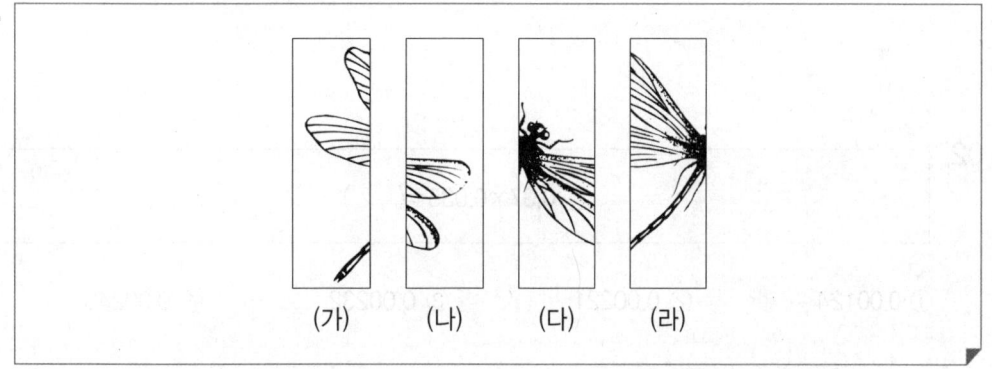

① (가)－(나)－(라)－(다)　② (가)－(라)－(다)－(나)

③ (라)－(가)－(나)－(다)　④ (라)－(나)－(다)－(가)

GSAT 3회 기출유형문제

문항수 | 120문항
시험시간 | 45분

▸ 정답과 해설 33쪽

영역 1 수리능력

40문항 / 15분

[01 ~ 10] 다음 식의 값을 구하시오.

01.

$$\frac{2}{3} \div \left(\frac{3}{5} - \frac{2}{7}\right) = (\quad)$$

① $\frac{52}{33}$　② $\frac{70}{33}$　③ $\frac{44}{63}$　④ $\frac{52}{63}$

02.

$$0.07 \times 0.035 = (\quad)$$

① 0.00124　② 0.00221　③ 0.00232　④ 0.00245

03.

$$79 + 14 \times 23 - 95 = (\quad)$$

① 306　② 845　③ 1,483　④ 2,044

04.

$$31.415+12.469-24.941=(\quad)$$

① 17.884 ② 17.953 ③ 18.874 ④ 18.943

05.

$$7\times(-5)^2\div\frac{7}{10}=(\quad)$$

① 250 ② 255 ③ 260 ④ 265

06.

$$4\sqrt{6}\times2\sqrt{2}-4\sqrt{3}=(\quad)$$

① 4 ② $4\sqrt{3}$ ③ 12 ④ $12\sqrt{3}$

07.

$$2\frac{1}{3}+4+\frac{1}{6}=(\quad)$$

① $6\frac{1}{6}$ ② $6\frac{1}{4}$ ③ $6\frac{1}{3}$ ④ $6\frac{1}{2}$

08.

$$42\times38-59=(\quad)$$

① 15 ② 153 ③ 1,537 ④ 1,375

09.

$$615-14+9.2=(\quad)$$

① 91.8 ② 601.02 ③ 610.2 ④ 1,603.18

10.

$$\left\{\left(\frac{2}{5}-\frac{3}{10}\right)+\frac{1}{4}\right\}\times\frac{6}{5}=(\quad)$$

① $\frac{21}{50}$ ② $\frac{23}{50}$ ③ $\frac{21}{20}$ ④ $\frac{23}{20}$

[11 ~ 13] 다음 A와 B의 대소를 비교하시오.

11.

A : $50+88\times36$
B : $89\times32-19$

① A > B ② A < B ③ A = B ④ 알 수 없음.

12.

A : $(6,745+6,710)\div15$
B : $13\times(4,223-4,154)$

① A > B ② A < B ③ A = B ④ 알 수 없음.

13.

A : 3,055×0.6
B : 3,754×0.5

① A > B ② A < B ③ A = B ④ 알 수 없음.

[14 ~ 15] 기호를 다음과 같이 가정하여 주어진 식의 값을 구하시오.

A▣B = (A − B)×(A + B)

14.

3▣9

① 74 ② 72 ③ −72 ④ −74

15.

8▣−13

① −105 ② −95 ③ 95 ④ 105

16. 120의 3할 6푼은?

① 0.432 ② 4.32 ③ 43.2 ④ 432

17. 37의 8푼 4리는?

① 3.108　　② 31.08　　③ 310.8　　④ 3,108

18. 124의 65%는?

① 0.806　　② 8.06　　③ 80.6　　④ 806

19. 720의 3할은?

① 186　　② 216　　③ 246　　④ 276

20. 3m 길이의 끈을 모두 사용하여 직사각형을 만들려고 한다. 만약 직사각형의 가로 길이가 세로 길이의 2배라면 이 직사각형의 넓이는?

① $0.5m^2$　　② $0.8m^2$　　③ $1.2m^2$　　④ $1.5m^2$

21. 수아와 엄마는 29살 차이가 나고 아빠는 엄마보다 7살이 많으며, 3년 후 엄마와 아빠의 나이를 합하면 수아 나이의 7배가 된다. 수아의 현재 나이는?

① 8살　　② 9살　　③ 10살　　④ 11살

22. 은지의 영어와 수학 점수의 합은 82점이고 영어와 국어 점수의 합은 74점이다. 수학과 국어의 점수 차는 몇 점인가?

① 7점　　② 8점　　③ 9점　　④ 10점

23. 어떤 일을 끝내는 데 다솜이가 혼자 하면 6시간, 은영이가 혼자 하면 4시간이 걸린다. 다솜이와 은영이가 같이 일을 한다면 끝내는 데 걸리는 시간은?

① 2시간 12분 ② 2시간 24분
③ 2시간 36분 ④ 2시간 48분

24. 정수, 현민, 지혜 세 사람이 A 대학에 합격할 수 있는 확률은 각각 $\frac{1}{4}$, $\frac{1}{5}$, $\frac{1}{2}$이다. 이 중 적어도 한 명이 대학에 합격할 확률은?

① 0.5 ② 0.6 ③ 0.7 ④ 0.8

25. ○○기업의 올해 바두동호회 회원 수는 남성 회원이 5% 증가하고, 여성 회원이 10% 감소하여 작년과 동일하게 60명이다. 올해의 남성 회원 수는 몇 명인가?

① 36명 ② 38명
③ 40명 ④ 42명

26. 4%의 소금물 400g에 물을 더 넣었더니 2.5%의 소금물이 되었다. 추가한 물의 양은?

① 200g ② 240g ③ 280g ④ 320g

27. 철수가 시속 6km로 운동장을 달리고 있다. 30분 동안 같은 속력으로 달리기를 했다면 철수가 이동한 거리는 얼마인가?

① 2.8km ② 3km
③ 3.5km ④ 3.8km

28. 기상청에서 A 지역에 비가 올 확률이 0.7이고 A와 B 지역 모두에 비가 올 확률이 0.4라고 발표하였다. B 지역에 비가 오지 않을 확률은?

① $\frac{1}{7}$　② $\frac{2}{7}$　③ $\frac{3}{7}$　④ $\frac{4}{7}$

29. L사는 어떤 상품의 원가에 20%의 이익을 붙여 판매하고 있는데, 다음 분기에는 현재 가격에서 10% 할인해 판매하기로 하였다. 할인된 가격이 129,600원이라면 원가는?

① 118,000원　② 120,000원　③ 122,000원　④ 124,000원

30. 연속된 세 개의 짝수를 모두 더한 값이 54라면 이 중 가장 큰 숫자는?

① 16　② 20　③ 24　④ 28

[31 ~ 32] 다음은 우리나라의 연도별 화재 발생 현황에 관한 자료이다. 이어지는 질문에 답하시오.

〈연도별 화재 발생 현황〉

(단위 : 건, 명, 백만 원)

구분		20X3년	20X4년	20X5년	20X6년	20X7년	20X8년	20X9년
발생 건수		32,340	31,778	47,882	49,631	47,318	41,863	43,875
인명피해	소계	2,342	2,180	2,459	2,716	2,441	(가)	1,862
	사망	505	446	424	468	(나)	304	263
	부상	1,837	1,734	2,035	2,248	2,032	1,588	1,599
재산피해		171,374	150,792	248,432	383,141	251,853	266,776	256,548

31. (가)와 (나)에 들어갈 숫자를 더한 값은?

① 1,712　② 1,977　③ 2,145　④ 2,301

32. 화재 발생 건수가 가장 많은 해의 재산피해 금액은?

① 150,792백만 원　② 248,432백만 원
③ 251,853백만 원　④ 383,141백만 원

33. 다음 자료에 대한 설명으로 옳지 않은 것은?

〈1인 1일 스팸 수신량〉

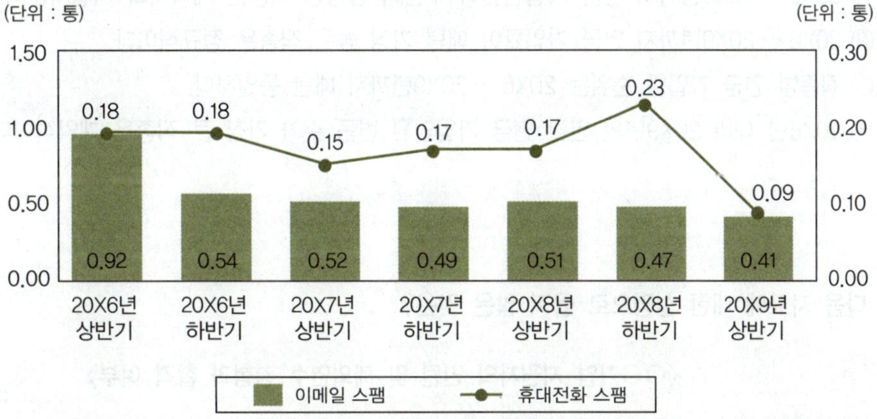

① 휴대전화 스팸 수신량이 전년 동기 대비 가장 크게 감소한 시기는 20X9년 상반기로 45% 이상 감소하였다.

② 이메일 스팸 수신량이 전년 동기 대비 가장 크게 감소한 시기는 20X7년 상반기로 45% 이상 감소하였다.

③ 20X6년 하반기 휴대전화 스팸 수신량은 20X9년 상반기의 휴대전화 스팸 수신량의 두 배이다.

④ 20X8년 상반기에는 6개월간 90통 이상의 스팸 이메일을 받았을 것으로 추론할 수 있다.

34. 다음 자료에 대한 설명으로 옳지 않은 것은?

〈직종별 연금 가입 현황〉

(단위 : 백 명, %)

구분	20X6년		20X7년		20X8년		20X9년	
	가입인원	가입률	가입인원	가입률	가입인원	가입률	가입인원	가입률
전문직	245	81.6	260	85.6	295	88.3	270	90.0
정규직	295	98.3	298	99.3	296	95.6	298	90.4
계약직	145	48.3	148	49.3	190	63.8	193	72.5
노동자	85	28.3	75	25.0	94	27.1	92	28.2
사업자	188	62.6	225	75.0	249	82.4	265	89.2

① 20X6 ~ 20X9년까지 연금 가입인원이 꾸준히 상승한 직종은 계약직과 사업자뿐이다.

② 20X6 ~ 20X9년까지 연금 가입률이 매년 가장 높은 직종은 정규직이다.

③ 직종별 연금 가입률 순위는 20X6 ~ 20X9년까지 매년 동일하다.

④ 20X6년 대비 20X9년의 연간 연금 가입인원 변동 수가 가장 큰 직종은 계약직이다.

35. 다음 자료에 대한 설명으로 옳지 않은 것은?

〈○○기업 지원자의 인턴 및 해외연수 경험과 합격 여부〉

(단위 : 명, %)

인턴 경험	해외연수 경험	합격 여부		합격률
		합격	불합격	
있음	있음	53	414	11.3
	없음	11	37	22.9
없음	있음	0	16	0.0
	없음	4	139	2.8

※ 합격률(%) = $\frac{\text{합격자수}}{\text{합격자수}+\text{불합격자수}} \times 100$ (단, 소수점 아래 둘째 자리에서 반올림한 값이다)

① 인턴 경험과 해외연수 경험이 있는 지원자의 합격률은 11.3%이다.

② 인턴 경험과 해외연수 경험이 없는 지원자의 합격률은 2.8%이다.

③ 해외연수 경험이 있는 지원자가 해외연수 경험이 없는 지원자보다 합격률이 높다.

④ 인턴 경험과 해외연수 경험이 모두 없는 지원자와 인턴 경험만 있는 지원자 간 합격률 차이는 20%p보다 작다.

[36 ~ 38] 다음 표를 보고 이어지는 질문에 답하시오.

〈20XX년 상반기 A 편의점 라면 판매량〉

(단위 : 개)

구분	1월	2월	3월	4월	5월	6월	계
N사 S 라면	1,935	1,235	993	1,853	1,108	1,056	8,180
N사 J 라면	1,052	891	1,021	1,219	993	920	6,096
S사 S 라면	1,210	1,134	1,035	1,212	1,013	978	6,582
O사 P 라면	897	768	546	(가)	789	922	4,896
O사 J 라면	345	471	890	789	346	278	3,119
기타	568	567	614	578	945	761	4,033
계	6,007	5,066	5,099	6,625	5,194	4,915	32,906

36. (가)에 들어갈 숫자로 알맞은 것은?

① 974　　② 924　　③ 874　　④ 824

37. A 편의점의 2월 라면 판매량 중 S사 S 라면이 차지하는 비율은? (단, 소수점 아래 둘째 자리에서 반올림한다)

① 17.3%　　② 22.4%　　③ 27.3%　　④ 32.4%

38. 제시된 표에 대한 설명으로 옳은 것은?

① N사 S 라면의 판매량이 가장 많은 달은 4월이다.
② S사 S 라면은 N사 J 라면보다 상반기 내내 판매량이 많았다.
③ 6월 판매량이 세 번째로 많은 라면은 O사 P 라면이다.
④ 각 라면의 6월 판매량은 모두 전월에 비해 감소했다.

[39 ~ 40] 다음 자료를 보고 이어지는 질문에 답하시오.

〈자동차산업 총괄 자료〉

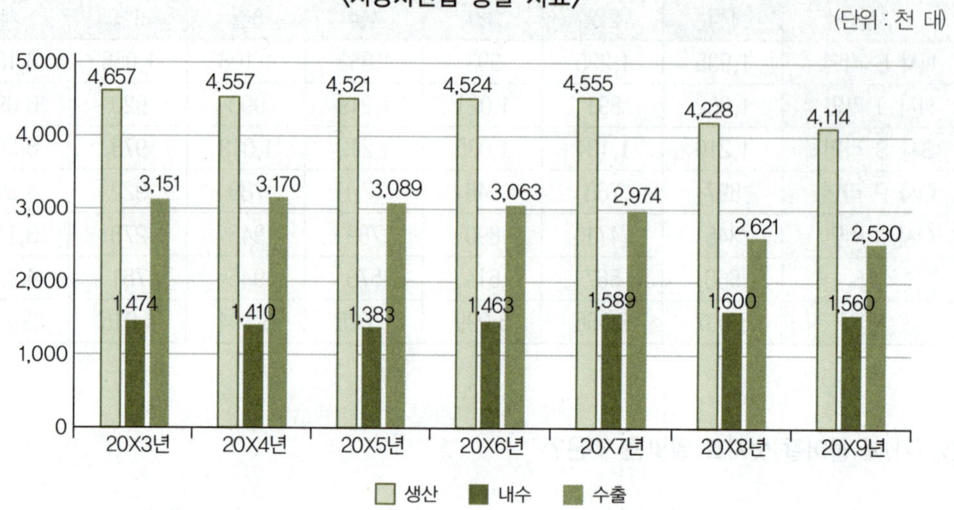

39. 위의 자료에 대한 설명으로 옳지 않은 것은?

① 매년 내수보다 수출량이 더 많다.
② 매년 자동차 생산량은 400만 대를 상회한다.
③ 20X9년 자동차 생산량은 수출량의 1.7배 이상이다.
④ 자동차의 수출량은 20X4년부터 지속적으로 감소하고 있다.

40. 20X4 ~ 20X9년 중 전년 대비 생산, 내수, 수출의 증감 추세가 같은 해는 몇 개인가?

① 2개 ② 3개 ③ 4개 ④ 5개

영역 2

추리능력

40문항 / 20분

[01 ~ 10] 다음 나열된 숫자들의 공통된 규칙을 찾아 '?'에 들어갈 알맞은 숫자를 고르시오.

01.

−2　0　3　8　15　26　(?)

① 37　② 39　③ 41　④ 43

02.

−2　2　0　2　2　4　6　10　(?)

① 14　② 15　③ 16　④ 17

03.

5　10　8　16　14　(?)

① 12　② 18　③ 24　④ 28

04.

4　6　10　18　34　(?)

① 46　② 56　③ 66　④ 76

05.

21　19　15　7　(?)　−41　−105

① 1　② −3　③ −5　④ −9

06.

92　46　48　24　26　13　(?)

① 12　② 13　③ 14　④ 15

07.

3　4　2　5　1　(?)

① 3　② 4　③ 5　④ 6

08.

5　7　10　14　19　25　(?)

① 30　② 31　③ 32　④ 33

09.

−4　2　−2　4　0　6　(?)

① 2　② 3　③ 4　④ 5

수리능력 추리능력 지각능력
영역별 빈출이론
1회 2회 3회
기출유형문제
인성검사
면접가이드

10.

1 9 25 49 81 (?)

① 96 ② 101 ③ 116 ④ 121

[11 ~ 14] 다음 나열된 문자들의 공통된 규칙을 찾아 '?'에 들어갈 알맞은 문자를 고르시오.

11.

Z X T L (?)

① S ② V ③ P ④ Q

12.

A K U E O (?)

① X ② B ③ Y ④ D

13.

ㄱ ㄴ ㄹ ㅇ ㄴ (?)

① ㅈ ② ㅋ ③ ㅌ ④ ㄹ

14.

다 바 라 사 마 (?)

① 아 ② 자 ③ 차 ④ 카

[15 ~ 20] 다음은 공통된 규칙에 따라 문자가 나열된 것이다. 동일한 규칙이 적용되지 않은 하나를 고르시오.

15. ① 눼쉐췌퀘 ② FKNO ③ 뱌뵤브비 ④ lqtu

16. ① 캬커코큐 ② 라마사차 ③ GIKN ④ 새애채패

17. ① 따라다따 ② 사싸빠사 ③ LMKL ④ UWVU

18. ① ZXTN ② YWSM ③ XVRL ④ WUSQ

19. ① EFHI ② ABDF ③ MNPQ ④ KLNO

20. ① 후주투수 ② 부구수루 ③ 푸우쿠부 ④ 추무우두

21. 다음 명제가 모두 참일 때, 항상 참인 것은?

> • 고양이를 좋아하면 호랑이를 키운다.
> • 개를 좋아하면 호랑이를 키우지 않는다.
> • 치타를 좋아하면 고양이를 좋아한다.

① 호랑이를 키우지 않는다면 치타를 좋아하지 않는다.
② 호랑이를 키우면 반드시 개를 좋아한다.
③ 고양이를 좋아하면 치타를 좋아한다.
④ 개를 좋아하면 반드시 고양이를 좋아한다.

22. 다음 대화의 내용이 모두 참일 때, 반드시 참인 것은?

> 갑 : 땅콩을 먹으면 아몬드를 먹지 않아.
> 을 : 밤을 먹으면 아몬드도 먹어.
> 병 : 호두를 먹지 않는 사람은 잣을 먹어.

① 밤을 먹은 사람은 잣을 먹지 않는다.
② 아몬드를 먹지 않은 사람은 밤을 먹는다.
③ 땅콩을 먹은 사람은 호두를 먹는다.
④ 땅콩을 먹으면 밤을 먹지 않는다.

23. 다음 명제가 모두 참일 때, 반드시 참인 것은?

> • 웨딩드레스를 입은 사람은 신부이다.
> • 신부는 아름답다.
> • 웨딩드레스를 입은 사람은 마음이 깊다.

① 신부가 아니면 웨딩드레스를 입고 있지 않다.
② 아름다운 사람은 마음이 깊다.
③ 아름다운 사람은 웨딩드레스를 입고 있다.
④ 웨딩드레스를 입고 있지 않으면 마음이 깊지 않다.

24. 다음 명제가 모두 참일 때, 반드시 참인 것은?

> • 다리가 길면 달리기를 잘한다.
> • 키가 크면 우유를 좋아한다.
> • 다리가 길면 키가 크다.

① 우유를 좋아하지 않으면 다리가 길지 않다.
② 달리기를 잘하지 않으면 키가 크다.
③ 달리기를 잘하면 우유를 좋아한다.
④ 키가 크면 다리가 길다.

25. 다음 전제를 바탕으로 했을 때 참이 되는 결론은?

[전제] • 케이크가 설탕이면 박하사탕은 소금이 아니다.
• 박하사탕은 소금이다.
[결론] • ______________________

① 케이크는 설탕이다.
② 설탕은 박하사탕이다.
③ 케이크는 설탕이 아니다.
④ 소금은 케이크이다.

26. 다음 문장을 읽고 밑줄 친 부분에 들어갈 문장으로 적절한 것은?

• 축구를 잘하는 사람은 감기에 걸리지 않는다.
• 감기에 걸리지 않는 사람은 휴지를 아껴 쓴다.
• 나는 축구를 잘한다.
• 그러므로 ______________________

① 나는 감기에 자주 걸린다.
② 환자는 휴지를 아껴 쓴다.
③ 나는 축구를 자주 한다.
④ 나는 휴지를 아껴 쓴다.

27. 다음 밑줄 친 부분에 들어갈 문장으로 알맞은 것은?

아기는 천사다. 천사는 번개를 부릴 수 있다. 천사가 아니면 신의 노예다.
그러므로 ______________________

① 천사는 아기다.
② 아기는 번개를 부릴 수 없다.
③ 번개를 부릴 수 있으면 아기다.
④ 신의 노예가 아니면 번개를 부릴 수 있다.

28. 다음 〈보기〉의 명제들을 참고할 때, 밑줄 친 부분에 들어갈 문장으로 알맞은 것은?

| 보기 |

- 비가 오면 다음 날은 흐리거나 맑다.
- 흐린 다음 날은 비가 온다.
- 맑으면 다음 날은 흐리다.
- 그러므로 ____________________

① 비가 오지 않은 다음 날에는 비가 온다.
② 오늘은 날이 흐리므로 어제는 날씨가 맑았다.
③ 날이 맑지 않은 다음 날은 반드시 맑다.
④ 흐리지 않은 다음 날에는 비가 오지 않는다.

29. 다음 명제가 모두 참일 때, 반드시 참인 것은?

- 다이빙을 좋아하는 사람은 서핑도 좋아한다.
- 요트를 좋아하는 사람은 낚시도 좋아한다.
- 서핑을 좋아하지 않는 사람은 낚시도 좋아하지 않는다.
- 카누를 좋아하지 않는 사람은 서핑도 좋아하지 않는다.

① 다이빙을 좋아하는 사람은 요트도 좋아한다.
② 요트를 좋아하지 않는 사람은 서핑도 좋아하지 않는다.
③ 카누를 좋아하는 사람은 낚시도 좋아한다.
④ 다이빙을 좋아하는 사람은 카누도 좋아한다.

30. ○○시네마에는 4개(1 ~ 4관)의 상영관이 있고, 영화 A, B, C, D가 각각 겹치지 않게 상영되고 있다. 〈조건〉을 참고할 때 옳은 것은?

| 조건 |

- 영화 B는 2관에서 상영된다.
- 영화 A와 C가 상영되는 두 상영관은 서로 이웃한다.
- 4관에서는 영화 C를 상영하지 않는다.

1관	2관	3관	4관

① 1관에서는 영화 A가 상영된다.
② 1관에서는 영화 C가 상영된다.
③ 영화 D는 3관에서 상영된다.
④ 영화 C는 3관에서 상영된다.

31. A, B, C, D는 가수, 탤런트, 개그맨, MC의 네 분야 중 각각 두 분야에서 활동하고 있다. 이들의 활동 영역에 대한 〈조건〉이 다음과 같을 때 B의 활동 분야는?

| 조건 |

- 개그맨인 사람은 가수 또는 MC가 아니다.
- 가수와 탤런트 분야에서 활동하는 사람들은 두 분야 모두 3명씩이다.
- D는 개그맨이다.
- B와 C의 활동 분야는 동일하다.
- MC인 사람은 한 명이다.

① 가수, 탤런트
② 가수, MC
③ 개그맨, 탤런트
④ MC, 탤런트

32. L사 영업부에는 부장, 차장, 과장, 대리, 사원, 인턴 6명이 근무하는데, 이들 가운데 4명이 한 팀을 구성하여 해외 출장을 가게 되었다. 만일 사원이 불가피한 사정으로 갈 수 없게 되었다면, 다음 〈조건〉을 모두 만족하는 팀 구성은?

| 조건 |

- 부장 또는 차장은 반드시 가야 하지만, 부장과 차장이 함께 갈 수는 없다.
- 대리 또는 사원은 반드시 가야 하지만, 대리와 사원이 함께 갈 수는 없다.
- 만일 과장이 가지 않게 된다면 대리도 갈 수 없다.
- 만일 차장이 가지 않게 된다면 인턴도 갈 수 없다.

① 차장, 대리, 사원, 인턴
② 차장, 과장, 대리, 인턴
③ 부장, 차장, 대리, 인턴
④ 부장, 과장, 대리, 인턴

33. ○○사에는 A, B, C, D, E, F 6명의 직원이 있고 이 직원들은 3명씩 2개 조로 2교대 당직 근무를 한다. 다음 〈조건〉이 모두 참일 때, 반드시 거짓인 것은?

| 조건 |

- A가 근무하는 날은 D도 근무한다.
- B가 근무하지 않으면 A도 근무하지 않는다.
- B가 근무하는 날에는 C는 근무하지 않는다.
- C가 근무하지 않는 날에는 E와 F도 근무하지 않는다.

① A가 근무한다면 B와 D도 함께 근무한다.
② A가 근무하는 날에는 B도 근무한다.
③ A가 근무하는 날에는 E도 함께 근무한다.
④ C가 근무하는 날에는 B가 근무하지 않는다.

34. A ~ E 사원은 올여름 휴가 계획에 대해 다음과 같이 말했다. 한 명을 제외하고 모두 진실을 말했다고 할 때, 거짓말을 한 사원은?

> A 사원 : 나는 올해 여름에 E 사원 바로 다음으로 휴가를 가는군.
> B 사원 : 이번 여름에는 내가 마지막으로 휴가를 가는구나.
> C 사원 : 나는 올여름 휴가를 D 사원보다 늦게 가겠네.
> D 사원 : 나는 올여름 휴가를 B 사원, C 사원보다 늦게 가겠구나.
> E 사원 : 올해 여름에는 내가 가장 먼저 휴가를 가네.

① A 사원 ② B 사원
③ C 사원 ④ D 사원

35. S 기업의 야유회에서 10명의 사원들이 5명씩 두 팀으로 나누어 보물찾기를 하고 있다. 한 팀이 먼저 보물을 숨기고 다른 팀에게 다음과 같이 힌트를 주었는데 두 명은 거짓을 말하고 있을 때, 거짓을 말하는 사람은? (단, 보물은 한 개다)

> A : 보물은 풀숲 안에 숨겼습니다.
> B : 텐트 안에 보물이 있습니다.
> C : D는 진실만을 말하고 있습니다.
> D : 풀숲 안에 보물을 숨기는 것을 보았습니다.
> E : 저희는 나무 아래에 보물을 숨겼습니다.

① A, B ② A, D
③ B, C ④ B, E

36. 갑 ~ 정 4명 중 2명은 학생, 2명은 회사원이다. 4명은 〈보기〉와 같이 말했는데 회사원 2명은 모두 거짓말을 하고 학생 2명은 모두 진실을 말하고 있다. 다음 중 진실을 말하는 학생 2명은 누구인가?

| 보기 |

- 갑 : 저와 정은 학생입니다.
- 을 : 저는 회사를 다니지 않습니다.
- 병 : 갑은 회사를 다니지 않습니다.
- 정 : 병은 회사를 다닙니다.

① 을, 정 ② 갑, 정
③ 갑, 병 ④ 갑, 을

37. A ~ F 6명은 임원 3명과 팀장 3명으로 이루어져 있고 원탁에 둘러앉아 긴급회의를 하려고 한다. 다음 〈조건〉이 모두 참일 때 옳지 않은 것은?

| 조건 |

- 임원과 팀장은 교대로 앉아야 한다.
- A와 C의 사이에는 F만 앉을 수 있다.
- B는 A와 마주 보아야 한다.
- D는 B의 옆자리에 앉는다.
- F는 확실히 팀장이다.

① A는 임원이다. ② B는 팀장이다.
③ C는 팀장이다. ④ D는 임원이다.

[38 ~ 40] 다음 〈제시문〉을 읽고 제시된 문장이 참이면 ①, 거짓이면 ②, 참 · 거짓을 알 수 없으면 ③을 고르시오.

| 제시문 |

- 선희는 S 기업의 사원이다.
- 선희는 A 프로젝트에 참여하고 있다.
- A 프로젝트에 참여 중인 인원의 대부분은 2년차 사원이다.

38.

선희는 S 기업의 2년차 사원이다.

① 참 ② 거짓 ③ 알 수 없음.

39.

선희는 S 기업에서 1개 이상의 프로젝트에 참여하고 있다.

① 참 ② 거짓 ③ 알 수 없음.

40.

모든 2년차 사원들은 A 프로젝트에 참여하고 있다.

① 참 ② 거짓 ③ 알 수 없음.

40문항 / 10분

영역 3 지각능력

[01 ~ 04] 제시된 좌우의 문자를 비교하여 같으면 ①, 다르면 ②를 고르시오.

01.

저분은백법학박사이고 – 저분은백빕학박사이고

① 같음. ② 다름.

02.

ㅏㅑㅑㅑㅐㅐㅒㅛㅠㅠㅣ – ㅏㅑㅑㅑㅐㅒㅒㅛㅠㅠㅣ

① 같음. ② 다름.

03.

萬室樂太平鼓舞歌康衢 – 萬室樂太平鼓舞歌康衢

① 같음. ② 다름.

04.

くぎさいたどなみん– くぎさいたどはみん

① 같음. ② 다름.

[05 ~ 06] 다음 〈보기〉의 기호, 문자의 대응을 참고하여 각 문제의 대응이 맞으면 ①을, 틀리면 ②를 고르시오.

| 보기 |

사과 = ₦	오렌지 = $	키위 = €	귤 = ₤
딸기 = ₭	바나나 = ₣	포도 = ₮	배 = ¥

05. € ¥ ₦ ₭ – 키위 귤 사과 딸기

① 맞음. ② 틀림.

06. ₮ $ ₤ ₣ – 포도 오렌지 귤 바나나

① 맞음. ② 틀림.

07. ₣ € ¥ $ ₤ – 바나나 키위 배 오렌지 귤

① 맞음. ② 틀림.

[08 ~ 09] 좌우의 문자를 비교하여 서로 다른 것을 고르시오.

08. ① 世界各國鐵道統計 – 世界各國鐵道統計 ② 國土利用白書 – 國土利用白書
③ 文敎統計要覽 – 文敎統計要覽 ④ 世界農業白書 – 歲計農業白書

09. ① 1363 – 1363 ② 4837 – 1827
③ 3945 – 3945 ④ 6892 – 6892

[10 ~ 11] 제시된 문자 또는 숫자의 배열과 동일한 것을 고르시오.

10.

TZSWKBOYI

① TZWSKBOYI ② TZSWKBOYL
③ TZSWKVOYI ④ TZSWKBOYI

11.

9635181972

① 6935181972 ② 9635281972
③ 9635181972 ④ 9625181872

[12 ~ 13] 제시된 수식을 계산한 값이 〈보기〉의 분류표에서 어느 범위에 해당하는지 고르시오.

| 보기 |

①	②	③	④
0 ~ 3	4 ~ 9	10 ~ 12	13 ~ 16
17 ~ 20	21 ~ 24	25 ~ 28	29 ~ 31

12.

(4÷2)+6+3

13.

3+(7×4)−5

14. 오른쪽의 정렬된 단어에 왼쪽의 단어를 추가하여 다시 정렬하려고 한다. 왼쪽의 단어가 들어가야 할 자리는?

영종도

독도 ① 우도 ② 울릉도 ③ 제주도 ④ 추자도

[15 ~ 16] 제시된 단어를 오름차순으로 바르게 정렬한 것을 고르시오.

15.

경기도 보름달 널뛰기 한가위 태극기 진돗개

① 한가위 − 태극기 − 진돗개 − 보름달 − 널뛰기 − 경기도
② 한가위 − 보름달 − 널뛰기 − 태극기 − 진돗개 − 경기도
③ 경기도 − 널뛰기 − 보름달 − 진돗개 − 태극기 − 한가위
④ 경기도 − 널뛰기 − 보름달 − 태극기 − 진돗개 − 한가위

16.

dress music cake dance party champagne

① cake − champagne − dress − dance − party − music
② cake − champagne − dance − dress − music − party
③ champagne − cake − dress − dance − party − music
④ champagne − cake − dance − dress − music − party

[17 ~ 19] 다음은 어느 회사의 사원번호 부여방식에 대한 자료이다. 다음을 읽고 이어지는 질문에 답하시오.

〈자료 1〉 사원번호 생성 방식

입사연도	첫 발령지사	직군
2008	8321	153

〈자료 2〉 지사별 부여 번호

서울	대전	대구	부산
5486	7212	8321	9308

〈자료 3〉 직군별 부여 번호

사무직	재무(112)
	회계(233)
	인사(520)
	전산(657)
기술직	토목(153)
	설비(172)
	기계(384)
	운송(493)
	화학(679)
	프로그래밍(792)

〈자료 4〉 2020년 서울지사 발령자 명단

성명	사원번호	성명	사원번호
김기리	2010-8321-679	송필근	2012-9308-657
김준호	2013-5486-233	김준현	2010-8321-493
송병철	2007-9308-657	김지민	2005-7212-153
박지선	2004-5486-384	신보라	2011-5486-792
안소미	2011-9308-153	박은영	2010-5486-384
김기열	2006-8321-493	이수지	2009-7212-520
오나미	2005-7212-112	노우진	2008-8321-384

17. 2020년 서울지사 발령자 중 2011년 이후에 입사한 사람은 모두 몇 명인가?

① 2명　② 3명　③ 4명　④ 5명

18. 2020년 서울지사 발령자 중 기술직은 모두 몇 명인가?

① 6명　② 7명　③ 8명　④ 9명

19. 2009년 1월에 입사한 설비팀의 유민상 대리는 대전지사로 첫 배치를 받았고, 그 뒤 2013년 부산지사로 발령받아 근무하고 있다. 유민상 대리의 사원번호는?

① 2009－5486－153　② 2009－9308－172
③ 2009－7212－172　④ 2009－7212－153

20. 다음 그림에서 한 면도 보이지 않는 블록은 몇 개인가?

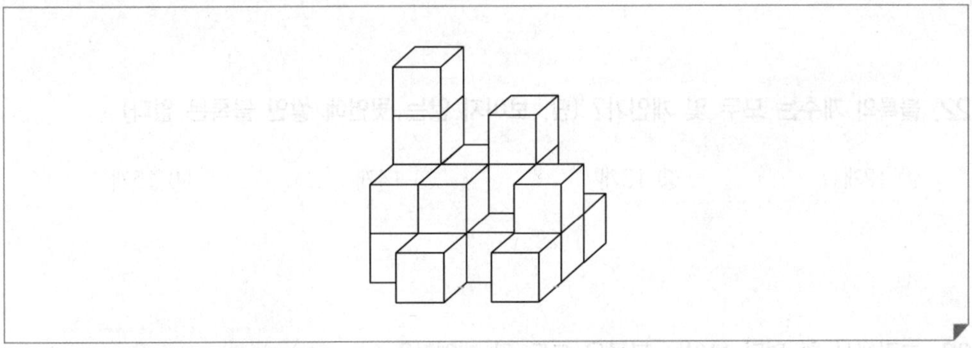

① 3개　② 4개　③ 5개　④ 6개

21. 제시된 블록에서 밑면을 제외하고 페인트를 칠할 때 칠할 수 있는 블록면의 개수는? (단, 일부분만 칠할 수 있는 블록면은 제외한다)

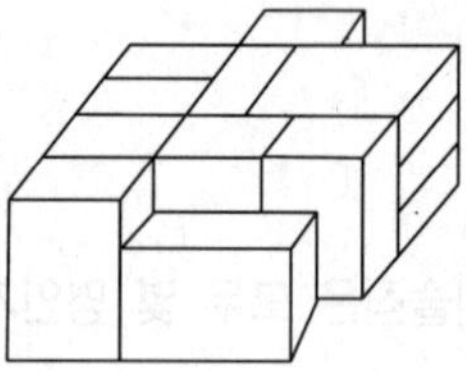

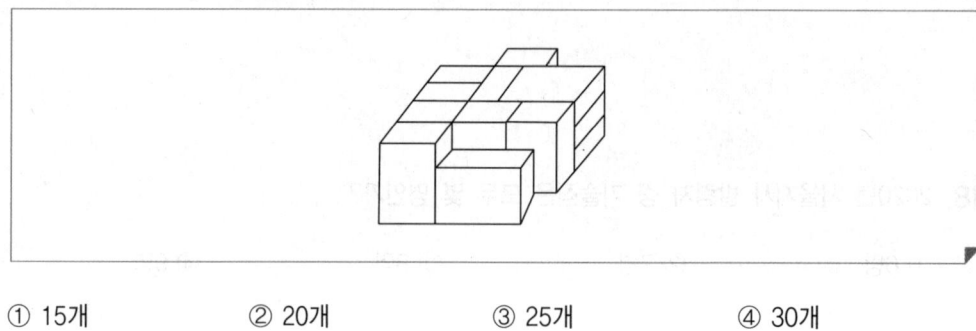

① 15개 ② 20개 ③ 25개 ④ 30개

[22 ~ 23] 다음은 같은 크기와 모양의 블록을 쌓아 올린 그림이다. 이어지는 질문에 답하시오.

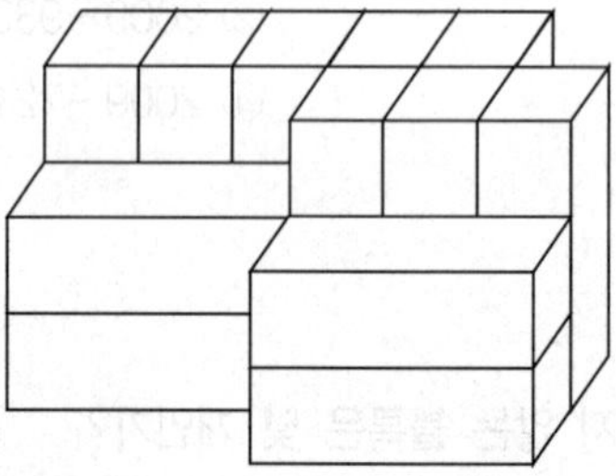

22. 블록의 개수는 모두 몇 개인가? (단, 보이지 않는 뒷면에 쌓인 블록은 없다)

① 12개 ② 13개 ③ 14개 ④ 15개

23. 그림에서 한 면만 보이는 블록은 모두 몇 개인가?

① 1개 ② 2개 ③ 3개 ④ 4개

[24 ~ 26] 다음은 같은 크기의 블록을 쌓아 만든 입체도형이다. 이어지는 질문에 답하시오.

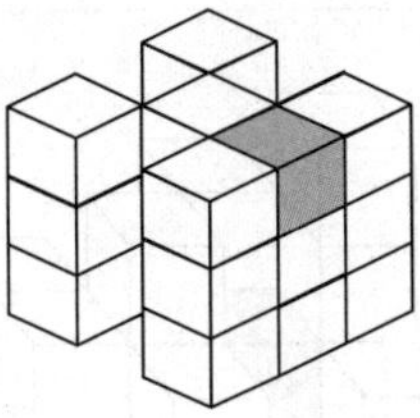

24. 블록의 개수는 모두 몇 개인가?

① 36개 ② 27개 ③ 18개 ④ 16개

25. 위 입체도형을 정육면체로 만들려면 최소 몇 개의 블록이 더 필요한가?

① 3개 ② 6개 ③ 9개 ④ 11개

26. 위 입체도형에서 색칠된 블록에 직접 접촉하고 있는 블록은 모두 몇 개인가?

① 2개 ② 3개 ③ 4개 ④ 5개

27. 다음은 같은 크기의 블록을 쌓아 만든 입체도형이다. 색칠된 블록의 윗면과 밑면에 직접 접촉하고 있는 블록의 개수는?

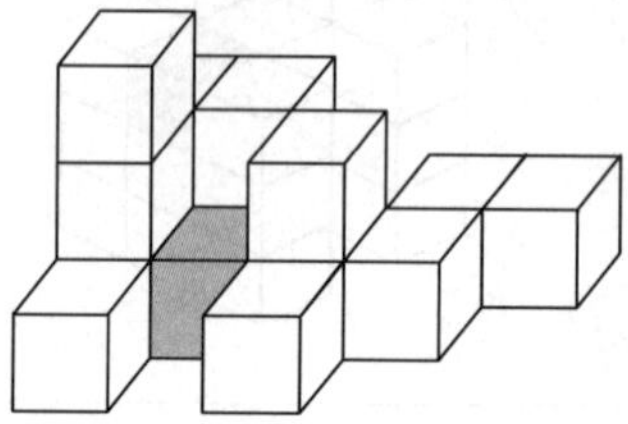

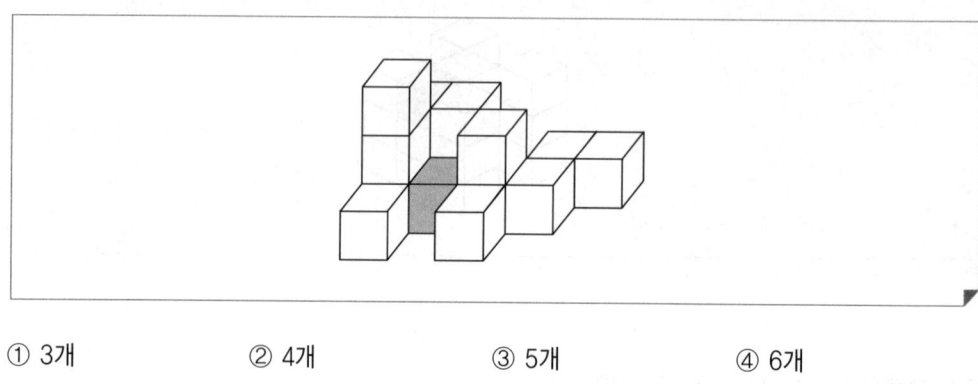

① 3개 ② 4개 ③ 5개 ④ 6개

[28 ~ 31] 제시된 도형과 동일한 것을 고르시오.

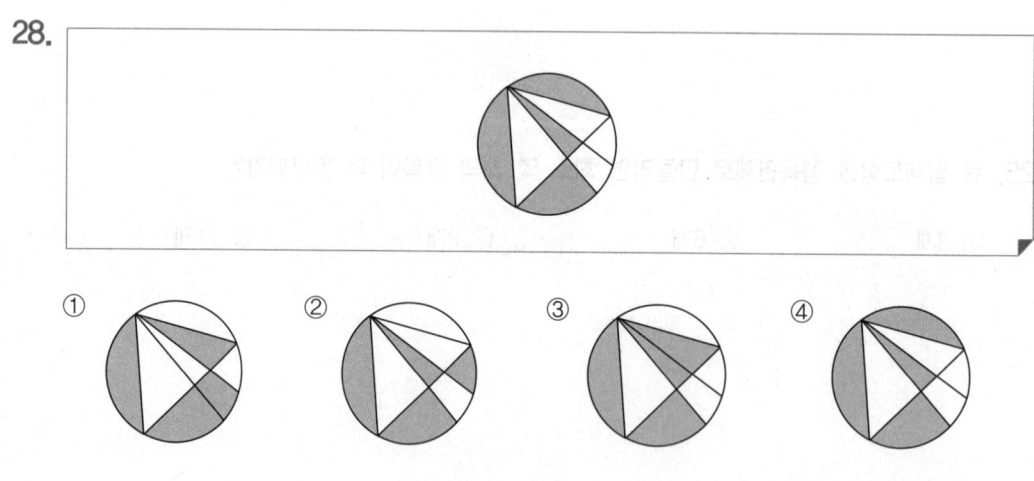

28.

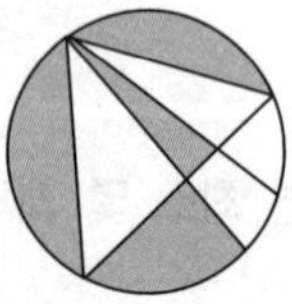

①

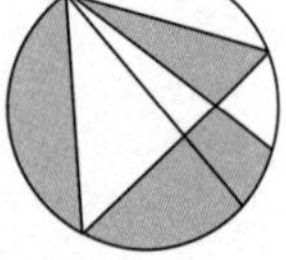

②

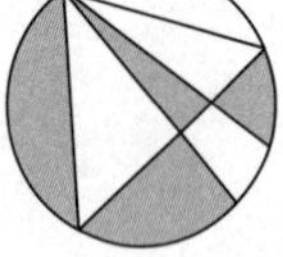

③

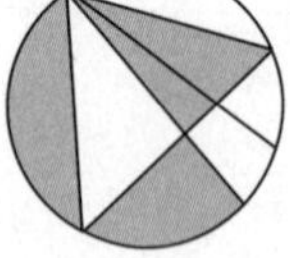

④

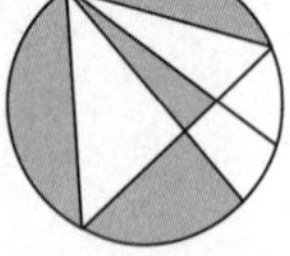

29.

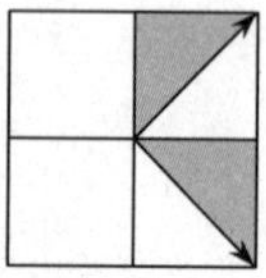

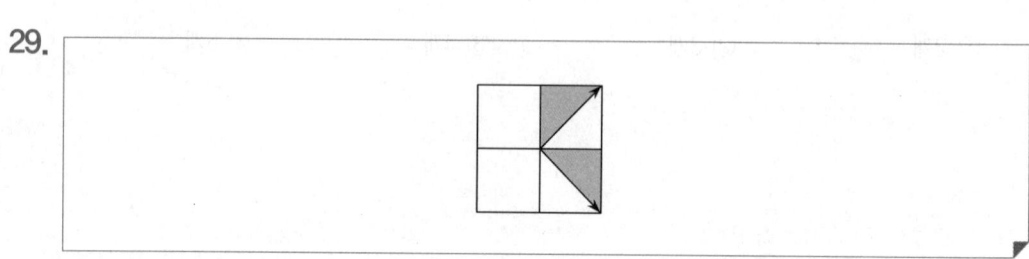

① 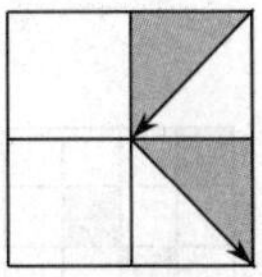
② 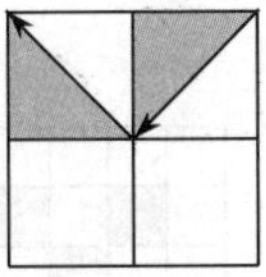
③ 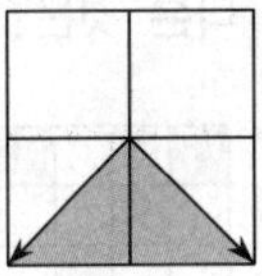
④ 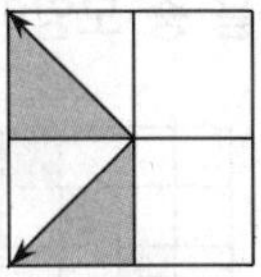

30.

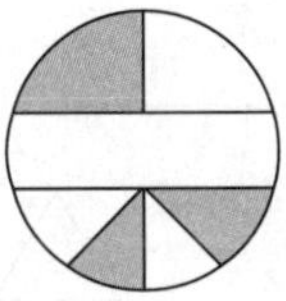

① 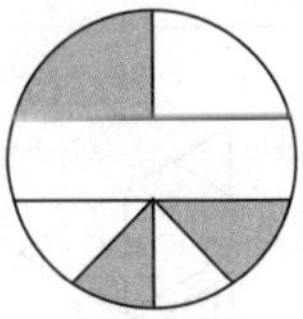
② 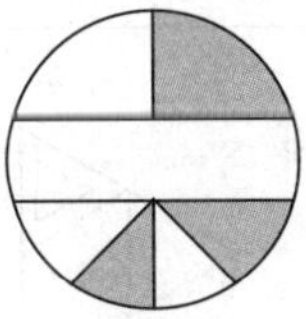
③ 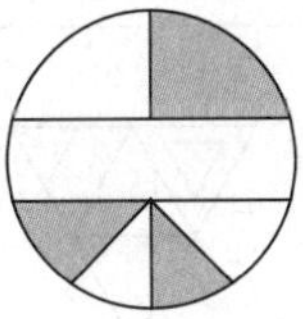
④ 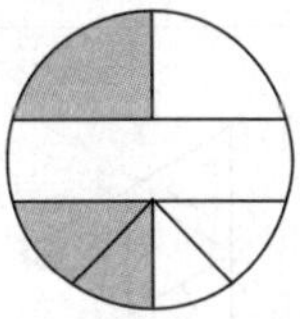

31.

① 
② 
③ 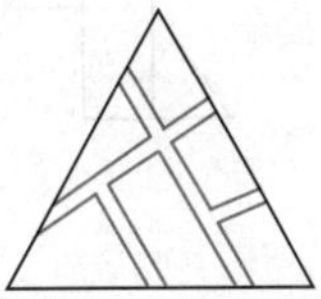
④ 

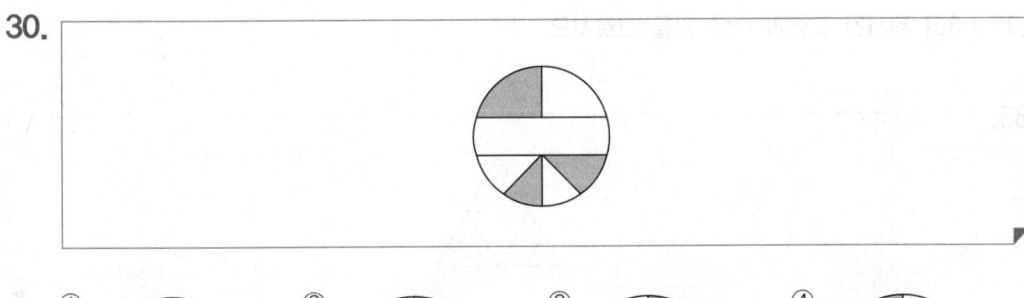

32. 다음 중 모양이 나머지와 다른 것은?

① 
② 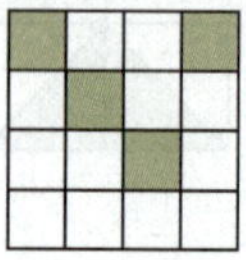
③ 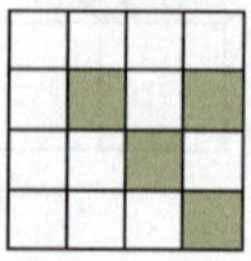
④ 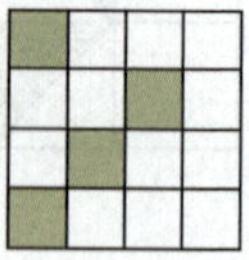

[33 ~ 35] 제시된 도형과 다른 것을 고르시오.

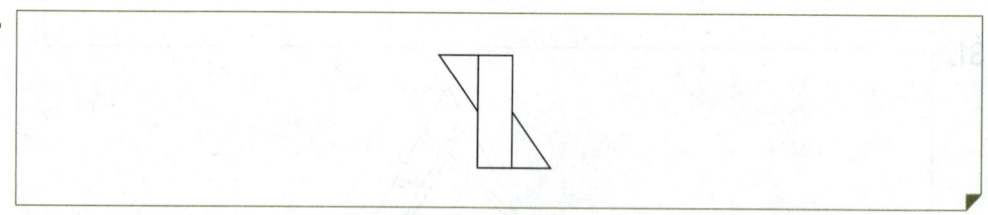

33.

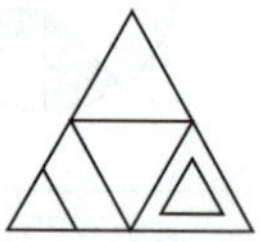

① 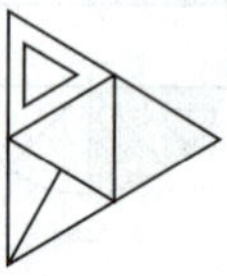
② 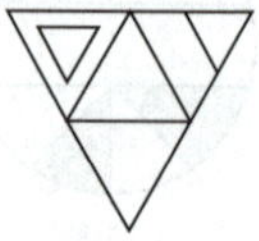
③ 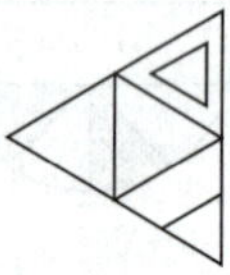
④ 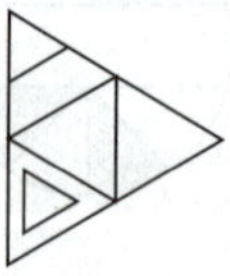

34.

① 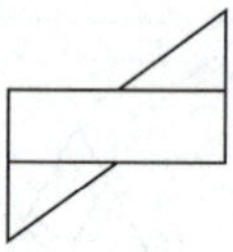
② 
③ 
④ 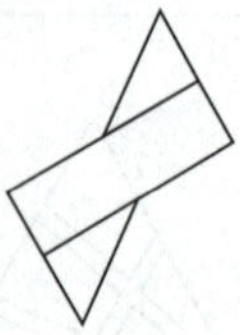

35.

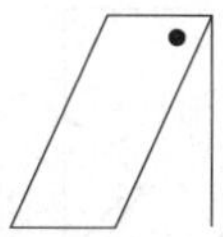

① 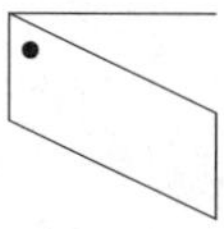 ② 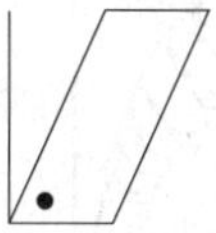 ③ 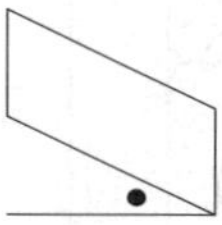 ④ 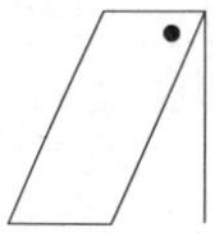

[36 ~ 40] 제시된 그림의 조각을 순서대로 올바르게 배열한 것을 고르시오.

36.

(가) (나) (다) (라)

① (가)－(나)－(다)－(라)
② (가)－(다)－(나)－(라)
③ (라)－(나)－(다)－(가)
④ (라)－(다)－(나)－(가)

37.

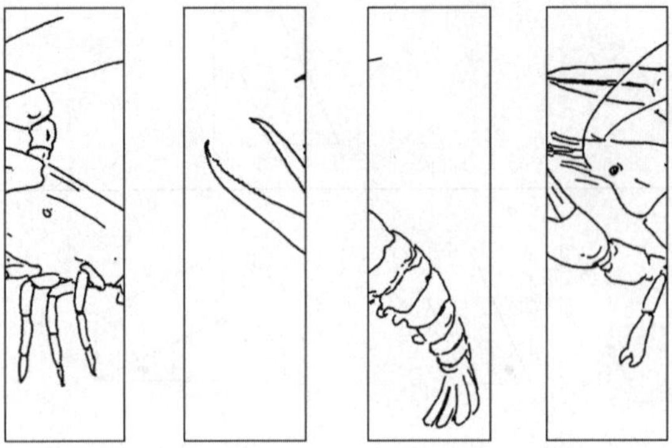

(가) (나) (다) (라)

① (나)－(가)－(라)－(다)

② (나)－(라)－(가)－(다)

③ (다)－(가)－(라)－(나)

④ (다)－(라)－(가)－(나)

38.

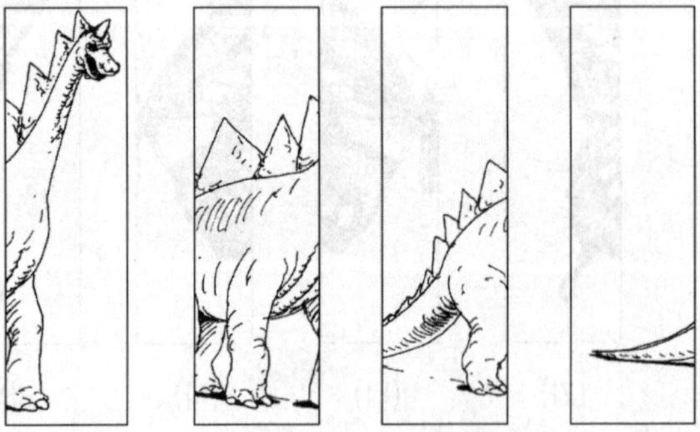

(가) (나) (다) (라)

① (가)－(나)－(다)－(라)

② (가)－(다)－(나)－(라)

③ (라)－(나)－(다)－(가)

④ (라)－(다)－(나)－(가)

39.

(가) (나) (다) (라)

① (가)-(나)-(다)-(라) ② (가)-(다)-(나)-(라)
③ (라)-(나)-(다)-(가) ④ (라)-(다)-(나)-(가)

40.

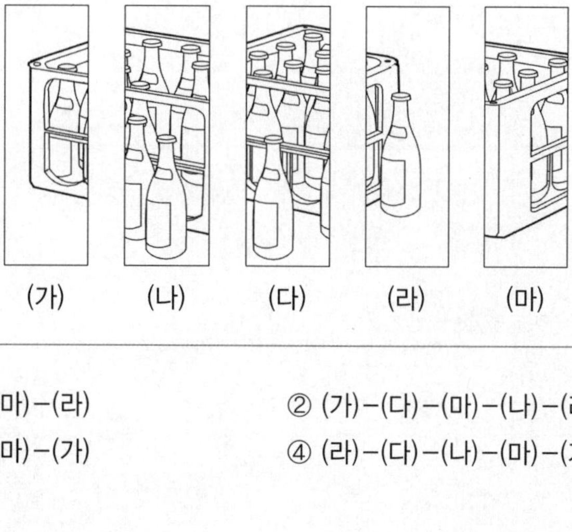

(가) (나) (다) (라) (마)

① (가)-(다)-(나)-(마)-(라) ② (가)-(다)-(마)-(나)-(라)
③ (라)-(나)-(다)-(마)-(가) ④ (라)-(다)-(나)-(마)-(가)

고시넷 삼성 온라인 GSAT 5급 고졸 직무적성검사 최신기출유형모의고사

삼성 온라인 GSAT 5급 고졸 직무적성검사

파트 3 인성검사

01 인성검사의 이해

1 인성검사, 왜 필요한가?

채용기업은 지원자가 '직무적합성'을 지닌 사람인지를 인성검사와 직무적성검사를 통해 판단한다. 인성검사에서 말하는 인성(人性)이란 그 사람의 성품, 즉 각 개인이 가지는 사고와 태도 및 행동 특성을 의미한다. 인성은 사람의 생김새처럼 사람마다 다르기 때문에 몇 가지 유형으로 분류하고 이에 맞추어 판단한다는 것 자체가 억지스럽고 어불성설일지 모른다. 그럼에도 불구하고 기업들의 입장에서는 입사를 희망하는 사람이 어떤 성품을 가졌는지에 대한 정보가 필요하다. 그래야 해당 기업의 인재상에 적합하고 담당할 업무에 적격한 인재를 채용할 수 있기 때문이다.

지원자의 성격이 외향적인지 아니면 내향적인지, 어떤 직무와 어울리는지, 조직에서 다른 사람과 원만하게 생활할 수 있는지, 업무 수행 중 문제가 생겼을 때 어떻게 대처하고 해결할 수 있는지에 대한 전반적인 개성은 자기소개서를 통해서나 면접을 통해서도 어느 정도 파악할 수 있다. 그러나 이것들만으로 인성을 충분히 파악할 수 없기 때문에 객관화되고 정형화된 인성검사로 지원자의 성격을 판단하고 있다.

채용기업은 필기시험을 높은 점수로 통과한 지원자라 하더라도 해당 기업과 거리가 있는 성품을 가졌다면 탈락시키게 된다. 일반적으로 필기시험 통과자 중 인성검사로 탈락하는 비율이 10% 내외가 된다고 알려져 있다. 물론 인성검사를 탈락하였다 하더라도 특별히 인성에 문제가 있는 사람이 아니라면 절망할 필요는 없다. 자신을 되돌아보고 다음 기회를 대비하면 되기 때문이다. 탈락한 기업이 원하는 인재상이 아니었다면 맞는 기업을 찾으면 되고, 경쟁자가 많았기 때문이라면 자신을 다듬어 경쟁력을 높이면 될 것이다.

2 인성검사의 특징

대다수의 채용기업은 인재개발 및 인적자원을 연구하는 한국행동과학연구소(KIRBS), 에스에이치알(SHR), 한국사회적성개발원(KSAD), 한국인재개발진흥원(KPDI) 등 전문기관에 인성검사를 의뢰하고 있다.

이 기관들의 인성검사 개발 목적은 비슷하지만 기관마다 검사 유형이나 평가 척도는 약간의 차이가 있다. 또 지원하는 기업이 어느 기관에서 개발한 검사지로 인성검사를 시행하는지는 사전에 알 수 없다. 그렇지만 공통으로 적용하는 척도와 기준에 따라 구성된 여러 형태의 인성검사지로 사전 테스트를 해 보고 자신의 인성이 어떻게 평가되는가를 미리 알아보는 것은 가능하다.

인성검사는 필기시험 당일 직무능력평가와 함께 실시하는 경우와 직무능력평가 합격자에 한하여 면접과 함께 실시하는 경우가 있다. 인성검사의 문항은 100문항 내외에서부터 최대 500문항까지 다양하다. 인성검사에 주어지는 시간은 문항 수에 비례하여 30 ~ 100분 정도가 된다.

문항 자체는 단순한 질문으로 어려울 것은 없지만 제시된 상황에서 본인의 행동을 정하는 것이 쉽지만은 않다. 문항 수가 많을 경우 이에 비례하여 시간도 길게 주어지지만 단순하고 유사하며 반복되는 질문에 방심하여 집중하지 못하고 실수하는 경우가 있으므로 컨디션 관리와 집중력 유지에 노력하여야 한다. 특히 같거나 유사한 물음에 다른 답을 하는 경우가 가장 위험하다.

3 인성검사 척도 및 구성

1 미네소타 다면적 인성검사(MMPI)

MMPI(Minnesota Multiphasic Personality Inventory)는 1943년 미국 미네소타 대학교수인 해서웨이와 매킨리가 개발한 대표적인 자기 보고형 성향 검사로서 오늘날 가장 대표적으로 사용되는 객관적 심리검사 중 하나이다. MMPI는 약 550여 개의 문항으로 구성되며 각 문항을 읽고 '예(YES)' 또는 '아니오(NO)'로 대답하게 되어 있다.

MMPI는 4개의 타당도 척도와 10개의 임상척도로 구분된다. 500개가 넘는 문항들 중 중복되는 문항들이 포함되어 있는데 내용이 똑같은 문항도 10문항 이상 포함되어 있다. 이 반복 문항들은 응시자가 얼마나 일관성 있게 검사에 임했는지를 판단하는 지표로 사용된다.

구분	척도명	약자	주요 내용
타당도 척도 (바른 태도로 임했는지, 신뢰할 수 있는 결론인지 등을 판단)	무응답 척도 (Can not say)	?	응답하지 않은 문항과 복수로 답한 문항들의 총합으로 빠진 문항을 최소한으로 줄이는 것이 중요하다.
	허구 척도 (Lie)	L	자신을 좋은 사람으로 보이게 하려고 고의적으로 정직하지 못한 답을 판단하는 척도이다. 허구 척도가 높으면 장점까지 인정받지 못하는 결과가 발생한다.
	신뢰 척도 (Frequency)	F	검사 문항에 빗나간 답을 한 경향을 평가하는 척도로 정상적인 집단의 10% 이하의 응답을 기준으로 일반적인 경향과 다른 정도를 측정한다.
	교정 척도 (Defensiveness)	K	정신적 장애가 있음에도 다른 척도에서 정상적인 면을 보이는 사람을 구별하는 척도로 허구 척도보다 높은 고차원으로 거짓 응답을 하는 경향이 나타난다.
임상척도 (정상적 행동과 그렇지 않은 행동의 종류를 구분하는 척도로, 척도마다 다른 기준으로 점수가 매겨짐)	건강염려증 (Hypochondriasis)	Hs	신체에 대한 지나친 집착이나 신경질적 혹은 병적 불안을 측정하는 척도로 이러한 건강염려증이 타인에게 어떤 영향을 미치는지도 측정한다.
	우울증 (Depression)	D	슬픔 · 비관 정도를 측정하는 척도로 타인과의 관계 또는 본인 상태에 대한 주관적 감정을 나타낸다.
	히스테리 (Hysteria)	Hy	갈등을 부정하는 정도를 측정하는 척도로 신체 증상을 호소하는 경우와 적대감을 부인하며 우회적인 방식으로 드러내는 경우 등이 있다.
	반사회성 (Psychopathic Deviate)	Pd	가정 및 사회에 대한 불신과 불만을 측정하는 척도로 비도덕적 혹은 반사회적 성향 등을 판단한다.
	남성-여성특성 (Masculinity-Feminity)	Mf	남녀가 보이는 흥미와 취향, 적극성과 수동성 등을 측정하는 척도로 성에 따른 유연한 사고와 융통성 등을 평가한다.

	편집증 (Paranoia)	Pa	과대 망상, 피해 망상, 의심 등 편집증에 대한 정도를 측정하는 척도로 열등감, 비사교적 행동, 타인에 대한 불만과 같은 내용을 질문한다.
	강박증 (Psychasthenia)	Pt	과대 근심, 강박관념, 죄책감, 공포, 불안감, 정리정돈 등을 측정하는 척도로 만성 불안 등을 나타낸다.
	정신분열증 (Schizophrenia)	Sc	정신적 혼란을 측정하는 척도로 자폐적 성향이나 타인과의 감정 교류, 충동 억제불능, 성적 관심, 사회적 고립 등을 평가한다.
	경조증 (Hypomania)	Ma	정신적 에너지를 측정하는 척도로 생각의 다양성 및 과장성, 행동의 불안정성, 흥분성 등을 나타낸다.
	사회적 내향성 (Social introversion)	Si	대인관계 기피, 사회적 접촉 회피, 비사회성 등의 요인을 측정하는 척도로 외향성 및 내향성을 구분한다.

2 캘리포니아 성격검사(CPI)

CPI(California Psychological Inventory)는 캘리포니아 대학의 연구팀이 개발한 성격검사로 MMPI와 함께 세계에서 가장 널리 사용되고 있는 인성검사 툴이다. CPI는 다양한 인성 요인을 통해 지원자가 답변한 응답 왜곡 가능성, 조직 역량 등을 측정한다. MMPI가 주로 정서적 측면을 진단하는 특징을 보인다면, CPI는 정상적인 사람의 심리적 특성을 주로 진단한다.

CPI는 약 480개 문항으로 구성되어 있으며 다음과 같은 18개의 척도로 구분된다.

구분	척도명	주요 내용
제1군 척도 (대인관계 적절성 측정)	지배성(Do)	리더십, 통솔력, 대인관계에서의 주도권을 측정한다.
	지위능력성(Cs)	내부에 잠재되어 있는 내적 포부, 자기 확신 등을 측정한다.
	사교성(Sy)	참여 기질이 활달한 사람과 그렇지 않은 사람을 구분한다.
	사회적 자발성(Sp)	사회 안에서의 안정감, 자발성, 사교성 등을 측정한다.
	자기 수용성(Sa)	개인적 가치관, 자기 확신, 자기 수용력 등을 측정한다.
	행복감(Wb)	생활의 만족감, 행복감을 측정하며 긍정적인 사람으로 보이고자 거짓 응답하는 사람을 구분하는 용도로도 사용된다.
제2군 척도 (성격과 사회화, 책임감 측정)	책임감(Re)	법과 질서에 대한 양심, 책임감, 신뢰성 등을 측정한다.
	사회성(So)	가치 내면화 정도, 사회 이탈 행동 가능성 등을 측정한다.
	자기 통제성(Sc)	자기조절, 자기통제의 적절성, 충동 억제력 등을 측정한다.
	관용성(To)	사회적 신념, 편견과 고정관념 등에 대한 태도를 측정한다.
	호감성(Gi)	타인이 자신을 어떻게 보는지에 대한 민감도를 측정하며, 좋은 사람으로 보이고자 거짓으로 응답하는 사람을 구분한다.
	임의성(Cm)	사회에 보수적 태도를 보이고 생각 없이 적당히 응답한 사람을 판단하는 척도로 사용된다.

제3군 척도 (인지적, 학업적 특성 측정)	순응적 성취(Ac)	성취동기, 내면의 인식, 조직 내 성취 욕구 등을 측정한다.
	독립적 성취(Ai)	독립적 사고, 창의성, 자기실현을 위한 능력 등을 측정한다.
	지적 효율성(Le)	지적 능률, 지능과 연관이 있는 성격 특성 등을 측정한다.
제4군 척도 (제1~3군과 무관한 척도의 혼합)	심리적 예민성(Py)	타인의 감정 및 경험에 대해 공감하는 정도를 측정한다.
	융통성(Fx)	개인적 사고와 사회적 행동에 대한 유연성을 측정한다.
	여향성(Fe)	남녀 비교에 따른 흥미의 남향성 및 여향성을 측정한다.

3 SHL 직업성격검사(OPQ)

OPQ(Occupational Personality Questionnaire)는 세계적으로 많은 외국 기업에서 널리 사용하는 CEB사의 SHL 직무능력검사에 포함된 직업성격검사이다. 4개의 질문이 한 세트로 되어 있고 총 68세트 정도 출제되고 있다. 4개의 질문 안에서 '자기에게 가장 잘 맞는 것'과 '자기에게 가장 맞지 않는 것'을 1개씩 골라 '예', '아니오'로 체크하는 방식이다. 단순하게 모든 척도가 높다고 좋은 것은 아니며, 척도가 낮은 편이 좋은 경우도 있다.

기업에 따라 척도의 평가 기준은 다르다. 희망하는 기업의 특성을 연구하고, 채용 기준을 예측하는 것이 중요하다.

척도	내용	질문 예
설득력	사람을 설득하는 것을 좋아하는 경향	– 새로운 것을 사람에게 권하는 것을 잘한다. – 교섭하는 것에 걱정이 없다. – 기획하고 판매하는 것에 자신이 있다.
지도력	사람을 지도하는 것을 좋아하는 경향	– 사람을 다루는 것을 잘한다. – 팀을 아우르는 것을 잘한다. – 사람에게 지시하는 것을 잘한다.
독자성	다른 사람의 영향을 받지 않고, 스스로 생각해서 행동하는 것을 좋아하는 경향	– 모든 것을 자신의 생각대로 하는 편이다. – 주변의 평가는 신경 쓰지 않는다. – 유혹에 강한 편이다.
외향성	외향적이고 사교적인 경향	– 다른 사람의 주목을 끄는 것을 좋아한다. – 사람들이 모인 곳에서 중심이 되는 편이다. – 담소를 나눌 때 주변을 즐겁게 해 준다.
우호성	친구가 많고, 대세의 사람이 되는 것을 좋아하는 경향	– 친구와 함께 있는 것을 좋아한다. – 무엇이라도 얘기할 수 있는 친구가 많다. – 친구와 함께 무언가를 하는 것이 많다.
사회성	세상 물정에 밝고 사람 앞에서도 낯을 가리지 않는 성격	– 자신감이 있고 유쾌하게 발표할 수 있다. – 공적인 곳에서 인사하는 것을 잘한다. – 사람들 앞에서 발표하는 것이 어렵지 않다.

겸손성	사람에 대해서 겸손하게 행동하고 누구라도 똑같이 사귀는 경향	– 자신의 성과를 그다지 내세우지 않는다. – 절제를 잘하는 편이다. – 사회적인 지위에 무관심하다.
협의성	사람들에게 의견을 물으면서 일을 진행하는 경향	– 사람들의 의견을 구하며 일하는 편이다. – 타인의 의견을 묻고 일을 진행시킨다. – 친구와 상담해서 계획을 세운다.
돌봄	측은해 하는 마음이 있고, 사람을 돌봐 주는 것을 좋아하는 경향	– 개인적인 상담에 친절하게 답해 준다. – 다른 사람의 상담을 진행하는 경우가 많다. – 후배의 어려움을 돌보는 것을 좋아한다.
구체적인 사물에 대한 관심	물건을 고치거나 만드는 것을 좋아하는 경향	– 고장 난 물건을 수리하는 것이 재미있다. – 상태가 안 좋은 기계도 잘 사용한다. – 말하기보다는 행동하기를 좋아한다.
데이터에 대한 관심	데이터를 정리해서 생각하는 것을 좋아하는 경향	– 통계 등의 데이터를 분석하는 것을 좋아한다. – 표를 만들거나 정리하는 것을 좋아한다. – 숫자를 다루는 것을 좋아한다.
미적가치에 대한 관심	미적인 것이나 예술적인 것을 좋아하는 경향	– 디자인에 관심이 있다. – 미술이나 음악을 좋아한다. – 미적인 감각에 자신이 있다.
인간에 대한 관심	사람의 행동에 동기나 배경을 분석하는 것을 좋아하는 경향	– 다른 사람을 분석하는 편이다. – 타인의 행동을 보면 동기를 알 수 있다. – 다른 사람의 행동을 잘 관찰한다.
정통성	이미 있는 가치관을 소중히 여기고, 익숙한 방법으로 사물을 대하는 것을 좋아하는 경향	– 실적이 보장되는 확실한 방법을 취한다. – 낡은 가치관을 존중하는 편이다. – 보수적인 편이다.
변화 지향	변화를 추구하고, 변화를 받아들이는 것을 좋아하는 경향	– 새로운 것을 하는 것을 좋아한다. – 해외여행을 좋아한다. – 경험이 없더라도 시도해 보는 것을 좋아한다.
개념성	지식에 대한 욕구가 있고, 논리적으로 생각하는 것을 좋아하는 경향	– 개념적인 사고가 가능하다. – 분석적인 사고를 좋아한다. – 순서를 만들고 단계에 따라 생각한다.
창조성	새로운 분야에 대한 공부를 하는 것을 좋아하는 경향	– 새로운 것을 추구한다. – 독창성이 있다. – 신선한 아이디어를 낸다.
계획성	앞을 생각해서 사물을 예상하고, 계획적으로 실행하는 것을 좋아하는 경향	– 과거를 돌이켜보며 계획을 세운다. – 앞날을 예상하며 행동한다. – 실수를 돌아보며 대책을 강구하는 편이다.

치밀함	정확한 순서를 세워 진행하는 것을 좋아하는 경향	– 사소한 실수는 거의 하지 않는다. – 정확하게 요구되는 것을 좋아한다. – 사소한 것에도 주의하는 편이다.
꼼꼼함	어떤 일이든 마지막까지 꼼꼼하게 마무리 짓는 경향	– 맡은 일을 마지막까지 해결한다. – 마감 시한은 반드시 지킨다. – 시작한 일은 중간에 그만두지 않는다.
여유	평소에 릴랙스하고 스트레스에 잘 대처하는 경향	– 감정의 회복이 빠르다. – 분별없이 함부로 행동하지 않는다. – 스트레스에 잘 대처한다.
근심 · 걱정	어떤 일이 잘 진행되지 않으면 불안을 느끼고, 중요한 일을 앞두면 긴장하는 경향	– 예정대로 잘되지 않으면 근심 · 걱정이 많다. – 신경 쓰이는 일이 있으면 불안하다. – 중요한 만남 전에는 기분이 편하지 않다.
호방함	사람들이 자신을 어떻게 생각하는지를 신경 쓰지 않는 경향	– 사람들이 자신을 어떻게 생각하는지 그다지 신경 쓰지 않는다. – 상처받아도 동요하지 않고 아무렇지 않은 태도를 취한다. – 사람들의 비판에 크게 영향받지 않는다.
억제력	감정을 표현하지 않는 경향	– 쉽게 감정적으로 되지 않는다. – 분노를 억누른다. – 격분하지 않는다.
낙관적	사물을 낙관적으로 보는 경향	– 낙관적으로 생각하고 일을 진행시킨다. – 문제가 일어나도 낙관적으로 생각한다.
비판적	비판적으로 사물을 생각하고, 이론 · 문장 등의 오류에 신경 쓰는 경향	– 이론의 모순을 찾아낸다. – 계획이 갖춰지지 않은 것이 신경 쓰인다. – 누구도 신경 쓰지 않는 오류를 찾아낸다.
행동력	운동을 좋아하고 민첩하게 행동하는 경향	– 동작이 날렵하다. – 여가를 활동적으로 보낸다. – 몸을 움직이는 것을 좋아한다.
경쟁성	지는 것을 싫어하는 경향	– 승부를 겨루게 되면 지는 것을 싫어한다. – 상대를 이기는 것을 좋아한다. – 싸워 보지 않고 포기하는 것을 싫어한다.
출세 지향	출세하는 것을 중요하게 생각하고, 야심적인 목표를 향해 노력하는 경향	– 출세 지향적인 성격이다. – 곤란한 목표도 달성할 수 있다. – 실력으로 평가받는 사회가 좋다.
결단력	빠르게 판단하는 경향	– 답을 빠르게 찾아낸다. – 문제에 대한 빠른 상황 파악이 가능하다. – 위험을 감수하고도 결단을 내리는 편이다.

4 인성검사 합격 전략

1 포장하지 않은 솔직한 답변

"다른 사람을 험담한 적이 한 번도 없다.", "물건을 훔치고 싶다고 생각해 본 적이 없다."

이 질문에 당신은 '그렇다', '아니다' 중 무엇을 선택할 것인가? 채용기업이 인성검사를 실시하는 가장 큰 이유는 '이 사람이 어떤 성향을 가진 사람인가'를 효율적으로 파악하기 위해서이다.

인성검사는 도덕적 가치가 빼어나게 높은 사람을 판별하려는 것도 아니고, 성인군자를 가려내기 위함도 아니다. 인간의 보편적 성향과 상식적 사고를 고려할 때, 도덕적 질문에 지나치게 겸손한 답변을 체크하면 오히려 솔직하지 못한 것으로 간주되거나 인성을 제대로 판단하지 못해 무효 처리가 되기도 한다. 자신의 성격을 포장하여 작위적인 답변을 하지 않도록 솔직하게 임하는 것이 예기치 않은 결과를 피하는 첫 번째 전략이 된다.

2 필터링 함정을 피하고 일관성 유지

앞서 강조한 솔직함은 일관성과 연결된다. 인성검사를 구성하는 많은 척도는 여러 형태의 문장 속에 동일한 요소를 적용해 반복되기도 한다. 예컨대 '나는 매우 활동적인 사람이다'와 '나는 운동을 매우 좋아한다'라는 질문에 '그렇다'고 체크한 사람이 '휴일에는 집에서 조용히 쉬며 독서하는 것이 좋다'에도 '그렇다'고 체크한다면 일관성이 없다고 평가될 수 있다.

그러나 일관성 있는 답변에만 매달리면 '이 사람이 같은 답변만 체크하기 위해 이 부분만 신경 썼구나'하는 필터링 함정에 빠질 수도 있다. 비슷하게 보이는 문장이 무조건 같은 내용이라고 판단하여 똑같이 답하는 것도 주의해야 한다. 일관성보다 중요한 것은 솔직함이다. 솔직함이 전제되지 않은 일관성은 허위 척도 필터링에서 드러나게 되어 있다. 유사한 질문의 응답이 터무니없이 다르거나 양극단에 치우치지 않는 정도라면 약간의 차이는 크게 문제되지 않는다. 중요한 것은 솔직함과 일관성이 하나의 연장선에 있다는 점을 명심하자.

3 지원한 직무와 연관성을 고려

다양한 분야의 많은 계열사와 큰 조직을 통솔하는 대기업은 여러 사람이 조직적으로 움직이는 만큼 각 직무에 걸맞은 능력을 갖춘 인재가 필요하다. 그래서 기업은 매년 신규채용으로 입사한 신입사원들의 젊은 패기와 참신한 능력을 성장 동력으로 활용한다.

기업은 사교성 있고 활달한 사람만을 원하지 않는다. 해당 직군과 직무에 따라 필요로 하는 사원의 능력과 개성이 다르기 때문에, 지원자가 희망하는 계열사나 부서의 직무가 무엇인지 제대로 파악하여 자신의 성향과 맞는지에 대한 고민은 반드시 필요하다. 같은 질문이라도 기업이 원하는 인재상이나 부서의 직무에 따라 판단 척도가 달라질 수 있다.

4 평상심 유지와 컨디션 관리

역시 솔직함과 연결된 내용이다. 한 질문에 오래 고민하고 신경 쓰면 불필요한 생각이 개입될 소지가 크다. 이는 직관을 떠나 이성적 판단에 따라 포장할 위험이 높아진다는 뜻이기도 하다. 긴 시간 생각하지 말고 자신의 평상시 생각과 감정대로 답하는 것이 중요하며, 가능한 건너뛰지 말고 모든 질문에 답하도록 한다. 300 ~ 400개 정도 문항을 출제하는 기업이 많기 때문에, 끝까지 집중하여 임하는 것이 중요하다.

특히 적성검사와 같은 날 실시하는 경우, 적성검사를 마친 후 연이어 보기 때문에 신체적 · 정신적으로 피로한 상태에서 자세가 흐트러질 수도 있다. 따라서 컨디션을 유지하면서 문항당 7 ~ 10초 이상 쓰지 않고, 문항 수가 많을 때는 답안지에 바로 바로 표기하도록 하자.

02 인성검사 연습

1 인성검사 출제유형

인성검사는 기업이 추구하는 '따뜻한, 신뢰받는, 창조적인, 협력하는'이라는 내부 기준에 따라 적합한 인재를 찾기 위해 가치관과 태도를 측정하는 것이다. 응시자 개인의 사고와 태도 · 행동 특성 및 유사 질문의 반복을 통해 거짓말 척도 등으로 기업의 인재상에 적합한지를 판단하므로 특별하게 정해진 답은 없다.

다음에 제시할 인성검사는 삼성그룹 인성검사 출제 유형을 연습하기 위한 것으로 실제 문항 수나 제한시간과는 차이가 있을 수 있다. 하지만 출제 유형을 미리 알면 대비하기가 쉬워지므로 다양한 질문의 인성검사 유형을 파악하는 것이 좋다. 인성검사는 지원자 개인의 사고와 가치관 등을 판단하기 위한 것이므로 다양한 질문들로 구성되기 때문이다.

2 문항 군 개별 항목 체크

1 100개 내외의 문항 군으로 구성된 검사지에 자신에게 해당되는 '① 매우 그렇다 ② 그렇다 ③ 그런 편이나 ④ 그렇지 않은 편이다 ⑤ 그렇지 않다 ⑥ 전혀 그렇지 않다'에 표시한다.

2 문항 수가 많으면 일관된 답변이 어려울 수도 있으므로 최대한 꾸밈없이 자신의 가치관과 신념을 바탕으로 솔직하게 답하도록 노력한다.

인성검사 Tip

1. 직관적으로 솔직하게 답한다.
2. 모든 문제를 신중하게 풀도록 한다.
3. 비교적 일관성을 유지할 수 있도록 한다.
4. 평소의 경험과 선호도를 자연스럽게 답한다.
5. 각 문항에 너무 골똘히 생각하거나 고민하지 않는다.
6. 지원한 분야와 나의 성격의 연관성을 미리 생각하고 분석해 본다.

3 모의 연습

| 01~100 | 모든 문항에는 옳고 그른 답이 없습니다. 다음 문항을 잘 읽고 ① ~ ⑥ 중 본인에게 해당되는 부분에 표시해 주십시오.

번호	문항	매우 그렇다	그렇다	그런 편이다	그렇지 않은 편이다	그렇지 않다	전혀 그렇지 않다
1	내가 한 행동이 가져올 결과를 잘 알고 있다.	①	②	③	④	⑤	⑥
2	다른 사람의 주장이나 의견이 어떤 맥락을 가지고 있는지 생각해 본다.	①	②	③	④	⑤	⑥
3	나는 어려운 문제를 보면 반드시 그것을 해결해야 직성이 풀린다.	①	②	③	④	⑤	⑥
4	시험시간이 끝나면 곧바로 정답을 확인해 보는 편이다.	①	②	③	④	⑤	⑥
5	물건을 구매할 때 가격 정보부터 찾는 편이다.	①	②	③	④	⑤	⑥
6	항상 일을 할 때 개선점을 찾으려고 한다.	①	②	③	④	⑤	⑥
7	사적인 스트레스로 일을 망치는 일은 없다.	①	②	③	④	⑤	⑥
8	일이 어떻게 진행되고 있는지 지속적으로 점검한다.	①	②	③	④	⑤	⑥
9	궁극적으로 내가 달성하고자 하는 것을 자주 생각한다.	①	②	③	④	⑤	⑥
10	막상 시험기간이 되면 계획대로 되지 않는다.	①	②	③	④	⑤	⑥
11	다른 사람에게 궁금한 것이 있어도 참는 편이다.	①	②	③	④	⑤	⑥
12	요리하는 TV프로그램을 즐겨 시청한다.	①	②	③	④	⑤	⑥
13	후회를 해 본 적이 없다.	①	②	③	④	⑤	⑥
14	스스로 계획한 일은 하나도 빠짐없이 실행한다.	①	②	③	④	⑤	⑥
15	낮보다 어두운 밤에 집중력이 좋다.	①	②	③	④	⑤	⑥
16	인내심을 가지고 일을 한다.	①	②	③	④	⑤	⑥
17	많은 생각을 필요로 하는 일에 더 적극적이다.	①	②	③	④	⑤	⑥
18	미래는 불확실하기 때문에 결과를 예측하는 것은 무의미하다.	①	②	③	④	⑤	⑥
19	매일 긍정적인 감정만 느낀다.	①	②	③	④	⑤	⑥
20	쉬는 날 가급적 집 밖으로 나가지 않는다.	①	②	③	④	⑤	⑥
21	나는 약속 시간을 잘 지킨다.	①	②	③	④	⑤	⑥
22	영화보다는 연극을 선호한다.	①	②	③	④	⑤	⑥

23	아무리 계획을 잘 세워도 결국 일정에 쫓기게 된다.	①	②	③	④	⑤	⑥
24	생소한 문제를 접하면 해결해 보고 싶다는 생각보다 귀찮다는 생각이 먼저 든다.	①	②	③	④	⑤	⑥
25	내가 한 일의 결과물을 구체적으로 상상해 본다.	①	②	③	④	⑤	⑥
26	새로운 것을 남들보다 빨리 받아들이는 편이다.	①	②	③	④	⑤	⑥
27	나는 친구들의 생일선물을 잘 챙겨 준다.	①	②	③	④	⑤	⑥
28	나를 알고 있는 모든 사람은 나에게 칭찬을 한다.	①	②	③	④	⑤	⑥
29	일을 할 때 필요한 나의 능력에 대해 정확하게 알고 있다.	①	②	③	④	⑤	⑥
30	나는 질문을 많이 하는 편이다.	①	②	③	④	⑤	⑥
31	가급적 여러 가지 대안을 고민하는 것이 좋다.	①	②	③	④	⑤	⑥
32	만일 일을 선택할 수 있다면 어려운 것보다 쉬운 것을 선택할 것이다.	①	②	③	④	⑤	⑥
33	나는 즉흥적으로 일을 한다.	①	②	③	④	⑤	⑥
34	배가 고픈 것을 잘 참지 못한다.	①	②	③	④	⑤	⑥
35	단순한 일보다는 생각을 많이 해야 하는 일을 선호한다.	①	②	③	④	⑤	⑥
36	갑작스럽게 힘든 일을 겪어도 스스로를 통제할 수 있다.	①	②	③	④	⑤	⑥
37	가능성이 낮다 하더라도 내가 믿는 것이 있으면 그것을 실현시키기 위해 노력할 것이다.	①	②	③	④	⑤	⑥
38	내가 잘하는 일과 못하는 일을 정확하게 알고 있다.	①	②	③	④	⑤	⑥
39	어떤 목표를 세울 것인가 보다 왜 그런 목표를 세웠는지가 더 중요하다.	①	②	③	④	⑤	⑥
40	나는 성인이 된 이후로 하루도 빠짐없이 똑같은 시간에 일어났다.	①	②	③	④	⑤	⑥
41	다른 사람들보다 새로운 것을 빠르게 습득하는 편이다.	①	②	③	④	⑤	⑥
42	나는 모르는 것이 있으면 수단과 방법을 가리지 않고 알아낸다.	①	②	③	④	⑤	⑥
43	내 삶을 향상시키기 위한 방법을 찾는다.	①	②	③	④	⑤	⑥
44	내 의견이 옳다는 생각이 들면 다른 사람과 잘 타협하지 못한다.	①	②	③	④	⑤	⑥
45	나는 집요한 사람이다.	①	②	③	④	⑤	⑥
46	가까운 사람과 사소한 일로 다투었을 때 먼저 화해를 청하는 편이다.	①	②	③	④	⑤	⑥

47	무엇인가를 반드시 성취해야 하는 것은 아니다.	①	②	③	④	⑤	⑥
48	일을 통해서 나의 지식과 기술을 후대에 기여하고 싶다.	①	②	③	④	⑤	⑥
49	내 의견을 이해하지 못하는 사람은 상대하지 않는다.	①	②	③	④	⑤	⑥
50	사회에서 인정받을 수 있는 사람이 되고 싶다.	①	②	③	④	⑤	⑥
51	착한 사람은 항상 손해를 보게 되어 있다.	①	②	③	④	⑤	⑥
52	내가 잘한 일은 남들이 꼭 알아줬으면 한다.	①	②	③	④	⑤	⑥
53	상황이 변해도 유연하게 대처한다.	①	②	③	④	⑤	⑥
54	나와 다른 의견도 끝까지 듣는다.	①	②	③	④	⑤	⑥
55	상황에 따라서는 거짓말도 필요하다.	①	②	③	④	⑤	⑥
56	평범한 사람이라고 생각한다.	①	②	③	④	⑤	⑥
57	남들이 실패한 일도 나는 해낼 수 있다.	①	②	③	④	⑤	⑥
58	남들보다 특별히 더 우월하다고 생각하지 않는다.	①	②	③	④	⑤	⑥
59	시비가 붙더라도 침착하게 대응한다.	①	②	③	④	⑤	⑥
60	화가 날수록 상대방에게 침착해지는 편이다.	①	②	③	④	⑤	⑥
61	세상은 착한 사람들에게 불리하다.	①	②	③	④	⑤	⑥
62	여러 사람과 이야기하는 것이 즐겁다.	①	②	③	④	⑤	⑥
63	다른 사람의 감정을 내 것처럼 느낀다.	①	②	③	④	⑤	⑥
64	내게 모욕을 준 사람들을 절대 잊지 않는다.	①	②	③	④	⑤	⑥
65	우리가 사는 세상은 살 만한 곳이라고 생각한다.	①	②	③	④	⑤	⑥
66	속이 거북할 정도로 많이 먹을 때가 있다.	①	②	③	④	⑤	⑥
67	마음속에 있는 것을 솔직하게 털어놓는 편이다.	①	②	③	④	⑤	⑥
68	일은 내 삶의 중심에 있다.	①	②	③	④	⑤	⑥
69	내가 열심히 노력한다고 해서 나의 주변 환경에 어떤 바람직한 변화가 일어나는 것은 아니다.	①	②	③	④	⑤	⑥
70	웬만한 일을 겪어도 마음의 평정을 유지하는 편이다.	①	②	③	④	⑤	⑥
71	사람들 앞에 서면 실수를 할까 걱정된다.	①	②	③	④	⑤	⑥
72	점이나 사주를 믿는 편이다.	①	②	③	④	⑤	⑥
73	화가 나면 언성이 높아진다.	①	②	③	④	⑤	⑥
74	차근차근 하나씩 일을 마무리한다.	①	②	③	④	⑤	⑥
75	어려운 목표라도 어떻게 해서든 실현 가능한 해결책을 만든다.	①	②	③	④	⑤	⑥
76	진행하던 일을 홧김에 그만둔 적이 있다.	①	②	③	④	⑤	⑥
77	사람을 차별하지 않는다.	①	②	③	④	⑤	⑥

78	창이 있는 레스토랑에 가면 창가에 자리를 잡는다.	①	②	③	④	⑤	⑥
79	다양한 분야에 관심이 있다.	①	②	③	④	⑤	⑥
80	무단횡단을 한 번도 해 본 적이 없다.	①	②	③	④	⑤	⑥
81	내 주위에서는 즐거운 일들이 자주 일어난다.	①	②	③	④	⑤	⑥
82	다른 사람의 행동을 내가 통제하고 싶다.	①	②	③	④	⑤	⑥
83	내 친구들은 은근히 뒤에서 나를 비웃는다.	①	②	③	④	⑤	⑥
84	아이디어를 적극적으로 제시한다.	①	②	③	④	⑤	⑥
85	규칙을 어기는 것도 필요할 때가 있다.	①	②	③	④	⑤	⑥
86	친구를 쉽게 사귄다.	①	②	③	④	⑤	⑥
87	내 분야에서 1등이 되어야 한다.	①	②	③	④	⑤	⑥
88	스트레스가 쌓이면 몸도 함께 아프다.	①	②	③	④	⑤	⑥
89	목표를 달성하기 위해서는 때로 편법이 필요할 때도 있다.	①	②	③	④	⑤	⑥
90	나는 보통 사람들보다 더 존경받을 만하다고 생각한다.	①	②	③	④	⑤	⑥
91	내 주위에는 나보다 잘난 사람들만 있는 것 같다.	①	②	③	④	⑤	⑥
92	나는 따뜻하고 부드러운 마음을 가지고 있다.	①	②	③	④	⑤	⑥
93	어떤 일에 실패했어도 반드시 다시 도전한다.	①	②	③	④	⑤	⑥
94	회의에 적극 참여한다.	①	②	③	④	⑤	⑥
95	나는 적응력이 뛰어나다.	①	②	③	④	⑤	⑥
96	서두르지 않고 순서대로 일을 마무리한다.	①	②	③	④	⑤	⑥
97	나는 실수에 대해 변명한 적이 없다.	①	②	③	④	⑤	⑥
98	나는 맡은 일은 책임지고 끝낸다.	①	②	③	④	⑤	⑥
99	나는 눈치가 빠르다.	①	②	③	④	⑤	⑥
100	나는 본 검사에 성실하게 응답하였다.	①	②	③	④	⑤	⑥

03 인성검사의 유형연습

※ 이는 삼성그룹 인성검사 유형을 보여 드리기 위한 것으로, 실제 문항 수 · 제한시간과는 차이가 있습니다.
※ 이 유형은 지원자 개인의 사고와 태도 · 행동 특성 및 유사 질문의 반복을 통한 거짓말 척도 등으로 인재상과의 적합성을 판단합니다. 따라서 특별하게 정해진 답은 없으며, 솔직하게 답하도록 합니다.

| 01~65 | 다음 각 문제를 읽고 당신의 성향을 기준으로 판단할 때 '① 전혀 그렇지 않다, ② 그렇지 않다, ③ 보통이다, ④ 매우 그렇다' 중 어디에 해당되는지를 선택하여 기입하시오.

01	나는 꽃가루 알레르기가 있다.	①	②	③	④
02	나는 언제나 활력이 넘친다.	①	②	③	④
03	나는 몸이 자주 나른하다.	①	②	③	④
04	나는 미국의 애플사가 삼성의 특허를 침해했다고 생각한다.	①	②	③	④
05	나는 앞으로 아이폰을 사용하지 않을 것이다.	①	②	③	④
06	나는 어떤 일을 거창하게 생각하는 편이다.	①	②	③	④
07	나는 혼자 살고 싶다고 생각할 때가 많다.	①	②	③	④
08	기업은 사회공헌에 힘써야 한다.	①	②	③	④
09	나는 남을 미워하거나 원망해 본 적이 없다.	①	②	③	④
10	나는 사람을 의심해 본 적이 없다.	①	②	③	④
11	삼성은 투명한 기업이다.	①	②	③	④
12	나는 조직적으로 행동하는 것을 좋아한다.	①	②	③	④

13	나는 논리가 뛰어나다는 말을 듣는 편이다.	①	②	③	④
14	나는 변덕이 심하다는 말을 듣는 편이다.	①	②	③	④
15	나는 거짓말을 해 본 적이 거의 없다.	①	②	③	④
16	나는 욕을 퍼붓고 싶을 때가 자주 있다.	①	②	③	④
17	나는 사소한 일에도 화를 내거나 흥분하는 경향이 있다.	①	②	③	④
18	나는 다른 사람들보다 고집이 센 편이다.	①	②	③	④
19	나는 도둑질을 해 본 적이 있다.	①	②	③	④
20	나는 주변에서 일어나는 일들에 민감한 편이다.	①	②	③	④
21	나는 가끔 끔찍한 일을 저지르고 싶다.	①	②	③	④
22	나는 내 주장을 펴지 않으면 손해를 본다고 생각한다.	①	②	③	④
23	나는 모르는 사람에게도 자신 있게 내 의견을 발표할 수 있다.	①	②	③	④
24	나는 남이 하는 말에 내 생각이나 결심을 바꾸는 일이 잦다.	①	②	③	④
25	나는 내 일을 별로 남과 상의하지 않는다.	①	②	③	④
26	나는 임기응변으로 대응하는 것을 잘한다.	①	②	③	④
27	나는 삼성 스마트폰이 가장 좋다고 생각한다.	①	②	③	④
28	나는 어떤 일에 대한 대가를 바라지 않는다.	①	②	③	④
29	나는 항상 새로운 일에 대한 호기심을 갖고 있다.	①	②	③	④

30	나는 어려운 일이 있어도 나 혼자 고민하고 결정한다.	①	②	③	④
31	나는 어떤 일이 생각대로 되지 않았을 때에도 긍정적으로 생각한다.	①	②	③	④
32	나는 언제나 일처리를 꼼꼼하게 한다.	①	②	③	④
33	나는 항상 자기계발을 위해 노력한다.	①	②	③	④
34	나는 융통성이 있는 편이다.	①	②	③	④
35	기업은 사회적 책임을 다해야 한다.	①	②	③	④
36	나는 높은 목표를 설정하여 수행하는 것이 좋다.	①	②	③	④
37	나는 다른 사람을 설득하는 데 자신이 있다.	①	②	③	④
38	나는 주변 사람들에게 독특한 사람으로 통한다.	①	②	③	④
39	나는 사람들의 부탁을 잘 거절하지 못한다.	①	②	③	④
40	나는 비판적인 상황에서도 감정을 잘 조절한다.	①	②	③	④
41	나는 약속은 반드시 지킨다.	①	②	③	④
42	나는 나의 판단에 확신이 있다.	①	②	③	④
43	나는 매뉴얼에 따라 착실하게 일을 한다.	①	②	③	④
44	나는 전통에 얽매일 필요는 없다고 생각한다.	①	②	③	④
45	우리 가정은 화목하지 않다.	①	②	③	④
46	나는 누구와도 금방 친해질 수 있다.	①	②	③	④
47	나는 행동하기 전에 다시 한 번 생각하는 일이 많다.	①	②	③	④
48	나는 거짓말을 자주 한다.	①	②	③	④

49	나는 배려심이 많다고 생각한다.	①	②	③	④
50	나는 타인의 감정에 민감하다.	①	②	③	④
51	나는 내향적이며 조용한 편이다.	①	②	③	④
52	나는 방식을 바꿔 보는 것을 좋아한다.	①	②	③	④
53	나는 가끔 끔찍한 일을 저지르고 싶다.	①	②	③	④
54	나는 규칙을 어겨서까지 남을 도울 필요는 없다고 생각한다.	①	②	③	④
55	나는 변화무쌍한 것에 매력을 느끼는 편이다.	①	②	③	④
56	나는 이성적이며 냉철한 편이다.	①	②	③	④
57	비리를 발견하면 회사를 위해 신고해야 한다.	①	②	③	④
58	나는 독창적인 방식을 생각하는 편이다.	①	②	③	④
59	나는 친절하다는 말을 듣는 편이다.	①	②	③	④
60	나는 처음 만나는 사람과 대화하기 위해서는 용기가 필요한 편이다.	①	②	③	④
61	나는 자원봉사 활동을 자주 해 왔다.	①	②	③	④
62	나는 한 번도 거짓말을 한 적이 없다.	①	②	③	④
63	나는 가족이 원망스러울 때가 있다.	①	②	③	④
64	나는 상대를 포용하는 능력이 뛰어나다.	①	②	③	④
65	때때로 홀로 여행을 떠나고 싶다.	①	②	③	④

04 U-K 검사(작업검사)

1 작업검사

일정한 조건 아래 단순한 작업을 시키고 나서 그 작업량의 유형으로 인격을 파악하려는 것으로서 실시가 간단하고 집단실시가 가능하며, 비언어적 과제를 사용하여 언어이해력을 필요로 하지 않는다는 장점이 있으나, 성격 전반에 대한 정보를 파악하는 데는 어려움이 있다. 작업검사에 의한 성격검사는 일정한 조건 아래 단순한 작업을 지시대로 하게 하여 그 결과를 분석함으로써 성격의 특성을 진단한다. 검사목적이 어디 있는지 수험자가 알아차리지 못하게 하기 때문에 심리학 분야에서는 위장검사라고도 한다.

U-K 검사는 작업검사의 대표적인 검사방법으로 원명은 우찌다-크레페린 정신작업검사이다. 크레페린 검사는 1902년 독일의 정신의학자 E.kraepelin이 제안하여 Specht, Grat 등에 의하여 연구되었으며 그 결과를 일본의 우찌다가 정상인에게 실험함으로써 인간의 정신적 특징을 규명하는 데 활용하였다.

2 U-K 검사

검사형식은 무작위로 선정한 한 자리 숫자를 옆으로 길게 늘어놓고 앞의 수와 바로 다음 수를 더하여 그 더한 수의 일의 자리 숫자를 지정된 곳에 기입해 나가는 것이다. 한 행에 배정된 시간은 1분이고, '시작'하는 신호와 동시에 첫 행의 왼쪽부터 차례로 더해 오른쪽으로 답을 써 나간다. '다음 줄'이란 신호가 있으면 첫 행을 모두 계산하지 못했더라도 그대로 두고 둘째 행을 시작한다. 중간에 휴식시간이 있고, 신호에 따라 작업을 다시 시작한 후 '끝'하는 신호가 있을 때까지 앞과 같이 검사를 시행하면 된다. 여러 가지 유형이 있으나 일반적으로 연습 2분, 전반 본검사 15분, 휴식 5분, 후반 본검사 15분의 형태로 실시된다.

검사가 끝나면 각 행의 계산이 끊긴 곳의 숫자를 연결하여 작업곡선을 만들어 정형화된 표준곡선과 수험자의 곡선을 비교하여 성격을 판정한다. 작업곡선은 일반적으로 다음과 같이 나타난다.

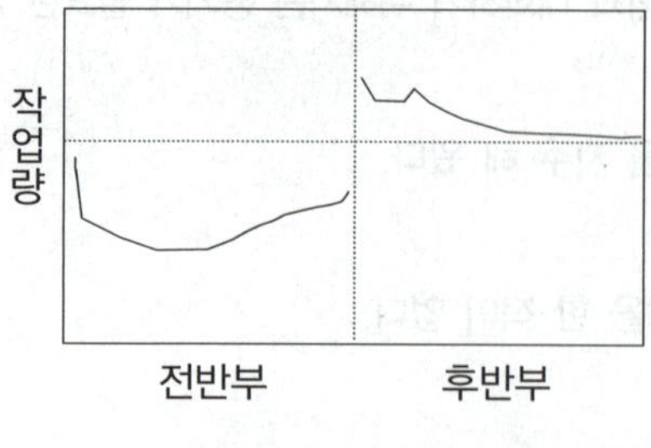

첫째, 전반부 · 후반부 모두 최초 1분간의 작업량이 가장 많다(초두효과).

둘째, 전반부에서는 2분 이후 작업이 저하해 가고 7 ~ 10분째 또다시 작업이 상승한다.

셋째, 후반부는 전반부보다 작업량은 많고(휴식효과), 후반부 곡선은 2분째 이후 하강하며 4 ~ 5분째에서 일시적으로 상승, 그 후에는 최후까지 하강해간다.

이에 대해 이상경향곡선은 다음과 같은 특징에 의해 나타난다.

첫째, 초두노력의 결여

둘째, 휴식효과의 결여

셋째, 작업량의 격렬한 동요

넷째, 작업량이 적고 급격한 하강의 외길을 헤맨다(긴장의 결여).

이러한 판정 외에도 계산착오의 수량을 따져 오류가 많을 경우에는 인격 이상 등으로 판정되기도 한다.

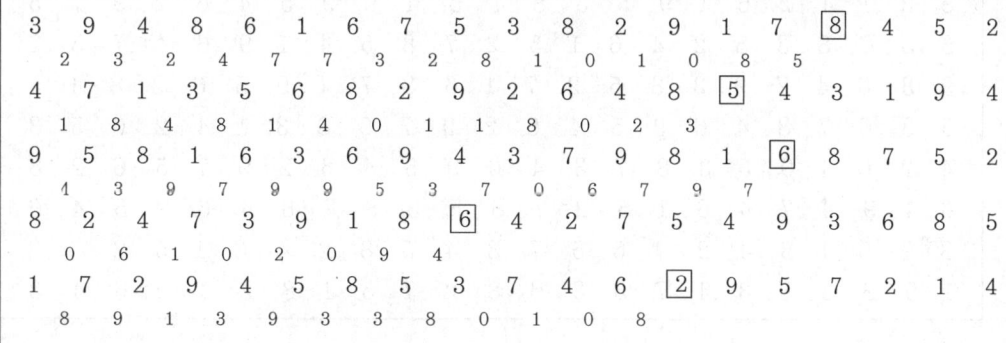

【U-K 검사의 예】

```
3 9 4 8 6 1 6 7 5 3 8 2 9 1 7 [8] 4 5 2
 2 3 2 4 7 7 3 2 8 1 0 1 0 8 5
4 7 1 3 5 6 8 2 9 2 6 4 8 [5] 4 3 1 9 4
 1 8 4 8 1 4 0 1 1 8 0 2 3
9 5 8 1 6 3 6 9 4 3 7 9 8 1 [6] 8 7 5 2
 4 3 9 7 9 9 5 3 7 0 6 7 9 7
8 2 4 7 3 9 1 8 [6] 4 2 7 5 4 9 3 6 8 5
 0 6 1 0 2 0 9 4
1 7 2 9 4 5 8 5 3 7 4 6 [2] 9 5 7 2 1 4
 8 9 1 3 9 3 3 8 0 1 0 8
```

계산법

```
3   9   4   8   6
  2   3   2   4
```

3 + 9 = 1②

9 + 4 = 1③

4 + 8 = 1②

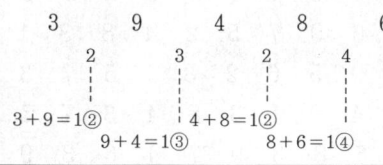

8 + 6 = 1④

3 모의 U-K 검사

1 검사 1

〈전반부〉

7	4	9	5	6	2	8	1	5	9	3	6	4	7	9	3	8	5	2	7	1	6	8
3	8	1	9	4	7	5	3	6	8	2	7	5	1	8	2	4	9	6	5	7	3	4
2	9	5	6	3	1	7	8	4	3	1	5	3	6	4	7	5	6	2	8	4	7	9
4	6	2	9	7	5	8	3	1	4	2	6	1	9	5	3	8	7	3	4	6	9	5
9	3	5	8	2	4	6	1	5	2	7	8	5	4	1	9	6	4	7	5	2	7	3
5	7	3	4	8	3	1	9	4	7	5	3	6	8	2	7	5	1	8	2	4	9	6
1	7	8	4	3	1	5	3	6	4	7	5	6	2	8	4	7	9	2	5	6	3	1
8	3	1	4	2	6	1	9	5	3	8	7	3	4	6	9	5	4	6	2	9	7	5
6	5	7	8	3	8	2	4	6	1	5	2	7	8	5	4	1	9	6	4	7	5	2
9	3	6	4	7	9	3	8	5	2	7	1	6	8	7	4	9	5	6	2	8	1	5
5	3	6	7	3	4	6	9	5	4	6	2	9	7	5	8	3	1	4	2	6	5	3
4	2	6	1	9	5	3	8	7	3	4	6	9	5	4	6	2	9	7	5	6	2	8
6	1	9	4	7	4	6	1	5	2	7	8	5	3	8	7	3	4	6	9	5	4	6
2	7	5	1	8	4	2	9	6	5	7	3	4	5	8	2	4	6	1	5	2	7	8
1	5	9	3	8	3	4	7	5	3	6	8	2	7	5	1	8	2	4	9	6	4	3

〈후반부〉

4	8	3	9	4	1	5	7	8	3	9	4	2	6	7	5	1	4	8	6	2	7	9
9	5	4	6	2	1	7	9	6	4	3	8	5	4	6	9	7	5	2	4	8	3	1
2	3	9	5	3	8	5	2	7	1	6	8	7	4	9	5	6	2	8	1	5	7	3
6	9	4	2	8	1	5	7	2	8	6	3	5	7	4	9	1	3	8	4	3	7	5
5	8	1	2	6	5	9	4	7	8	6	1	7	2	5	8	3	9	7	4	6	3	9
8	7	2	5	1	6	4	2	8	5	4	3	7	5	6	9	2	4	8	1	5	7	2
7	3	4	6	9	5	4	6	2	9	7	5	8	3	1	4	2	6	5	3	9	6	4
4	1	9	7	5	3	8	2	7	6	4	1	5	9	6	2	8	7	3	4	8	5	1
5	7	2	6	8	1	9	6	4	7	2	9	6	5	1	3	8	2	3	6	9	7	4
3	4	6	9	2	4	8	1	5	7	2	8	6	3	5	7	4	3	8	1	5	2	7
1	6	4	2	8	3	7	4	6	3	9	5	4	6	2	9	6	5	7	3	4	9	5
9	6	4	7	5	4	6	4	5	9	6	7	9	1	4	6	9	1	8	6	2	7	3
5	1	8	2	6	5	9	4	7	8	6	1	7	2	5	8	3	9	7	4	6	3	9
2	5	7	4	6	9	1	4	5	8	7	2	5	9	1	4	6	4	8	7	5	6	3
6	9	4	2	8	1	5	7	2	8	6	3	5	7	4	9	1	3	4	8	7	1	9

2 검사 2

〈전반부〉

2	5	8	3	9	7	4	6	3	9	7	1	6	8	7	4	9	5	6	2	8	1	5
3	9	7	4	6	3	9	8	5	2	7	5	1	8	2	6	5	9	4	7	8	6	1
5	8	3	1	4	2	6	5	3	7	9	2	6	4	5	9	6	4	3	7	6	3	5
3	7	6	3	5	4	9	6	1	8	9	2	1	5	4	6	3	2	7	5	1	8	6
4	9	3	6	5	8	4	1	5	7	3	8	2	4	9	1	6	3	5	1	8	7	2
2	4	9	8	4	1	5	7	9	1	4	6	7	2	8	4	5	2	7	6	3	1	6
7	9	2	5	7	4	2	1	9	7	3	6	9	1	7	2	6	4	5	8	1	7	3
1	5	7	2	5	8	9	3	6	4	7	9	3	1	6	8	7	4	9	5	6	2	8
8	5	6	3	9	4	2	4	9	1	6	7	6	3	7	9	1	2	4	7	5	6	4
6	2	9	7	4	1	5	8	7	4	9	1	3	6	5	7	8	3	9	2	4	1	6
1	5	6	9	2	7	4	6	7	9	1	4	6	9	1	8	5	4	1	9	6	4	7
9	7	6	8	7	2	8	5	1	8	2	4	9	4	7	3	9	8	6	2	1	5	4
8	6	1	7	2	5	8	3	9	7	4	6	3	9	5	1	8	2	6	5	9	4	7
2	9	7	4	8	2	6	5	7	4	8	5	1	7	6	9	3	7	4	8	5	1	6
3	8	1	6	7	4	9	3	2	8	5	1	4	7	3	6	4	7	9	3	8	5	2

〈후반부〉

7	6	7	1	9	4	2	8	3	7	5	1	4	8	5	2	7	9	2	6	4	3	9
4	9	1	8	6	3	5	7	9	2	4	8	2	6	4	9	3	8	7	5	1	6	2
6	4	5	9	6	4	3	7	8	3	5	8	7	2	5	1	6	4	7	4	9	1	6
8	7	2	5	1	6	4	2	8	3	8	7	5	6	2	5	7	4	6	9	1	4	5
5	1	3	4	8	7	1	3	6	5	9	2	9	7	4	8	2	6	5	7	4	6	3
3	4	6	9	4	2	8	1	5	7	2	8	6	3	5	7	4	3	8	3	9	5	1
8	3	4	6	9	7	1	2	6	4	5	9	1	3	8	4	2	5	7	9	6	4	5
9	4	7	5	3	6	8	2	7	5	1	8	2	4	9	6	5	7	3	4	8	3	1
4	2	6	5	3	9	6	4	1	3	8	5	7	9	2	6	4	5	9	6	4	3	7
1	4	6	7	2	8	3	5	7	9	1	4	1	5	8	4	3	7	8	2	6	9	5
4	3	1	9	4	7	5	3	6	8	2	7	5	1	8	2	4	9	6	9	1	7	8
7	6	9	5	4	6	4	5	7	4	6	9	3	7	2	6	8	1	9	6	4	1	9
5	1	8	3	4	7	5	3	6	8	2	7	5	1	8	4	2	9	6	4	3	7	2
2	7	1	6	8	7	4	9	5	6	2	8	1	5	9	3	6	4	7	9	3	8	5
6	4	9	2	7	4	8	5	3	7	1	9	2	6	8	3	7	5	1	9	2	6	4

3 검사 3

〈전반부〉

8	4	1	3	2	1	5	7	5	4	5	6	8	6	5	2	8	5	6	2	8	4	3
6	7	4	1	9	7	2	4	7	3	4	1	2	8	6	7	1	9	3	4	2	4	8
2	3	4	7	8	4	6	4	2	1	8	9	4	2	3	7	8	4	2	3	7	4	5
6	4	7	1	9	3	4	2	5	7	3	6	8	4	9	4	2	1	6	3	4	5	8
7	6	4	2	1	3	9	5	7	5	7	5	3	6	8	1	2	3	6	4	2	7	5
3	4	7	5	6	9	4	2	3	6	9	4	2	5	3	1	8	8	5	7	6	3	4
7	4	2	4	6	2	1	8	6	3	4	8	4	2	7	8	9	3	6	7	5	1	3
2	3	4	8	7	3	9	9	6	3	2	7	4	5	7	5	7	2	6	3	4	2	5
8	7	4	2	3	9	6	5	7	5	6	2	1	7	6	9	8	6	3	2	5	8	4
2	4	3	6	5	2	7	8	9	6	5	1	4	5	3	6	5	2	4	8	5	1	6
9	6	3	2	5	4	7	8	5	6	2	1	5	3	5	8	6	3	2	4	7	8	1
1	2	3	6	5	7	4	9	6	5	2	3	6	4	5	2	1	8	4	7	5	6	3
5	2	4	8	7	5	6	3	2	1	5	3	6	5	2	1	4	8	7	5	3	2	5
6	3	2	5	7	8	5	6	5	2	1	4	5	8	7	4	6	3	2	5	2	1	4
4	8	5	6	3	2	5	1	6	3	2	5	9	5	7	5	2	1	4	5	6	5	5

〈후반부〉

3	2	1	4	5	2	1	6	5	2	9	6	3	2	1	5	4	1	2	5	7	8	4
6	9	6	5	2	3	2	1	8	6	5	2	3	9	5	3	2	1	5	4	7	8	5
9	6	3	2	4	5	1	2	5	7	5	6	5	2	3	6	2	1	4	5	8	4	3
1	2	3	6	2	9	6	7	8	5	4	1	5	6	9	5	3	5	9	6	5	3	1
9	5	6	3	2	8	8	4	5	6	3	2	1	5	4	6	3	5	2	6	8	5	4
4	6	3	2	5	7	9	6	5	6	3	2	4	8	7	5	4	6	2	1	5	4	8
8	5	6	3	6	3	2	4	6	9	7	4	5	2	4	4	8	6	3	2	5	8	4
7	5	4	1	3	6	6	9	6	3	1	2	3	6	5	2	9	5	4	6	3	2	1
5	3	2	1	6	5	4	2	8	4	6	9	7	5	4	2	6	3	2	6	5	4	8
2	3	6	5	4	8	9	6	5	4	7	8	5	1	3	6	5	6	3	2	1	5	4
4	5	2	3	6	5	8	9	6	5	4	2	1	2	8	4	7	5	6	5	2	6	4
8	5	6	5	2	1	4	5	6	2	3	2	9	6	3	2	7	5	4	6	5	2	1
3	2	6	5	4	1	6	8	9	6	3	2	5	4	8	3	6	5	2	1	8	5	1
7	5	6	3	2	5	4	8	7	5	4	6	9	5	6	2	1	8	7	4	5	9	5
5	7	8	9	6	5	6	3	8	4	5	2	6	1	5	7	8	5	4	6	8	6	7

Memo

미래를 창조하기에 꿈만큼 좋은 것은 없다.
오늘의 유토피아가 내일 현실이 될 수 있다.

There is nothing like dream to create the future.
Utopia today, flesh and blood tomorrow.
빅토르 위고 Victor Hugo

고시넷 삼성 온라인 GSAT 5급 고졸 직무적성검사 최신기출유형모의고사

삼성 온라인 GSAT 5급 고졸 직무적성검사

파트 4 면접가이드

01 면접의 이해

※ 능력중심 채용에서는 타당도가 높은 구조화 면접을 적용한다.

1 면접이란?

일을 하는 데 필요한 능력(직무역량, 직무지식, 인재상 등)을 지원자가 보유하고 있는지를 다양한 면접기법을 활용하여 확인하는 절차이다. 자신의 환경, 성취, 관심사, 경험 등에 대해 이야기하여 본인이 적합하다는 것을 보여 줄 기회를 제공하고, 면접관은 평가에 필요한 정보를 수집하고 평가한다.

- 지원자의 태도, 적성, 능력에 대한 정보를 심층적으로 파악하기 위한 선발 방법
- 선발의 최종 의사결정에 주로 사용되는 선발 방법
- 전 세계적으로 선발에서 가장 많이 사용되는 핵심적이고 중요한 방법

2 면접의 특징

서류전형이나 직무적성검사에서 드러나지 않는 것들을 볼 수 있는 기회를 제공한다.

- 직무수행과 관련된 다양한 지원자 행동에 대한 관찰이 가능하다.
- 면접관이 알고자 하는 정보를 심층적으로 파악할 수 있다.
- 서류상의 미비한 사항과 의심스러운 부분을 확인할 수 있다.
- 커뮤니케이션, 대인관계행동 등 행동 · 언어적 정보도 얻을 수 있다.

3 면접의 평가요소

1 인재적합도

해당 기관이나 기업별 인재상에 대한 인성 평가

2 조직적합도

조직에 대한 이해와 관련 상황에 대한 평가

3 직무적합도

직무에 대한 지식과 기술, 태도에 대한 평가

4 면접의 유형

구조화된 정도에 따른 분류

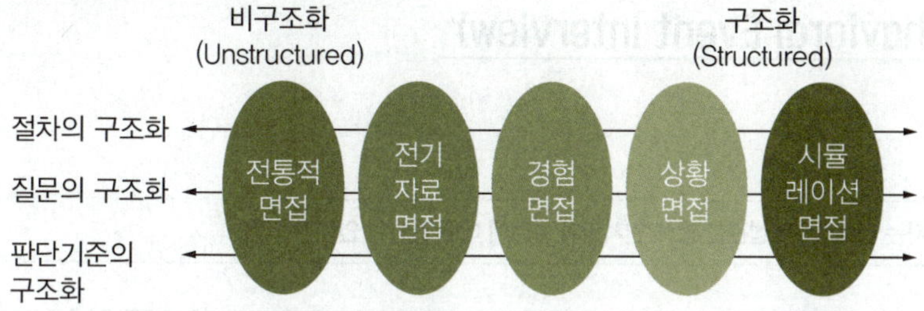

1 구조화 면접(Structured Interview)

사전에 계획을 세워 질문의 내용과 방법, 지원자의 답변 유형에 따른 추가 질문과 그에 대한 평가역량이 정해져 있는 면접 방식(표준화 면접)

- 표준화된 질문이나 평가요소가 면접 전 확정되며, 지원자는 편성된 조나 면접관에 영향을 받지 않고 동일한 질문과 시간을 부여받을 수 있음.
- 조직 또는 직무별로 주요하게 도출된 역량을 기반으로 평가요소가 구성되어, 조직 또는 직무에서 필요한 역량을 가진 지원자를 선발할 수 있음.
- 표준화된 형식을 사용하는 특성 때문에 비구조화 면접에 비해 신뢰성과 타당성, 객관성이 높음.

3 비구조화 면접(Unstructured Interview)

면접 계획을 세울 때 면접 목적만 명시하고 내용이나 방법은 면접관에게 전적으로 일임하는 방식(비표준화 면접)

- 표준화된 질문이나 평가요소 없이 면접이 진행되며, 편성된 조나 면접관에 따라 지원자에게 주어지는 질문이나 시간이 다름.
- 면접관의 주관적인 판단에 따라 평가가 이루어져 평가 오류가 빈번히 일어남.
- 상황 대처나 언변이 뛰어난 지원자에게 유리한 면접이 될 수 있음.

02 구조화 면접 기법

※ 능력중심 채용에서는 타당도가 높은 구조화 면접을 적용한다.

1 경험면접(Behavioral Event Interview)

면접 프로세스

안내 — 지원자는 입실 후, 면접관을 통해 인사말과 면접에 대한 간단한 안내를 받음.

질문 — 지원자는 면접관에게 평가요소(직업기초능력, 직무수행능력 등)와 관련된 주요 질문을 받게 되며, 질문에서 의도하는 평가요소를 고려하여 응답할 수 있도록 함.

세부질문
- 지원자가 응답한 내용을 토대로 해당 평가기준들을 충족시키는지 파악하기 위한 세부질문이 이루어짐.
- 구체적인 행동·생각 등에 대해 응답할수록 높은 점수를 얻을 수 있음.

- 방식
  해당 역량의 발휘가 요구되는 일반적인 상황을 제시하고, 그러한 상황에서 어떻게 행동했었는지(과거경험)를 이야기하도록 함.
- 판단기준
  해당 역량의 수준, 경험자체의 구체성, 진실성 등
- 특징
  추상적인 생각이나 의견 제시가 아닌 과거 경험 및 행동 중심의 질의가 이루어지므로 지원자는 사전에 본인의 과거 경험 및 사례를 정리하여 면접에 대비할 수 있음.
- 예시

지원분야		지원자		면접관	(인)
경영자원관리 조직이 보유한 인적자원을 효율적으로 활용하여, 조직 내 유·무형 자산 및 재무자원을 효율적으로 관리한다.					
주질문					
A. 어떤 과제를 처리할 때 기존에 팀이 사용했던 방식의 문제점을 찾아내 이를 보완하여 과제를 더욱 효율적으로 처리했던 경험에 대해 이야기해 주시기 바랍니다.					
세부질문					
[상황 및 과제] 사례와 관련해 당시 상황에 대해 이야기해 주시기 바랍니다. [역할] 당시 지원자께서 맡았던 역할은 무엇이었습니까? [행동] 사례와 관련해 구성원들의 설득을 이끌어 내기 위해 어떤 노력을 하였습니까? [결과] 결과는 어땠습니까?					

기대행동	평점
업무진행에 있어 한정된 자원을 효율적으로 활용한다.	① - ② - ③ - ④ - ⑤
구성원들의 능력과 성향을 파악해 효율적으로 업무를 배분한다.	① - ② - ③ - ④ - ⑤
효과적 인적/물적 자원관리를 통해 맡은 일을 무리 없이 잘 마무리한다.	① - ② - ③ - ④ - ⑤

척도해설

1 : 행동증거가 거의 드러나지 않음	2 : 행동증거가 미약하게 드러남	3 : 행동증거가 어느 정도 드러남	4 : 행동증거가 명확하게 드러남	5 : 뛰어난 수준의 행동증거가 드러남
관찰기록 :				
총평 :				

※ 실제 적용되는 평가지는 기업/기관마다 다름.

2 상황면접(Situational Interview)

면접 프로세스

안내 — 지원자는 입실 후, 면접관을 통해 인사말과 면접에 대한 간단한 안내를 받음.

질문
- 지원자는 상황질문지를 검토하거나 면접관을 통해 상황 및 질문을 제공받음.
- 면접관의 질문이나 질문지의 의도를 파악하여 응답할 수 있도록 함.

세부질문
- 지원자가 응답한 내용을 토대로 해당 평가기준들을 충족시키는지 파악하기 위한 세부질문이 이루어짐.
- 구체적인 행동·생각 등에 대해 응답할수록 높은 점수를 얻을 수 있음.

- 방식
  직무 수행 시 접할 수 있는 상황들을 제시하고, 그러한 상황에서 어떻게 행동할 것인지(행동의도)를 이야기하도록 함.
- 판단기준
  해당 상황에 맞는 해당 역량의 구체적 행동지표
- 특징
  지원자의 가치관, 태도, 사고방식 등의 요소를 평가하는 데 용이함.

• 예시

지원분야		지원자		면접관	(인)

유관부서협업
타 부서의 업무협조요청 등에 적극적으로 협력하고 갈등 상황이 발생하지 않도록 이해관계를 조율하며 관련 부서의 협업을 효과적으로 이끌어 낸다.

주질문

당신은 생산관리팀의 팀원으로, 2개월 뒤에 제품 A를 출시하기 위해 생산팀의 생산 계획을 수립한 상황입니다. 그러나 원가가 곧 실적으로 이어지는 구매팀에서는 최대한 원가를 줄여 전반적 단가를 낮추려고 원가절감을 위한 제안을 하였으나, 연구개발팀에서는 구매팀이 제안한 방식으로 제품을 생산할 경우 대부분이 구매팀의 실적으로 산정될 것이므로 제대로 확인도 해 보지 않은 채 적합하지 않은 방식이라고 판단하고 있습니다. 당신은 어떻게 하겠습니까?

세부질문

[상황 및 과제] 이 상황의 핵심적인 이슈는 무엇이라고 생각합니까?
[역할] 당신의 역할을 더 잘 수행하기 위해서는 어떤 점을 고려해야 하겠습니까? 왜 그렇게 생각합니까?
[행동] 당면한 과제를 해결하기 위해서 구체적으로 어떤 조치를 취하겠습니까? 그 이유는 무엇입니까?
[결과] 그 결과는 어떻게 될 것이라고 생각합니까? 그 이유는 무엇입니까?

척도해설

1 : 행동증거가 거의 드러나지 않음	2 : 행동증거가 미약하게 드러남	3 : 행동증거가 어느 정도 드러남	4 : 행동증거가 명확하게 드러남	5 : 뛰어난 수준의 행동증거가 드러남

관찰기록 :

총평 :

※ 실제 적용되는 평가지는 기업/기관마다 다름.

3 발표면접(Presentation)

면접 프로세스

안내
- 입실 후 지원자는 면접관으로부터 인사말과 발표면접에 대해 간략히 안내받음.
- 면접 전 지원자는 과제 검토 및 발표 준비시간을 가짐.

발표
- 지원자들이 과제 주제와 관련하여 정해진 시간 동안 발표를 실시함.
- 면접관은 발표내용 중 평가요소와 관련해 나타난 가점 및 감점요소들을 평가하게 됨.

질문응답
- 발표 종료 후 면접관은 정해진 시간 동안 지원자의 발표내용과 관련해 구체적인 내용을 확인하기 위한 질문을 함.
- 지원자는 면접관의 질문의도를 정확히 파악하여 적절히 응답할 수 있도록 함.
- 응답 시 명확하고 자신있게 전달할 수 있도록 함.

- 방식

지원자가 특정 주제와 관련된 자료(신문기사, 그래프 등)를 검토하고, 그에 대한 자신의 생각을 면접관 앞에서 발표하며 추가 질의응답이 이루어짐.

- 판단기준

지원자의 사고력, 논리력, 문제해결능력 등

- 특징

과제를 부여한 후, 지원자들이 과제를 수행하는 과정과 결과를 관찰 · 평가함. 과제수행의 결과뿐 아니라 과제수행 과정에서의 행동을 모두 평가함.

4 토론면접(Group Discussion)

면접 프로세스

안내	•입실 후, 지원자들은 면접관으로부터 토론 면접의 전반적인 과정에 대해 안내받음. •지원자는 정해진 자리에 착석함.
토론	•지원자들이 과제 주제와 관련하여 정해진 시간 동안 토론을 실시함(시간은 기관별 상이). •지원자들은 면접 전 과제 검토 및 토론 준비시간을 가짐. •토론이 진행되는 동안, 지원자들은 다른 토론자들의 발언을 경청하여 적절히 본인의 의사를 전달할 수 있도록 함. 더불어 적극적인 태도로 토론면접에 임하는 것도 중요함.
마무리 (5분 이내)	•면접 종료 전, 지원자들은 토론을 통해 도출한 결론에 대해 첨언하고 적절히 마무리 지음. •본인의 의견을 전달하는 것과 동시에 다른 토론자를 배려하는 모습도 중요함.

- 방식

상호갈등적 요소를 가진 과제 또는 공통의 과제를 해결하는 내용의 토론 과제(신문기사, 그래프 등)를 제시하고, 그 과정에서의 개인 간의 상호작용 행동을 관찰함.

- 판단기준

팀워크, 갈등 조정, 의사소통능력 등

- 특징

면접에서 최종안을 도출하는 것도 중요하나 주장의 옳고 그름이 아닌 결론을 도출하는 과정과 말하는 자세 등도 중요함.

5 역할연기면접(Role Play Interview)

- 방식
  기업 내 발생 가능한 상황에서 부딪히게 되는 문제와 역할을 가상적으로 설정하여 특정 역할을 맡은 사람과 상호작용하고 문제를 해결해 나가도록 함.
- 판단기준
  대처능력, 대인관계능력, 의사소통능력 등
- 특징
  실제 상황과 유사한 가상 상황에서 지원자의 성격이나 대처 행동 등을 관찰할 수 있음.

6 집단면접(Group Activity)

- 방식
  지원자들이 팀(집단)으로 협력하여 정해진 시간 안에 활동 또는 게임을 하며 면접관들은 지원자들의 행동을 관찰함.
- 판단기준
  대인관계능력, 팀워크, 창의성 등
- 특징
  기존 면접보다 오랜 시간 관찰을 하여 지원자들의 평소 습관이나 행동들을 관찰하려는 데 목적이 있음.

03 면접 최신 기출 주제

삼성 GSAT 5급 면접 질문

준비해 온 자기소개를 해 보시오.
삼성에 지원한 특별한 이유가 있다면 무엇인가?
본 직종에 지원한 이유를 말해 보시오.
회사에 입사한 후 생각한 분위기와 다르면 어떻게 할 것인가?
직무에 대해 어떻게 공부하였으며 어떤 것을 중점적으로 공부하였는지?
리더 경험이 있다면 이를 통해 무엇을 배웠는가?
존경 인물로 적은 사람을 존경하는 이유를 설명해 보시오.
본인의 장점과 단점이 무엇이라 생각하는가?
다른 분야 경험이 많은데 해당 업무에 지원한 이유는 무엇인가?
가장 희망하는 근무지는 어디인가?
그동안의 취업 준비과정을 설명해 보시오.
삼성 계열사의 장단점은 무엇인가?
삼성 이외에 지원한 기업은 없는가?
어려움을 겪었던 경험에 대해 말해 보시오.
기계설계에서 가장 중요한 것이 무엇인가?
회사의 생산 제품 중 아는 것 있는가?
만약 떨어지면 어떻게 할 것인가?
고교 성적이 편차가 심한데 이유가 무엇인가?
진학하지 않은 이유는 무엇인가?
결석이 많은 이유가 무엇인가?
설비 엔지니어에게 필요한 역량이 무엇이라 생각하는가?
본인이 취득한 자격증이 직무와 어떠한 연관성이 있는가?
체력은 어떠한 편인가?
본인이 잘 진행하고 있던 업무를 동료가 망쳐 놓는다면 어떻게 대처할 것인가?
인간관계에서 어려움을 겪은 적이 있는가. 있다면 해당 경험에 대해 말해 보시오.
뉴스를 자주 본다고 하였는데 최근 가장 인상 깊었던 뉴스가 무엇인가?

해외 봉사활동 경험이 있는데 어디를, 얼마동안 다녀왔는가?
고등학교가 기타로 분류되어 있는데 왜 그런가?
삼성 그룹의 인재상은 무엇인가?
취미가 많은데 이것들을 얼마동안 해봤는가, 이 중에 제일 잘하는 것이 무엇인가?
독서가 취미라고 하는데 최근에 읽었던 책 중에 기억에 남는 것을 이야기해보시오.
원하는 직무가 있는 것을 알고 있는데 다른 직무로 배정된다면 어떻게 할 것인가?
기업이 사회에 취해야 할 자세나 태도에 대해 말해 보시오.
현장 실습하면서 만져본 장비 중에 가장 기억에 남는 것은 무엇이며 그것의 작동원리는 무엇인가?
팀 프로젝트 중 한 사람의 퍼포먼스가 낮아서 어려움이 있을 경우 어떻게 할 것인가?
내가 인생에서 저지른 실수 중에 남들에게 어쩔 수 없이 밝히고 그 후에 바뀌게 된 것이 있는가? 있다면 그것에 대해 이야기해 보시오.
수상경력이 있는데 어떤 상인가?
살면서 가장 힘들었던 순간이 있었는가, 있었다면 어떻게 극복하였는가?
3년 혹은 1년 선배가 있는데 나보다 업무가 미숙하다면 어떻게 하겠는가?
그동안 취업준비과정에서 배운 점이 있는가?
상급자가 불합리한 지시를 할 때 어떻게 대처하겠는가?
프로젝트에 참여하게 되었는데 매일 야근이 예상된다면 어떻게 할 것인가?
국비로 진행된 교육을 받은 경험이 있는데 기간과 교육받은 내용에 대해 말해 보시오.
우리 회사의 생산 공정에 대해 아는 대로 말해 보시오.
본인이 잘하는 일과 좋아하는 일 중 선택한다면 무엇을 선택할 것인가?
한 달 전부터 친구들과 주말에 1박2일 여행이 잡혀있는데, 금요일 퇴근 직전 급한 일이 생겨 미팅이 생겼다. 어떻게 하겠는가?
술을 못한다고 했는데 상사가 회식자리에서 술을 준다면 어떠한 방식으로 거절하겠는가?
PLC란 무엇인지 설명해 보시오.
정전용량을 공식으로 설명해 보시오.
PCB란 무엇인가?
C-lab에 대해 설명해 보시오.
배터리의 구조에 대해 설명해 보시오.

삼성 온라인 GSAT 5급

감독관 확인란	

1회 기출유형문제

성명표기란

㉠	ㅏ	㉠	㉠	ㅏ	㉠	㉠	ㅏ	㉠	㉠	ㅏ	㉠
㉡	ㅑ	㉡	㉡	ㅑ	㉡	㉡	ㅑ	㉡	㉡	ㅑ	㉡
㉢	ㅓ	㉢	㉢	ㅓ	㉢	㉢	ㅓ	㉢	㉢	ㅓ	㉢
㉣	ㅕ	㉣	㉣	ㅕ	㉣	㉣	ㅕ	㉣	㉣	ㅕ	㉣
㉤	ㅗ	㉤	㉤	ㅗ	㉤	㉤	ㅗ	㉤	㉤	ㅗ	㉤
㉥	ㅛ	㉥	㉥	ㅛ	㉥	㉥	ㅛ	㉥	㉥	ㅛ	㉥
㉦	ㅜ	㉦	㉦	ㅜ	㉦	㉦	ㅜ	㉦	㉦	ㅜ	㉦
㉧	ㅠ	㉧	㉧	ㅠ	㉧	㉧	ㅠ	㉧	㉧	ㅠ	㉧
㉨	ㅡ	㉨	㉨	ㅡ	㉨	㉨	ㅡ	㉨	㉨	ㅡ	㉨
㉩	ㅣ	㉩	㉩	ㅣ	㉩	㉩	ㅣ	㉩	㉩	ㅣ	㉩
㉪	ㅐ	㉪	㉪	ㅐ	㉪	㉪	ㅐ	㉪	㉪	ㅐ	㉪
㉫	ㅒ	㉫	㉫	ㅒ	㉫	㉫	ㅒ	㉫	㉫	ㅒ	㉫
㉬	ㅔ	㉬	㉬	ㅔ	㉬	㉬	ㅔ	㉬	㉬	ㅔ	㉬
㉭	ㅖ	㉭	㉭	ㅖ	㉭	㉭	ㅖ	㉭	㉭	ㅖ	㉭
	ㅘ		ㄲ	ㅘ	ㄲ	ㄲ	ㅘ	ㄲ	ㄲ	ㅘ	ㄲ
	ㅙ		ㄸ	ㅙ	ㄸ	ㄸ	ㅙ	ㄸ	ㄸ	ㅙ	ㄸ
	ㅚ		ㅃ	ㅚ	ㅃ	ㅃ	ㅚ	ㅃ	ㅃ	ㅚ	ㅃ
	ㅝ		ㅆ	ㅝ	ㅆ	ㅆ	ㅝ	ㅆ	ㅆ	ㅝ	ㅆ
	ㅞ		ㅉ	ㅞ	ㅉ	ㅉ	ㅞ	ㅉ	ㅉ	ㅞ	ㅉ
	ㅟ			ㅟ	ㄺ		ㅟ	ㄺ		ㅟ	ㄺ
	ㅢ			ㅢ	ㄻ		ㅢ	ㄻ		ㅢ	ㄻ

수험번호

⓪	⓪	⓪	⓪	⓪	⓪
①	①	①	①	①	①
②	②	②	②	②	②
③	③	③	③	③	③
④	④	④	④	④	④
⑤	⑤	⑤	⑤	⑤	⑤
⑥	⑥	⑥	⑥	⑥	⑥
⑦	⑦	⑦	⑦	⑦	⑦
⑧	⑧	⑧	⑧	⑧	⑧
⑨	⑨	⑨	⑨	⑨	⑨

(주민등록 앞자리 생년제외) 월일

⓪	⓪	⓪	⓪
①	①	①	①
②	②	②	②
③	③	③	③
④	④	④	④
⑤	⑤	⑤	⑤
⑥	⑥	⑥	⑥
⑦	⑦	⑦	⑦
⑧	⑧	⑧	⑧
⑨	⑨	⑨	⑨

수험생 유의사항

※ 답안은 반드시 컴퓨터용 사인펜으로 보기와 같이 바르게 표기해야 합니다.
〈보기〉 ① ② ③ ❹ ⑤

※ 성명표기란 위 칸에는 성명을 한글로 쓰고 아래 칸에는 성명을 정확하게 표기하십시오. (맨 왼쪽 칸부터 성과 이름은 붙여 씁니다)

※ 수험번호/월일 위 칸에는 아라비아 숫자로 쓰고 아래 칸에는 숫자와 일치하게 표기하십시오.

※ 월일은 반드시 본인 주민등록번호의 생년을 제외한 월 두 자리, 일 두 자리를 표기하십시오. 〈예〉 1994년 1월 12일 → 0112

※ 검사문항 : 1 ~ 120

gosinet (주)고시넷

영역	문번	답란	영역	문번	답란	영역	문번	답란	영역	문번	답란
수리능력	1	① ② ③ ④	수리능력	21	① ② ③ ④	추리능력	1	① ② ③ ④	추리능력	21	① ② ③ ④
	2	① ② ③ ④		22	① ② ③ ④		2	① ② ③ ④		22	① ② ③ ④
	3	① ② ③ ④		23	① ② ③ ④		3	① ② ③ ④		23	① ② ③ ④
	4	① ② ③ ④		24	① ② ③ ④		4	① ② ③ ④		24	① ② ③ ④
	5	① ② ③ ④		25	① ② ③ ④		5	① ② ③ ④		25	① ② ③ ④
	6	① ② ③ ④		26	① ② ③ ④		6	① ② ③ ④		26	① ② ③ ④
	7	① ② ③ ④		27	① ② ③ ④		7	① ② ③ ④		27	① ② ③ ④
	8	① ② ③ ④		28	① ② ③ ④		8	① ② ③ ④		28	① ② ③ ④
	9	① ② ③ ④		29	① ② ③ ④		9	① ② ③ ④		29	① ② ③ ④
	10	① ② ③ ④		30	① ② ③ ④		10	① ② ③ ④		30	① ② ③ ④
	11	① ② ③ ④		31	① ② ③ ④		11	① ② ③ ④		31	① ② ③ ④
	12	① ② ③ ④		32	① ② ③ ④		12	① ② ③ ④		32	① ② ③ ④
	13	① ② ③ ④		33	① ② ③ ④		13	① ② ③ ④		33	① ② ③ ④
	14	① ② ③ ④		34	① ② ③ ④		14	① ② ③ ④		34	① ② ③ ④
	15	① ② ③ ④		35	① ② ③ ④		15	① ② ③ ④		35	① ② ③
	16	① ② ③ ④		36	① ② ③ ④		16	① ② ③ ④		36	① ② ③
	17	① ② ③ ④		37	① ② ③ ④		17	① ② ③ ④		37	① ② ③
	18	① ② ③ ④		38	① ② ③ ④		18	① ② ③ ④		38	① ② ③
	19	① ② ③ ④		39	① ② ③ ④		19	① ② ③ ④		39	① ② ③
	20	① ② ③ ④		40	① ② ③ ④		20	① ② ③ ④		40	① ② ③

	문번	답란		문번	답란
지각능력	1	① ②	지각능력	21	① ② ③ ④
	2	① ②		22	① ② ③ ④
	3	① ②		23	① ② ③ ④
	4	① ②		24	① ② ③ ④
	5	① ② ③ ④		25	① ② ③ ④
	6	① ② ③ ④		26	① ② ③ ④
	7	① ② ③ ④		27	① ② ③ ④
	8	① ② ③ ④		28	① ② ③ ④
	9	① ② ③ ④		29	① ② ③ ④
	10	① ② ③ ④		30	① ② ③ ④
	11	① ② ③ ④		31	① ② ③ ④
	12	① ② ③ ④		32	① ② ③ ④
	13	① ② ③ ④		33	① ② ③ ④
	14	① ② ③ ④		34	① ② ③ ④
	15	① ② ③ ④		35	① ② ③ ④
	16	① ② ③ ④		36	① ② ③ ④
	17	① ② ③ ④		37	① ② ③ ④
	18	① ② ③ ④		38	① ② ③ ④
	19	① ② ③ ④		39	① ② ③ ④
	20	① ② ③ ④		40	① ② ③ ④

삼성 온라인 GSAT 5급

감독관 확인란	

2회 기출유형문제

성명표기란

ㄱ ㄴ ㄷ ㄹ ㅁ ㅂ ㅅ ㅇ ㅈ ㅊ ㅋ ㅌ ㅍ ㅎ

ㅏ ㅑ ㅓ ㅕ ㅗ ㅛ ㅜ ㅠ ㅡ ㅣ ㅐ ㅒ ㅔ ㅖ ㅘ ㅙ ㅚ ㅝ ㅞ ㅟ ㅢ

ㄱ ㄴ ㄷ ㄹ ㅁ ㅂ ㅅ ㅇ ㅈ ㅊ ㅋ ㅌ ㅍ ㅎ ㄲ ㄸ ㅃ ㅆ ㅉ

ㄱ ㄴ ㄷ ㄹ ㅁ ㅂ ㅅ ㅇ ㅈ ㅊ ㅋ ㅌ ㅍ ㅎ ㄲ ㄸ ㅃ ㅆ ㅉ ㄺ ㄻ

수험번호

0 1 2 3 4 5 6 7 8 9

(주민등록 앞자리 생년제외) 월일

0 1 2 3 4 5 6 7 8 9

수험생 유의사항

※ 답안은 반드시 컴퓨터용 사인펜으로 보기와 같이 바르게 표기해야 합니다.
〈보기〉 ① ② ③ ❹ ⑤

※ 성명표기란 위 칸에는 성명을 한글로 쓰고 아래 칸에는 성명을 정확하게 표기하십시오. (맨 왼쪽 칸부터 성과 이름은 붙여 씁니다)

※ 수험번호/월일 위 칸에는 아라비아 숫자로 쓰고 아래 칸에는 숫자와 일치하게 표기하십시오.

※ 월일은 반드시 본인 주민등록번호의 생년을 제외한 월 두 자리, 일 두 자리를 표기하십시오. 〈예〉 1994년 1월 12일 → 0112

※ 검사문항 : 1 ~ 120

	문번	답란		문번	답란		문번	답란		문번	답란
수리능력	1	① ② ③ ④	수리능력	21	① ② ③ ④	추리능력	1	① ② ③ ④	추리능력	21	① ② ③ ④
	2	① ② ③ ④		22	① ② ③ ④		2	① ② ③ ④		22	① ② ③ ④
	3	① ② ③ ④		23	① ② ③ ④		3	① ② ③ ④		23	① ② ③ ④
	4	① ② ③ ④		24	① ② ③ ④		4	① ② ③ ④		24	① ② ③ ④
	5	① ② ③ ④		25	① ② ③ ④		5	① ② ③ ④		25	① ② ③ ④
	6	① ② ③ ④		26	① ② ③ ④		6	① ② ③ ④		26	① ② ③ ④
	7	① ② ③ ④		27	① ② ③ ④		7	① ② ③ ④		27	① ② ③ ④
	8	① ② ③ ④		28	① ② ③ ④		8	① ② ③ ④		28	① ② ③ ④
	9	① ② ③ ④		29	① ② ③ ④		9	① ② ③ ④		29	① ② ③ ④
	10	① ② ③ ④		30	① ② ③ ④		10	① ② ③ ④		30	① ② ③ ④
	11	① ② ③ ④		31	① ② ③ ④		11	① ② ③ ④		31	① ② ③ ④
	12	① ② ③ ④		32	① ② ③ ④		12	① ② ③ ④		32	① ② ③ ④
	13	① ② ③ ④		33	① ② ③ ④		13	① ② ③ ④		33	① ② ③ ④
	14	① ② ③ ④		34	① ② ③ ④		14	① ② ③ ④		34	① ② ③ ④
	15	① ② ③ ④		35	① ② ③ ④		15	① ② ③ ④		35	① ② ③ ④
	16	① ② ③ ④		36	① ② ③ ④		16	① ② ③ ④		36	① ② ③ ④
	17	① ② ③ ④		37	① ② ③ ④		17	① ② ③ ④		37	① ② ③ ④
	18	① ② ③ ④		38	① ② ③ ④		18	① ② ③ ④		38	① ② ③ ④
	19	① ② ③ ④		39	① ② ③ ④		19	① ② ③ ④		39	① ② ③ ④
	20	① ② ③ ④		40	① ② ③ ④		20	① ② ③ ④		40	① ② ③ ④

필기시험

gosinet (주)고시넷

	문번	답란		문번	답란
지각능력	1	① ②	지각능력	21	① ② ③ ④
	2	① ②		22	① ② ③ ④
	3	① ②		23	① ② ③ ④
	4	① ②		24	① ② ③ ④
	5	① ②		25	① ② ③ ④
	6	① ② ③ ④		26	① ② ③ ④
	7	① ② ③ ④		27	① ② ③ ④
	8	① ② ③ ④		28	① ② ③ ④
	9	① ② ③ ④		29	① ② ③ ④
	10	① ② ③ ④		30	① ② ③ ④
	11	① ② ③ ④		31	① ② ③ ④
	12	① ② ③ ④		32	① ② ③ ④
	13	① ② ③ ④		33	① ② ③ ④
	14	① ② ③ ④		34	① ② ③ ④
	15	① ② ③ ④		35	① ② ③ ④
	16	① ② ③ ④		36	① ② ③ ④
	17	① ② ③ ④		37	① ② ③ ④
	18	① ② ③ ④		38	① ② ③ ④
	19	① ② ③ ④		39	① ② ③ ④
	20	① ② ③ ④		40	① ② ③ ④

삼성 온라인 GSAT 5급

감독관 확인란	

3회 기출유형문제

성명표기란

ㄱ ㄴ ㄷ ㄹ ㅁ ㅂ ㅅ ㅇ ㅈ ㅊ ㅋ ㅌ ㅍ ㅎ

ㅏ ㅑ ㅓ ㅕ ㅗ ㅛ ㅜ ㅠ ㅡ ㅣ ㅐ ㅒ ㅔ ㅖ ㅘ ㅙ ㅚ ㅝ ㅞ ㅟ ㅢ

ㄱ ㄴ ㄷ ㄹ ㅁ ㅂ ㅅ ㅇ ㅈ ㅊ ㅋ ㅌ ㅍ ㅎ ㄲ ㄸ ㅃ ㅆ ㅉ ㄺ ㄻ

수험번호

0 1 2 3 4 5 6 7 8 9

(주민등록 앞자리 생년제외) 월일

0 1 2 3 4 5 6 7 8 9

수험생 유의사항

※ 답안은 반드시 컴퓨터용 사인펜으로 보기와 같이 바르게 표기해야 합니다.
〈보기〉 ① ② ③ ❹ ⑤

※ 성명표기란 위 칸에는 성명을 한글로 쓰고 아래 칸에는 성명을 정확하게 표기하십시오. (맨 왼쪽 칸부터 성과 이름은 붙여 씁니다)

※ 수험번호/월일 위 칸에는 아라비아 숫자로 쓰고 아래 칸에는 숫자와 일치하게 표기하십시오.

※ 월일은 반드시 본인 주민등록번호의 생년을 제외한 월 두 자리, 일 두 자리를 표기하십시오. 〈예〉 1994년 1월 12일 → 0112

※ 검사문항 : 1 ~ 120

gosinet (주)고시넷

문번 (수리능력)	답란	문번 (수리능력)	답란	문번 (추리능력)	답란	문번 (추리능력)	답란
1	① ② ③ ④	21	① ② ③ ④	1	① ② ③ ④	21	① ② ③ ④
2	① ② ③ ④	22	① ② ③ ④	2	① ② ③ ④	22	① ② ③ ④
3	① ② ③ ④	23	① ② ③ ④	3	① ② ③ ④	23	① ② ③ ④
4	① ② ③ ④	24	① ② ③ ④	4	① ② ③ ④	24	① ② ③ ④
5	① ② ③ ④	25	① ② ③ ④	5	① ② ③ ④	25	① ② ③ ④
6	① ② ③ ④	26	① ② ③ ④	6	① ② ③ ④	26	① ② ③ ④
7	① ② ③ ④	27	① ② ③ ④	7	① ② ③ ④	27	① ② ③ ④
8	① ② ③ ④	28	① ② ③ ④	8	① ② ③ ④	28	① ② ③ ④
9	① ② ③ ④	29	① ② ③ ④	9	① ② ③ ④	29	① ② ③ ④
10	① ② ③ ④	30	① ② ③ ④	10	① ② ③ ④	30	① ② ③ ④
11	① ② ③ ④	31	① ② ③ ④	11	① ② ③ ④	31	① ② ③ ④
12	① ② ③ ④	32	① ② ③ ④	12	① ② ③ ④	32	① ② ③ ④
13	① ② ③ ④	33	① ② ③ ④	13	① ② ③ ④	33	① ② ③ ④
14	① ② ③ ④	34	① ② ③ ④	14	① ② ③ ④	34	① ② ③ ④
15	① ② ③ ④	35	① ② ③ ④	15	① ② ③ ④	35	① ② ③ ④
16	① ② ③ ④	36	① ② ③ ④	16	① ② ③ ④	36	① ② ③ ④
17	① ② ③ ④	37	① ② ③ ④	17	① ② ③ ④	37	① ② ③ ④
18	① ② ③ ④	38	① ② ③ ④	18	① ② ③ ④	38	① ② ③
19	① ② ③ ④	39	① ② ③ ④	19	① ② ③ ④	39	① ② ③
20	① ② ③ ④	40	① ② ③ ④	20	① ② ③ ④	40	① ② ③

	문번	답란		문번	답란
지각능력	1	① ②	지각능력	21	① ② ③ ④
	2	① ②		22	① ② ③ ④
	3	① ②		23	① ② ③ ④
	4	① ②		24	① ② ③ ④
	5	① ②		25	① ② ③ ④
	6	① ②		26	① ② ③ ④
	7	① ②		27	① ② ③ ④
	8	① ② ③ ④		28	① ② ③ ④
	9	① ② ③ ④		29	① ② ③ ④
	10	① ② ③ ④		30	① ② ③ ④
	11	① ② ③ ④		31	① ② ③ ④
	12	① ② ③ ④		32	① ② ③ ④
	13	① ② ③ ④		33	① ② ③ ④
	14	① ② ③ ④		34	① ② ③ ④
	15	① ② ③ ④		35	① ② ③ ④
	16	① ② ③ ④		36	① ② ③ ④
	17	① ② ③ ④		37	① ② ③ ④
	18	① ② ③ ④		38	① ② ③ ④
	19	① ② ③ ④		39	① ② ③ ④
	20	① ② ③ ④		40	① ② ③ ④

저마다의 일생에는,

특히 그 일생이 동터 오르는 여명기에는

모든 것을 결정짓는 한 순간이 있다.

그 순간을 다시 찾아내는 것은 어렵다.

그것은 다른 수많은 순간들의 퇴적 속에

깊이 묻혀있다.

- 장 그르니에, 섬 LES ILES

직무적성검사

2025 **고시넷** 대기업

최신 GSAT 5급 기출문제

실제 시험과 동일한 구성의 모의고사

동영상 강의 WWW.GOSINET.CO.KR

삼성그룹 온라인 GSAT 5급 고졸채용

최신 기출유형 모의고사

정답과 해설

gosinet
(주)고시넷

직무적성검사

2025 고시넷 대기업

최신 GSAT 5급 기출문제

실제 시험과 동일한 구성의 모의고사

동영상 강의 WWW.GOSINET.CO.KR

삼성그룹 온라인 GSAT 5급 고졸채용

최신 기출유형 모의고사

정답과 해설

gosinet
(주)고시넷

GSAT 정답과 해설

파트2 기출유형모의고사

1회 수리능력

▶ 문제 78쪽

01	①	02	④	03	②	04	③	05	③
06	③	07	③	08	③	09	③	10	②
11	①	12	②	13	②	14	④	15	④
16	①	17	③	18	③	19	②	20	①
21	②	22	③	23	③	24	④	25	②
26	④	27	①	28	①	29	④	30	②
31	②	32	③	33	③	34	②	35	②
36	①	37	③	38	④	39	②	40	④

01

| 정답 | ①

| 해설 | $2.7\times5+4.8=13.5+4.8=18.3$

02

| 정답 | ④

| 해설 | $\frac{1}{3}+\frac{5}{6}\times\left(-\frac{8}{9}\right)=\frac{1}{3}+\left(-\frac{20}{27}\right)$
$=\frac{9}{27}+\left(-\frac{20}{27}\right)=-\frac{11}{27}$

03

| 정답 | ②

| 해설 | $777-21\times23=777-483=294$

04

| 정답 | ③

| 해설 | $31-169\div13+47=31-13+47=65$

05

| 정답 | ③

| 해설 | $1,250\times10^{-2}=1,250\times\frac{1}{100}=12.50$

06

| 정답 | ③

| 해설 | $(29-16)^2+5^2=13^2+25=194$

07

| 정답 | ③

| 해설 | $3(\sqrt{3}+2\sqrt{2})+2(4\sqrt{3}-5\sqrt{2})$
$=3\sqrt{3}+6\sqrt{2}+8\sqrt{3}-10\sqrt{2}=11\sqrt{3}-4\sqrt{2}$

08

| 정답 | ③

| 해설 | $4\frac{6}{11}\times\frac{11}{15}=\frac{50}{11}\times\frac{11}{15}=\frac{10}{3}$

09

| 정답 | ③

| 해설 | $\left(-\frac{2}{3}\right)+\left(-\frac{1}{4}\right)+\frac{1}{2}=\left(-\frac{8}{12}\right)+\left(-\frac{3}{12}\right)+\frac{6}{12}$
$=\left(-\frac{11}{12}\right)+\frac{6}{12}=-\frac{5}{12}$

10

| 정답 | ②

| 해설 | 824×35%=824×0.35=288.4

11

| 정답 | ①

| 해설 | A : 235×91=21,385
B : 460×45=20,700
∴ A > B

12

| 정답 | ②

| 해설 | A : 8,961÷1,150≒7.79
B : 8
∴ A < B

13

| 정답 | ②

| 해설 | 5♧20=5+20×2=5+40=45

14

| 정답 | ④

| 해설 | 3♧(6♧4)=3♧(6+4×2)=3♧14=3×14+2
=44

15

| 정답 | ④

| 해설 | (7♧8)♧2=(7+8×2)♧2=23♧2=23×2+2
=48

16

| 정답 | ①

| 해설 | 1,000×0.365=365

17

| 정답 | ③

| 해설 | 30×0.25=7.5

18

| 정답 | ③

| 해설 | 1L를 mL로 환산하면 1,000mL이므로 4,000×0.08
=320(mL)이다.

19

| 정답 | ②

| 해설 | $\frac{8}{25}=\frac{8\times4}{25\times4}=\frac{32}{100}$=0.32, 즉 3할 2푼이다.

20

| 정답 | ①

| 해설 | $\frac{13}{25}=\frac{13\times4}{25\times4}=\frac{52}{100}$=0.52, 즉 5할 2푼이다.

21

| 정답 | ②

| 해설 | 소영이가 뛴 거리를 $x$km로 놓고 식을 세우면 다음과 같다.

$\frac{10-x}{4}+\frac{x}{6}=\frac{7}{3}$

$3(10-x)+2x=28$

$\therefore\ x=2(\text{km})$

따라서 소영이가 뛴 시간은 $\frac{2}{6}$시간, 즉 20분이다.

22

| 정답 | ③

| 해설 | 먼저 A 상자에서 진짜 보석이 나올 확률은 $\frac{4}{4+5}=\frac{4}{9}$이다. 이때 A 상자에서 꺼낸 진짜 보석을 B 상자에 넣으면 B 상자에는 진짜 보석 4개와 가짜 보석 5개가 있게 되므로 B 상자에서 진짜 보석을 꺼낼 확률은 $\frac{4}{4+5}=\frac{4}{9}$이다. 따라서 두 번 다 진짜 보석을 꺼낼 확률은 $\frac{4}{9}\times\frac{4}{9}=\frac{16}{81}$이다.

23

| 정답 | ③

| 해설 | n명 중 직책이 같은 2명을 뽑는 경우의 수는 '$\frac{n\times(n-1)}{2}$'로 구한다. 따라서 5명 중 대표 2명을 뽑는 경우의 수는 $\frac{5\times(5-1)}{2}=\frac{5\times4}{2}=10$(가지)이다.

보충 플러스+

n명 중 직책이 다른 2명을 뽑는 경우의 수(가지)
$=n\times(n-1)$

24

| 정답 | ④

| 해설 | 넣어야 할 소금의 양을 xg으로 놓고 식을 세우면 다음과 같다.

$\frac{x}{500+x}\times100=20$

$100x=20(500+x)$

$100x=10,000+20x$

$80x=10,000$

$\therefore x=125(\text{g})$

25

| 정답 | ②

| 해설 | 오리의 수를 x마리, 소의 수를 y마리라고 하면 다음과 같은 식이 성립한다.

$x+y=200$ ························· ㉠

$2x+4y=620$ ····················· ㉡

2×㉠−㉡을 하면, $-2y=-220$

$\therefore\ y=110$(마리), $x=90$(마리)

따라서 오리는 90마리, 소는 110마리이다.

26

| 정답 | ④

| 해설 | 전체 프로젝트의 양을 1이라 하면 1일 동안 할 수 있는 일의 양은 A가 $\frac{1}{10}$, B가 $\frac{1}{15}$이다. 따라서 A, B가 함께 프로젝트를 수행한다면 $1\div\left(\frac{1}{10}+\frac{1}{15}\right)=6$(일)이 걸린다.

27

| 정답 | ①

| 해설 | 채린이의 현재 나이를 x세라 하면 삼촌의 나이는 $(x+18)$세이다.

4년 후 삼촌의 나이가 채린이 나이의 2배가 되므로 다음 식이 성립한다.

$x+18+4=2(x+4)$ $x+22=2x+8$

$\therefore x=14$(세)

따라서 채린이의 현재 나이는 14세이다.

28

| 정답 | ①

| 해설 | '직육면체의 부피=가로×세로×높이'이므로 세로의 길이를 $x$cm라고 하면 다음과 같은 식이 성립한다.

$8\times x\times 6=192$ $\therefore x=4$(cm)

따라서 세로의 길이는 4cm이다.

29

| 정답 | ④

| 해설 | 맞힌 문제를 x개, 틀린 문제를 $(20-x)$개라고 하면 다음과 같은 식을 세울 수 있다.

$5x-5(20-x)=60$

$10x-100=60$

$\therefore x=16$(개)

따라서 맞힌 문제는 16개이다.

30

| 정답 | ②

| 해설 | '거리=속력×시간'이고 3시간 30분은 3.5시간이므로, 달린 거리는 120×3.5=420(km)이다.

31

| 정답 | ②

| 해설 | A 국이 20X5년부터 419, 441, 468, 460, 480건으로 특허출원 건수가 가장 많다.

| 오답풀이 |

① 그래프의 높이를 살펴보면 20X8년에 전년 대비 감소했음을 알 수 있다.

③ 20X9년에는 B 국의 특허출원 건수가 344,000건으로 391,000건인 C 국보다 적다.

④ 20X8년에는 D 국의 특허출원 건수가 163,000건으로 165,000건보다 적다.

32

| 정답 | ③

| 해설 | C 국이 특허출원을 가장 많이 했던 해는 391,000건을 출원했던 20X9년으로, 그 해에 D 국은 170,000건을 출원했다.

33

| 정답 | ③

| 해설 | 34 ~ 36개국의 회원국 중에서 매년 27위 이하이므로 상위권이라 볼 수 없다.

| 오답풀이 |

① CPI 순위가 가장 낮은 해는 52위의 20X5년이고, OECD 순위가 가장 낮은 해는 30위의 20X7년이다.

②, ④ 청렴도가 가장 높은 해는 20X8년으로 59.0점이고, 20X1년도의 청렴도 점수는 56.0점이므로 점수의 차이는 3.0점이다.

34

| 정답 | ②

| 해설 | 20X9년 C 영역에서 4 ~ 5등급을 받은 학생의 비율은 39.9%이므로 1 ~3등급을 받은 학생의 비율은 60.1%이다.

| 오답풀이 |

① 20X8년 대비 20X9년에 4 ~ 5등급 비율이 가장 크게 변한 영역은 10.1%p 변화한 A 영역이다.

③ 20X8년 D 영역에서 4 ~ 5등급을 받은 학생의 비율은 43.1%, B 영역에서 4 ~ 5등급을 받은 학생의 비율은 47.2%이므로 D 영역이 더 적다.

35

| 정답 | ②

| 해설 | 불법체류 외국인의 수가 20X4년에 최고치를 기록한 것은 사실이지만, 처음으로 등록 외국인 수보다 많아진 것은 20X3년이다.

| 오답풀이 |

- A : 등록 외국인 수는 꾸준히 증가하고 있지만 변수가 발생하면 감소할 수도 있다.
- C : 20X5년도에 불법체류 외국인의 수가 급격히 감소하면서 등록 외국인의 수가 급격히 늘어났으므로 서로 관련이 있을 것이라 예상할 수 있다.
- D : 20X6년 이후 큰 증감 없이 유지되고 있으므로 옳다.

36

| 정답 | ①

| 해설 | 3ha 이상의 농가 비중은 2000 ~ 2015년 동안 6.3 → 7.2 → 8.6 → 9.4로 계속 증가하다가 2020년에 9.0으로 감소하였다.

| 오답풀이 |

② 0.5 ~ 3ha 미만 농가 비중은 64.8 → 61.0 → 55.4 → 50.5 → 46.3으로 계속 감소하였다.

③ 0.5 ~ 3ha 미만 농가의 수치가 항상 가장 큰 것을 그래프를 통해 확인할 수 있다.

④ 0.5ha 미만 농가의 비중은 28.9 → 31.8 → 36.0 → 40.1 → 44.7로 꾸준히 증가하였다.

37

| 정답 | ③

| 해설 | 한국의 25 ~ 29세의 고용률은 2000년에 증가한 이후 계속 감소하였다. 이와 같은 고용률 변동 추이는 프랑스에서 나타나고 있다.

한국의 30 ~ 34세의 고용률은 계속 감소하다가 2015년에 증가하였다. 이와 같은 고용률 변동 추이는 일본에서 나타나고 있다.

38

| 정답 | ④

| 해설 | 선택지에 제시된 국가의 고용률 증가율을 구하면 다음과 같다.

- 한국 : $\frac{90.0-87.5}{87.5}\times 100 \fallingdotseq 2.9(\%)$
- 독일 : $\frac{88.5-87.1}{87.1}\times 100 \fallingdotseq 1.6(\%)$
- 영국 : $\frac{89.4-86.6}{86.6}\times 100 \fallingdotseq 3.2(\%)$
- 미국 : $\frac{85.9-82.1}{82.1}\times 100 \fallingdotseq 4.6(\%)$

따라서 30 ~ 34세의 2010년 대비 2015년 고용률 증가율이 가장 큰 나라는 미국이다.

39

| 정답 | ②

| 해설 | 모든 주택형태에서 도시가스 에너지가 가장 많이 소비되고 있다.

| 오답풀이 |

① 전체 에너지 소비량의 30%는 7,354×0.3=2,206.2로 단독주택에서 소비한 전력 에너지량인 2,118보다 많다.

③ 제시된 자료에 가구 수는 나와 있지 않으므로 가구당 에너지 소비량은 알 수 없다.

④ 모든 주택형태에서 소비되는 에너지 유형은 석유, 도시가스, 전력으로 3가지이다.

40

| 정답 | ④

| 해설 | 아파트 전체 에너지 소비량 중 도시가스 에너지 소비량이 차지하는 비율은 $\frac{5,609.3}{10,125}\times 100 \fallingdotseq 55.4(\%)$이다.

1회 추리능력

▶ 문제 91쪽

01	④	02	②	03	④	04	②	05	④
06	④	07	②	08	②	09	④	10	②
11	①	12	②	13	③	14	②	15	③
16	④	17	①	18	③	19	②	20	④
21	③	22	①	23	②	24	④	25	①
26	①	27	①	28	②	29	①	30	④
31	②	32	①	33	②	34	④	35	②
36	③	37	①	38	②	39	①	40	③

01

| 정답 | ④

| 해설 |

$4 \xrightarrow{\times 3} 12 \xrightarrow{-3} 9 \xrightarrow{\times 3} 27 \xrightarrow{-3} 24 \xrightarrow{\times 3} ?$

따라서 '?'에 들어갈 숫자는 24×3=72이다.

02

| 정답 | ②

| 해설 |

$48 \xrightarrow{-1} 47 \xrightarrow{-3} 44 \xrightarrow{-5} 39 \xrightarrow{-7} 32 \xrightarrow{-9} ? \xrightarrow{-11} 12$

따라서 '?'에 들어갈 숫자는 32−9=23이다.

03

| 정답 | ④

| 해설 |

? 11 21 32 53 85

(?+11 → 21, 11+21 → 32, 21+32 → 53, 32+53 → 85)

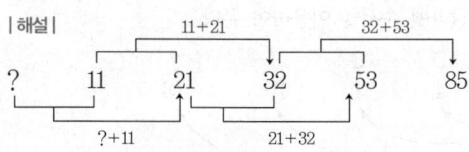

따라서 '?'에 들어갈 숫자는 21−11=10이다.

04

| 정답 | ②

| 해설 |

$12 \xrightarrow{-3} 9 \xrightarrow{+4} 13 \xrightarrow{-3} 10 \xrightarrow{+4} 14 \xrightarrow{-3} 11 \xrightarrow{+4} 15 \xrightarrow{-3} ?$

따라서 '?'에 들어갈 숫자는 15−3=12이다.

05

| 정답 | ④

| 해설 | 각 자리의 숫자를 모두 더한 값만큼 증가한다.

$311 \xrightarrow[(=3+1+1)]{+5} 316 \xrightarrow[(=3+1+6)]{+10} 326 \xrightarrow[(=3+2+6)]{+11} 337 \xrightarrow[(=3+3+7)]{+13}$

$350 \xrightarrow[(=3+5+0)]{+8} 358 \xrightarrow[(=3+5+8)]{+16} 374 \xrightarrow[(=3+7+4)]{+14} ?$

따라서 '?'에 들어갈 숫자는 374+14=388이다.

06

| 정답 | ④

| 해설 |

2^0		2^1		2^2		2^3	
↓		↓		↓		↓	
1	4	2	9	4	16	8	?
	↑		↑		↑		↑
	2^2		3^2		4^2		5^2

따라서 '?'에 들어갈 숫자는 5^2=25이다.

07

| 정답 | ②

| 해설 |

$7 \xrightarrow{+7} 14 \xrightarrow{+6} 20 \xrightarrow{+5} 25 \xrightarrow{+4} 29 \xrightarrow{+3} ?$

따라서 '?'에 들어갈 숫자는 29+3=32이다.

08

| 정답 | ②

| 해설 |

8 →(×3) 24 →(÷2) 12 →(×3) 36 →(÷2) 18 →(×3) ? →(÷2) 27 →(×3) 81

따라서 '?'에 들어갈 숫자는 18×3=54이다.

09

| 정답 | ④

| 해설 | 앞의 항을 제곱한 수에서 1을 뺀 값이 다음 항을 이룬다.

2 →(2^2-1) 3 →(3^2-1) 8 →(8^2-1) 63 →(63^2-1) ?

따라서 '?'에 들어갈 숫자는 $63^2-1=3,968$이다.

10

| 정답 | ②

| 해설 | 제시된 숫자들은 다음과 같은 규칙이 있다.

6 →(×1+2) 8 →(×2+3) 19 →(×3+4) ? →(×4+5) 249

따라서 '?'에 들어갈 숫자는 19×3+4=61이다.

11

| 정답 | ①

| 해설 |

W → A → F → L → S → ?

13 →(+4) 1(=17) →(+5) 6(=22) →(+6) 12(=28) →(+7) 19(=35) →(+8) ?

따라서 '?'에 들어갈 문자는 1(=43)에 해당하는 'A'이다.

12

| 정답 | ②

| 해설 | 한글의 모음 순서를 이용하여 푼다.

〈일반 모음 순서〉

ㅏ	ㅑ	ㅓ	ㅕ	ㅗ	ㅛ	ㅜ	ㅠ	ㅡ	ㅣ
1	2	3	4	5	6	7	8	9	10

ㅠ → ㅏ → ㅛ → ㅓ → ?

8 →(+3) 1(=11) →(+5) 6(=16) →(+7) 3(=23) →(+9) ?

따라서 '?'에 들어갈 문자는 2(=52)에 해당하는 'ㅑ'이다.

13

| 정답 | ③

| 해설 | 한글의 자음 순서를 이용하여 푼다.

마 → 자 → 파 → 다 → 사 → (?)

5 →(+4) 9 →(+4) 13 →(+4) 3(=17) →(+4) 7(=21) →(+4) 11(=25)

따라서 '?'에 들어갈 문자는 11(=25)에 해당하는 '카'이다.

보충 플러스+

일반 자음 순서(순환 패턴)

ㄱ	ㄴ	ㄷ	ㄹ	ㅁ	ㅂ	ㅅ	ㅇ	ㅈ	ㅊ	ㅋ	ㅌ	ㅍ	ㅎ
1	2	3	4	5	6	7	8	9	10	11	12	13	14

14

| 정답 | ②

| 해설 | 알파벳 순서를 이용하여 푼다.

C D G J (?)

3 4 7 10 13

3 →(+1) 4, 3 →(+4) 7, 3 →(+7) 10, 3 →(+10) 13

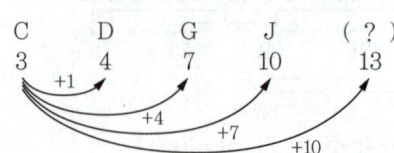

수의 증가는 1－4－7로 각 항마다 3씩 증가한 것을 알 수 있다. 따라서 '?'에 들어갈 문자는 13에 해당하는 'M'이다.

15

| 정답 | ③

| 해설 | 요일 순서를 이용하여 푼다.

수	목	토	화	(?)
3	4	6	2(=9)	6(=13)

+1 +2 +3 +4

따라서 '?'에 들어갈 문자는 6(=13)에 해당하는 '토'이다.

16

| 정답 | ④

| 해설 | ④를 제외한 선택지들은 앞 문자에 각각 +1, −2, +3이 차례대로 적용된다.

④ 요죠뵤쵸−8, 9, 6, 10

| 오답풀이 |

① 크트츠프−11, 12, 10, 13

② NOMP−14, 15, 13, 16

③ 서셔샤소−3, 4, 2, 5

17

| 정답 | ①

| 해설 | ①을 제외한 선택지들은 앞 문자에 +1, +1, +4가 차례대로 적용된다(사전에 실리는 순서).

① 다따라바−4, 5, 6, 8

| 오답풀이 |

② KLMQ−11, 12, 13, 17

③ DEFJ−4, 5, 6, 10

④ 아애야여−1, 2, 3, 7

18

| 정답 | ③

| 해설 | ③을 제외한 선택지들은 앞 문자에 +2가 차례대로 적용된다(사전에 실리는 순서).

③ 유으의이−18, 19, 20, 21

| 오답풀이 |

① 아야어여−1, 3, 5, 7

② 애얘에예−2, 4, 6, 8

④ 예와외우−8, 10, 12, 14

보충 플러스+

사전에 실리는 모음 순서(순환패턴)

ㅏ	ㅐ	ㅑ	ㅒ	ㅓ	ㅔ	ㅕ	ㅖ	ㅗ	ㅘ	ㅙ	ㅚ	ㅛ	ㅜ	ㅝ	ㅞ	ㅟ	ㅠ	ㅡ	ㅢ	ㅣ
1	2	3	4	5	6	7	8	9	10	11	12	13	14	15	16	17	18	19	20	21

19

| 정답 | ②

| 해설 | ②를 제외한 나머지 선택지들은 첫 번째 문자가 나머지 문자들보다 1이 크다(사전에 실리는 순서).

② 어저저저−12, 13, 13, 13

| 오답풀이 |

① 꺼거거거−2, 1, 1, 1

③ 떠더더더−5, 4, 4, 4

④ 머러러러−7, 6, 6, 6

20

| 정답 | ④

| 해설 | ④를 제외한 선택지들은 세 번째 문자가 나머지 문자들보다 2가 크다.

④ 콩콩통콩−11, 11, 12, 11

| 오답풀이 |

① 공공동공−1, 1, 3, 1

② 롱롱봉롱−4, 4, 6, 4

③ 송송종송−7, 7, 9, 7

21

| 정답 | ③

| 해설 | 가영이의 키는 170cm이고 라영이의 키는 155cm로, 가영이는 라영이보다 키가 크다. 그런데 라영이의 키가 마영이보다 크다고 했으므로, 가영>라영>마영이 성립되어 ③은 바른 추론임을 알 수 있다.

22

| 정답 | ①

| 해설 | 각 명제를 'p : 껌을 좋아한다', 'q : 사탕을 좋아한다', 'r : 초콜릿을 좋아한다', 's : 감자칩을 좋아한다'라고 할 때 기호로 정리하면 다음과 같다.

• p→q • ~r→~q • s→q

'~r→~q'가 참이므로 그 대우인 'q→r'도 참이다. 따라서 삼단논법에 의해 's→q→r'이 성립하므로 '감자칩을 좋아하는 아이는 초콜릿도 좋아한다'가 참임을 알 수 있다.

| 오답풀이 |

②, ③ 주어진 명제로는 알 수 없다.

④ 삼단논법에 의해 'p→q→r'이 성립하므로 껌을 좋아하는 아이는 초콜릿도 좋아함을 알 수 있다.

23

| 정답 | ②

| 해설 | 각 명제를 'p : 달리기를 잘한다', 'q : 수영을 잘한다', 'r : 항상 운동화를 신는다'라고 할 때 기호로 정리하면 다음과 같다.

• ~p→~q • p→r

이때 윤재는 항상 구두를 신으므로 '~r'로 표현할 수 있다. 'p→r'이 참이므로 그 대우인 '~r→~p'도 참이 되며 '~p→~q'와의 삼단논법에 의해 '~r→~q'도 참임을 알 수 있다. 따라서 ②는 항상 옳다.

| 오답풀이 |

① 'p→r'이 참이므로 이 명제의 대우인 '~r→~p'도 참이 되어 옳지 않은 설명이다.

③ '~p→~q'가 참이므로 이 명제의 대우인 'q→p'도 참이 된다. 이 명제와 'p→r'의 삼단논법에 의해 'q→r'이 되어 옳지 않은 설명이다.

④ 주어진 명제로는 알 수 없다.

24

| 정답 | ④

| 해설 | A ~ E의 진술을 살펴보면 A와 B가 상반된 진술을 하고 있다. 따라서 A와 B 중 거짓을 말하는 사람이 반드시 있게 된다. A와 B가 거짓을 말한 경우를 나누어 살펴보면 다음과 같은 두 가지 결론을 얻을 수 있다.

• A가 거짓을 말한 경우 : 1 ~ 5층 → C, D, B, E, A

• B가 거짓을 말한 경우 : 1 ~ 5층 → B, D, C, E, A

따라서 누구의 진술이 거짓이냐에 관계없이 D는 항상 2층에서 내린다.

25

| 정답 | ①

| 해설 | 제시된 문장을 'p : 유리가 당번이다', 'q : 찬호가 당번이다', 'r : 호재가 당번이다', 's : 수하가 당번이다'로 정리하면 명제는 다음과 같다.

• p → ~q • ~q → r • r → s

첫 번째 명제와 두 번째 명제의 삼단논법에 의해 'p → ~q → r'이 성립한다. 따라서 유리가 당번이라면 호재는 당번이다.

| 오답풀이 |

② 첫 번째 명제의 대우에 따라 찬호가 당번이라면 유리는 당번이 아니게 되어 거짓이다.

③ 세 번째 명제에 따라 거짓이다.

④ 첫 번째 명제의 이로 반드시 참이라고 할 수 없다.

26

| 정답 | ①

| 해설 | 첫 번째 명제에 의해 스위스의 물가는 미국보다 싸고, 세 번째 명제에 의해 프랑스의 물가는 미국보다 비싸므로 확실히 알 수 있는 것은 스위스의 물가가 프랑스보다 싸다는 것이다.

27

| 정답 | ①

| 해설 | 제시된 전제인 '맵고 짠 음식을 좋아하는 사람은 라면보다 칼국수를 더 좋아하지 않는다'의 대우 명제는 '라면보다 칼국수를 더 좋아하는 사람은 맵고 짠 음식을 좋아하지 않는다'가 된다. 결론에서 '형진이는 맵고 짠 음식을 좋아하지 않는다'라고 하였으므로 삼단논법에 의해 빈칸에 들어갈 전제는 '형진이는 라면보다 칼국수를 더 좋아한다'가 적절하다.

28

| 정답 | ②

| 해설 | 주어진 명제를 'p : 하얀 옷을 입는다', 'q : 깔끔하다', 'r : 안경을 쓴다'라고 할 때 전제와 전제의 대우를 정리하면 다음과 같다.

- p → q(~q → ~p)
- q → r(~r → ~q)

'~r → ~q'와 '~q → ~p'의 삼단논법에 의해 '~r → ~q → ~p'가 성립한다. 따라서 결론을 이끌어내기 위해서는 수인이가 안경을 쓰지 않고 깔끔하지 않아야 하므로 가장 적절한 것은 ②이다.

29

| 정답 | ①

| 해설 | W와 Z의 주장이 모순되므로 둘 중 한 사람이 거짓을 말하는 경우를 확인해 본다.

- Z가 거짓말을 한 경우(W가 4위) : V는 2등이며, X와 연이어 들어왔으므로 X는 1등 혹은 3등이 된다. X가 1등일 경우 Y가 3등, X가 3등일 경우 Y가 1등이나 꼴등이 되는데 이 경우 Z가 1등도 5등도 아니라는 Y의 주장도 거짓이 되므로 적절하지 않다.
- W가 거짓말을 한 경우(W가 5위) : V, Z에 의해 2등과 5등은 각각 V와 W가 되며 W와 Y의 순위 차이가 가장 크다고 했으므로 Y는 1등이 된다. V와 연이어 있는 X는 3등, 1등도 5등도 아닌 Z는 4등이 된다. 이를 정리하면 다음과 같다.

1위	2위	3위	4위	5위
Y	V	X	Z	W

30

| 정답 | ④

| 해설 | 〈조건〉을 명제로 나타내면 다음과 같다.

㉠ 영어 → 중국어

㉡ 컴퓨터 → ~ 운전면허

㉢ 운전면허 → ~ CPA

㉣ ~ 3개 특기사항

인호의 경우 운전면허∩영어∩~ CPA인데, ㉡의 대우 명제가 운전면허→ ~ 컴퓨터이므로 ~ 컴퓨터가 도출된다. 또한 영어를 할 수 있는 신입사원은 모두 중국어도 할 수 있으므로 인호는 컴퓨터와 CPA를 제외한 3가지의 특기사항(운전면허, 영어, 중국어)을 보유한다. 이는 ㉣에 어긋나므로 ④가 정답이다.

위 조건을 벤 다이어그램을 통해 나타내면 다음과 같다.

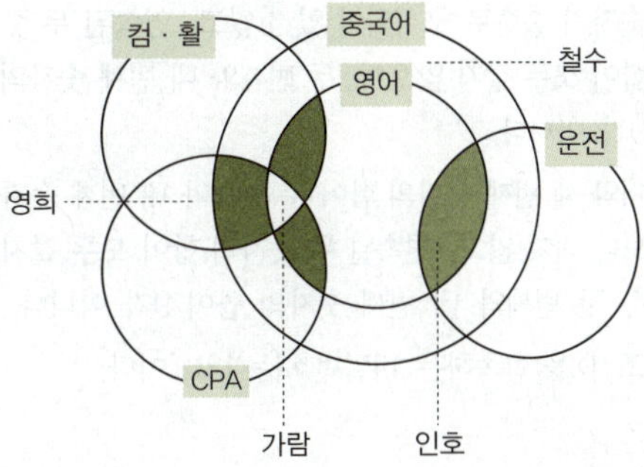

31

| 정답 | ②

| 해설 | 미정, 철수, 영희가 첫 번째 발표자인 경우를 나누어 생각해 보면 다음과 같다.

i) 첫 번째 발표자가 미정일 경우

미정이는 사실만을 말하므로 두 번째로 발표하는 사람은 영희가 된다. 따라서 세 번째로 발표하는 사람은 철수인데, 이때 ㉢이 사실이 되므로 철수는 항상 거짓말을 해야 한다는 조건과 상충한다.

ⅱ) 첫 번째 발표자가 철수일 경우
철수는 항상 거짓말을 하므로 두 번째로 발표하는 사람은 미정이 된다. 이때 ㉡이 거짓이 되므로 미정이는 항상 사실만을 말해야 한다는 조건과 상충한다.

ⅲ) 첫 번째 발표자가 영희일 경우
만일 두 번째로 발표하는 사람이 미정이고 세 번째로 발표하는 사람이 철수일 경우, ㉢이 참이 되어 철수는 항상 거짓말을 한다는 조건과 상충하므로 적절하지 않다. 두 번째로 발표하는 사람이 철수고 세 번째로 발표하는 사람이 미정일 경우, 모든 조건에 부합한다.

따라서 발표는 영희, 철수, 미정의 순서로 진행한다.

32

| 정답 | ①

| 해설 | 각 선택지를 〈조건〉과 비교하며 소거해 나간다.

① 모든 〈조건〉을 만족한다.

② 연속된 두 숫자의 합이 모두 같지 않다.

③ 모든 숫자가 홀수로 구성되어 있지 않고, 연속된 두 숫자의 합이 모두 같지 않으며, 두 번째와 네 번째 숫자의 곱이 9가 아니다.

④ 첫 번째와 세 번째 숫자의 합이 두 번째와 네 번째 숫자의 합보다 작지 않고, 연속된 두 숫자의 합이 모두 같지 않으며, 두 번째와 네 번째 숫자의 곱이 9가 아니다.

따라서 〈조건〉을 만족하는 비밀번호는 '1313'이다.

33

| 정답 | ②

| 해설 | 4명이 타는 차는 B가 운전을 하고 3명이 타는 차는 B와 같은 차를 타지 않는 C와 D 중 한 명이 운전을 한다. A와 G는 같은 차를 타고 가야 하는데, C와 D가 있는 차에는 이미 2명이 있으므로 탈 수가 없다. 그러므로 B가 운전하는 차를 타고 가는 사람은 A, E(혹은 F), G이다.

34

| 정답 | ④

| 해설 | 해미는 부정청탁을 받은 사실이 없어 제외되므로 유결, 문영, 기현 중 부정청탁을 받은 사람이 있다. 만약 유결이 부정청탁을 받았다면, 문영이나 기현 중 한 명도 부정청탁을 받은 것이 되는데 이때 문영이 부정청탁을 받았다면 다른 두 명도 받은 것이므로 기현도 부정청탁을 받은 것이 된다. 만약 기현이 부정청탁을 받았다면 기현 이외에는 부정청탁을 받은 사람을 확실히 알 수 없다. 따라서 반드시 부정청탁을 받은 사람은 기현이다.

35

| 정답 | ②

| 해설 | 세 번째 명제의 대우 '감자를 기르는 농가는 당근을 기른다'와 첫 번째 명제의 대우 '당근을 기르는 농가는 배추를 기르지 않는다'를 통해 '감자를 기르는 농가는 배추를 기르지 않는다'는 것을 알 수 있다. 따라서 제시된 문장은 거짓이다.

36

| 정답 | ③

| 해설 | 두 번째 명제의 대우를 통해 '당근을 기르는 농가에서 상추를 기른다'는 참임을 알 수 있다. 그런데 '당근을 기르는 농가는 감자를 기른다'는 세 번째 명제의 이에 해당하므로, 참 · 거짓 여부를 알 수 없다.

37

| 정답 | ①

| 해설 | 도쿄는 워싱턴 바로 다음으로 가고, 베이징은 파리보다 먼저 가는데 같은 대륙에 속하는 출장지는 연속으로 가야 하므로 워싱턴 → 도쿄 → 베이징 → 파리, 런던의 순서가 되어 참이다.

38

| 정답 | ②

| 해설 | **37**에 따라 가장 나중에 방문하는 대륙은 유럽이므로 거짓이다.

39

| 정답 | ①

| 해설 | 주어진 제시문의 명제와 각각의 대우 명제를 정리하면 다음과 같다.

명제	대우 ⇒ 명제	대우 명제
• 소설책 ○ → 국어 성적 ↑		• 국어 성적 ↓ → 소설책 ×
• 이과 ○ → 국어 성적 ↓		• 국어 성적 ↑ → 이과 ×
• 문과 ○ → 수다 ○		• 수다 × → 문과 ×
• 수다 × → 소설책 ×		• 소설책 ○ → 수다 ○

네 번째 명제의 대우는 '수다 떠는 것을 좋아하지 않는 학생은 문과에 가지 않는다'인데, 모든 학생들은 문과 또는 이과에 간다고 하였으므로 문과에 가지 않은 학생은 이과에 간 학생들이 된다. 따라서 '수다 떠는 것을 좋아하지 않는 학생은 이과에 간다'는 참이다.

40

| 정답 | ③

| 해설 | 두 번째 명제와 세 번째 명제의 대우 '국어 시험 성적이 높으면 이과에 가지 않은 학생이다'의 삼단논법에 의해 '소설책 읽는 것을 좋아하는 학생은 이과에 가지 않는다'가 성립한다. 첫 번째 명제에 따라 이과에 가지 않으면 문과에 간 것이므로, '소설책 읽는 것을 좋아하는 학생은 문과에 간다'가 성립한다. 그런데 제시된 문장은 성립된 문장의 역에 해당하므로, 참 · 거짓 여부를 알 수 없다.

1회 지각능력

▶ 문제 105쪽

01	①	02	②	03	①	04	①	05	②
06	②	07	④	08	③	09	④	10	③
11	④	12	①	13	④	14	①	15	③
16	④	17	②	18	②	19	④	20	③
21	④	22	②	23	②	24	④	25	②
26	③	27	③	28	①	29	②	30	①
31	②	32	②	33	③	34	④	35	①
36	④	37	③	38	①	39	④	40	①

01

| 정답 | ①

| 해설 | 제시된 좌우의 문자가 서로 같다.

02

| 정답 | ②

| 해설 | 가나다라마바 – 가나다랴마바

03

| 정답 | ①

| 해설 | 제시된 좌우의 문자가 서로 같다.

04

| 정답 | ①

| 해설 | 제시된 좌우의 문자가 서로 같다.

05

| 정답 | ②

| 해설 | 모노가타라하디 – 모노가타라하다

06

| 정답 | ②

| 해설 | 12131141 - 12131411

07

| 정답 | ④

| 해설 | ISBN HSCV-361J-R798 - ISBN HSCV-861J-R793

08

| 정답 | ③

| 해설 | ① 間 閒 聞 問 問 閏 閒

② 開 閒 聞 問 開 間 聞

④ 間 閒 開 問 聞 閏 聞

09

| 정답 | ④

| 해설 |

① ■▽◁▷♤◆♥

② ■▲▷◁♤◆♥

③ ■▲◁▷♣◆♥

10

| 정답 | ③

| 해설 | 각 단어의 앞글자 초성을 오름차순(사전 순서)으로 나열하면 ㄷ, ㅅ, ㅇ, ㅈ, ㅊ이고, ㅕ가 ㅜ보다, ㅓ가 ㅜ보다 앞선 순서이므로 영주-울산, 청주-춘천 순이다.

11

| 정답 | ④

| 해설 | 각 단어의 앞글자 초성을 오름차순(사전 순서)으로 나열하면 ㄷ, ㄸ, ㅂ, ㅊ, ㅍ 순이고, ㅏ가 ㅐ보다 앞선다.

12

| 정답 | ①

| 해설 | 오름차순 정렬로, eraser의 앞글자인 e는 glue의 g보다 앞에 위치한다.

13

| 정답 | ④

| 해설 | 4+5×2+9=23이고, 23은 ④에 속한다.

14

| 정답 | ①

| 해설 | 5+30÷6+7=17이고, 17은 ①에 속한다.

15

| 정답 | ③

| 해설 | 2+8+4×4=26이고, 26은 ③에 속한다.

16

| 정답 | ④

| 해설 | 블록의 개수는 14개이다.

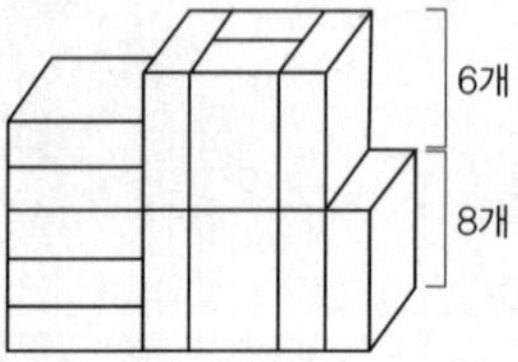

17

| 정답 | ②

| 해설 | 색칠된 블록의 윗면에 1개, 밑면에 2개가 직접 접촉하고 있다. 따라서 총 3개이다.

18

| 정답 | ②

| 해설 | 전체 개수인 29개에서 한 면이라도 보이는 볼록의 개수를 뺀다.

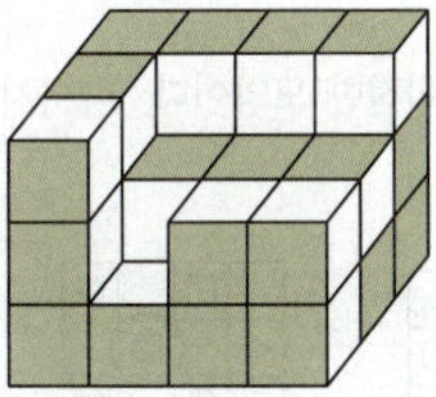

따라서 29－19＝10(개)이다.

19

| 정답 | ④

| 해설 | 1층에 7개, 2층에 4개, 3층에 1개로 블록은 모두 12개이다.

20

| 정답 | ③

| 해설 | 세 면이 보이는 블록은 다음 색칠된 것으로 모두 4개이다.

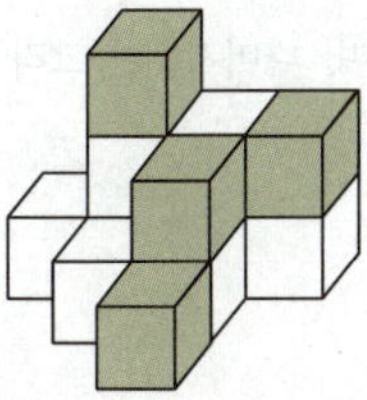

21

| 정답 | ④

| 해설 | 1층에 8개, 2층에 6개, 3층에 2개로 블록은 모두 16개이다.

22

| 정답 | ②

| 해설 | 2개의 면이 칠해지는 블록은 다음 색칠된 것으로 모두 5개이다.

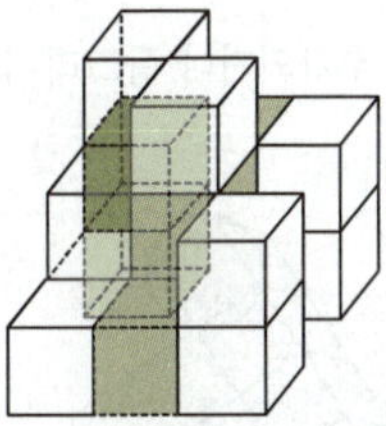

23

| 정답 | ②

| 해설 | ②는 제시된 도형을 아래에서 바라본 모습이다.

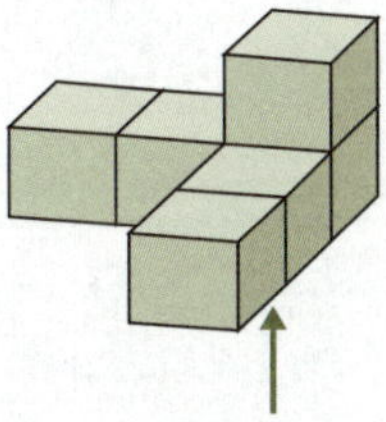

| 오답풀이 |

다른 입체도형은 점선 표시된 블록이 추가되거나 동그라미 친 블록이 제거되어야 한다.

①

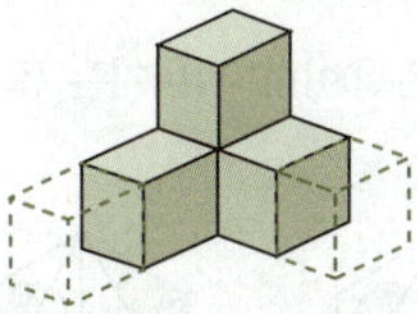

③

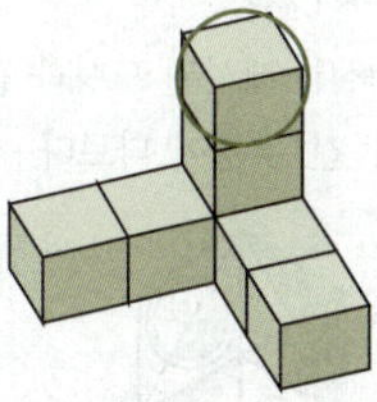

④

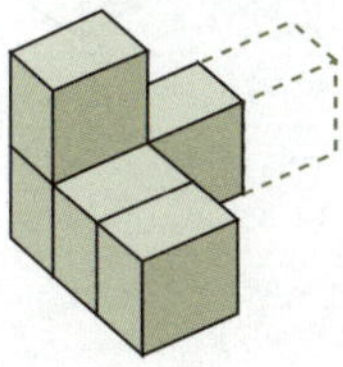

24

| 정답 | ④

| 해설 | ④는 제시된 입체도형을 뒤에서 바라본 모습이다.

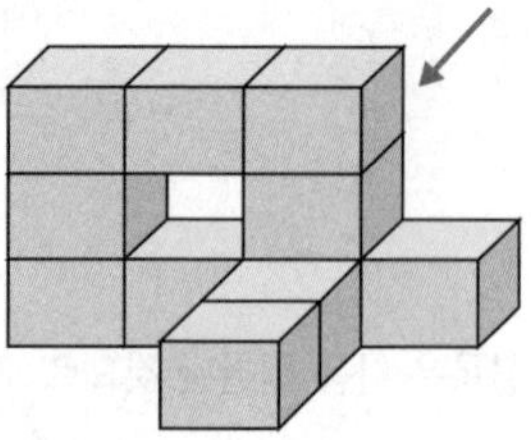

| 오답풀이 |

다른 입체도형은 점선 표시된 블록이 추가되거나 동그라미 친 블록이 제거되어야 한다.

①

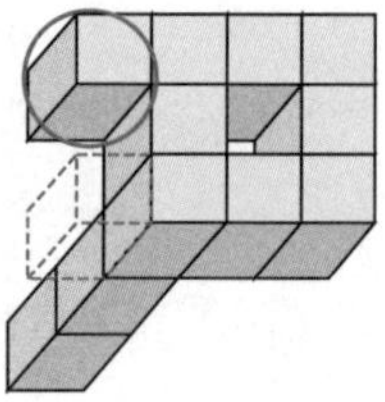

②

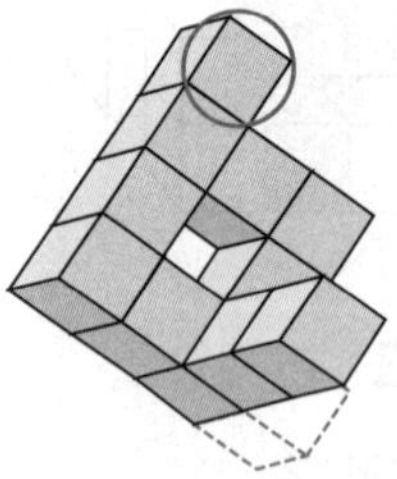

③

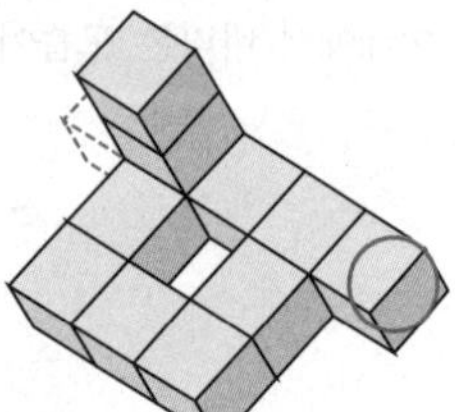

25

| 정답 | ②

| 해설 | 제시된 도형과 같은 것은 ②이며, 나머지는 동그라미 친 부분이 다르다.

①

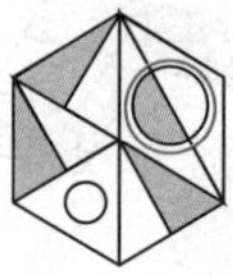

③

④

26

| 정답 | ③

| 해설 | 제시된 도형과 같은 것은 ③이며, 나머지는 동그라미 친 부분이 다르다.

①

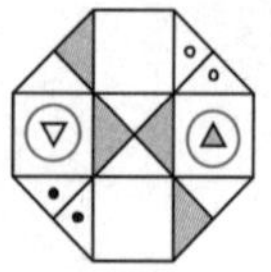

②

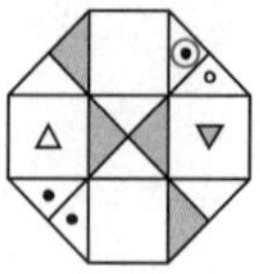

④

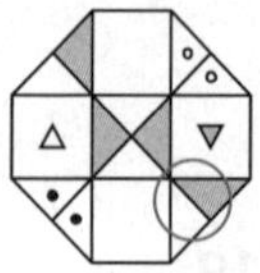

27

| 정답 | ③

| 해설 | ③은 제시된 도형을 180° 회전한 모양이다. 나머지는 동그라미 친 부분이 다르다.

①

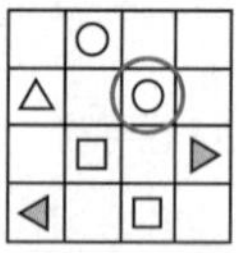

②

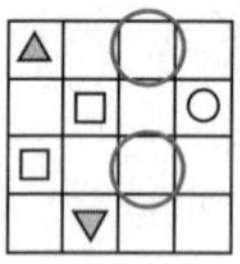

④

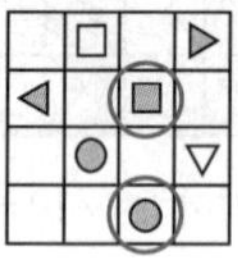

28

| 정답 | ①

| 해설 | 제시된 도형과 같은 것은 ①이며, 나머지는 동그라미 친 부분이 다르다.

②

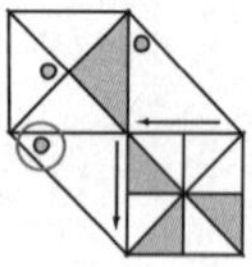

③

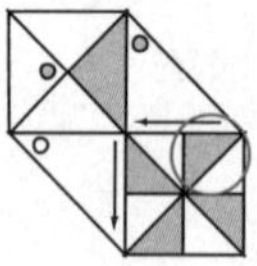

④

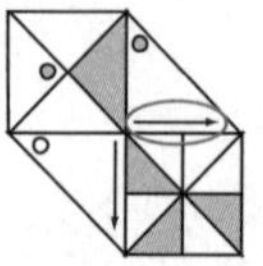

29

| 정답 | ②

| 해설 | 제시된 그림과 같은 것은 ②이며, 나머지는 동그라미 친 부분이 다르다.

① ③ ④

30

| 정답 | ①

| 해설 | 동그라미 친 삼각형의 색이 반전되어 있으므로 나머지와 다른 도형은 ①이다.

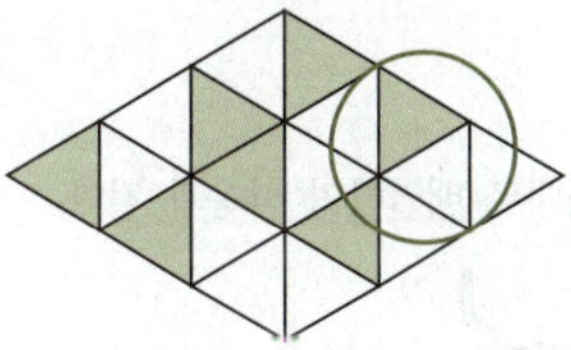

31

| 정답 | ②

| 해설 | ②는 ①의 도형을 좌우반전시킨 것을 기준으로, 동그라미 친 부분 중 도형의 색이 반전되어 있는 부분이 있어 나머지와 모양이 다르다.

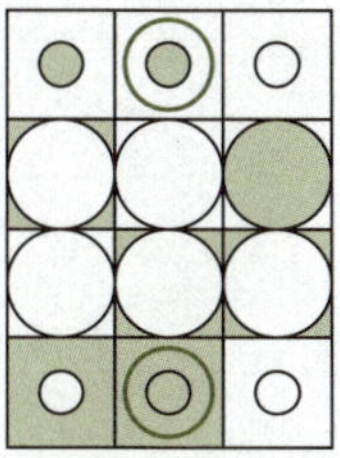

| 오답풀이 |

③ ①을 반시계 방향으로 90° 회전한 모양이다.

④ ①을 시계 방향으로 90° 회전한 후 상하반전시킨 모양이다.

32

| 정답 | ②

| 해설 | ②는 아래 동그라미 친 부분이 나머지와 다르다.

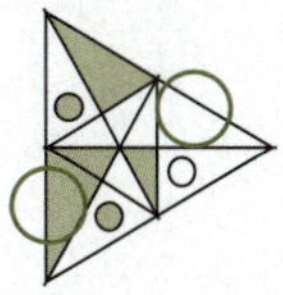

| 오답풀이 |

③ ①을 180° 회전한 모양이다.

④ ①을 시계 방향으로 90° 회전한 모양이다.

33

| 정답 | ③

| 해설 | ①을 시계 방향으로 90° 회전한 모양을 기준으로 아래 동그라미 친 부분이 나머지와 다르다.

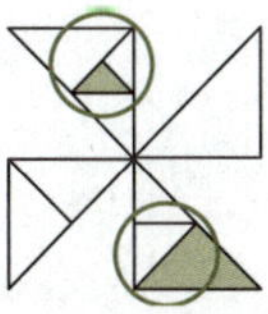

| 오답풀이 |

② ①을 180° 회전한 모양이다.

④ ①을 시계 방향으로 45° 회전한 모양이다.

34

| 정답 | ④

| 해설 | ①을 반시계 방향으로 135° 회전한 모양을 기준으로 아래 동그라미 친 부분의 삼각형의 색이 반전되어 있어 나머지와 다르다.

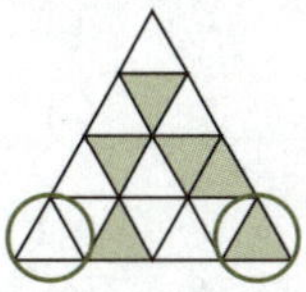

| 오답풀이 |

② ①을 시계 방향으로 135° 회전한 후 좌우반전시킨 모양이다.

③ ①을 반시계 방향으로 135° 회전한 모양이다.

35

| 정답 | ①

| 해설 | 그림의 조각을 순서대로 배열하면 다음과 같은 그림이 완성된다.

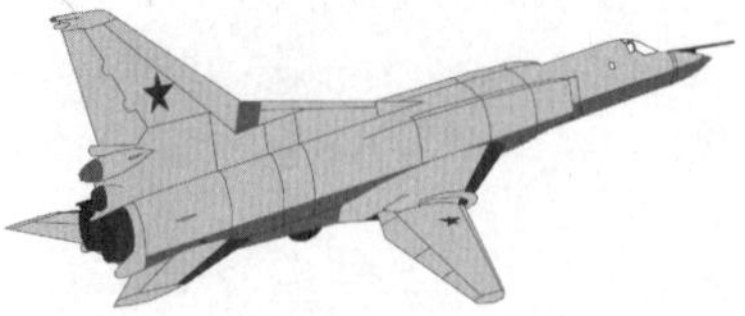

36

| 정답 | ④

| 해설 | 그림의 조각을 순서대로 배열하면 다음과 같은 그림이 완성된다.

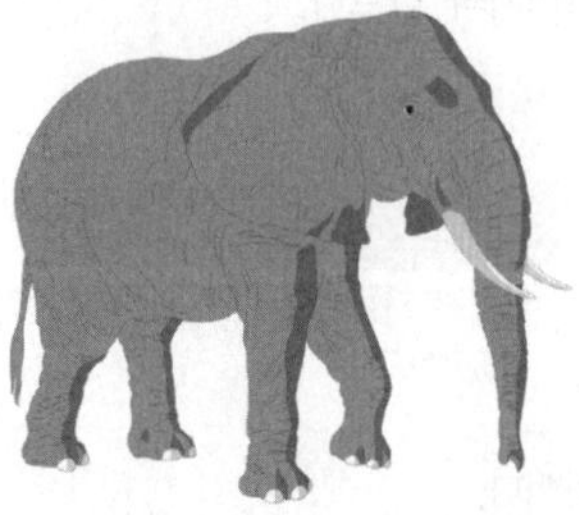

37

| 정답 | ③

| 해설 | 그림의 조각을 순서대로 배열하면 다음과 같은 그림이 완성된다.

38

| 정답 | ①

| 해설 | 그림의 조각을 순서대로 배열하면 다음과 같은 그림이 완성된다.

39

| 정답 | ④

| 해설 | 그림의 조각을 순서대로 배열하면 다음과 같다.

40

| 정답 | ①

| 해설 | 그림의 조각을 순서대로 배열하면 다음과 같다.

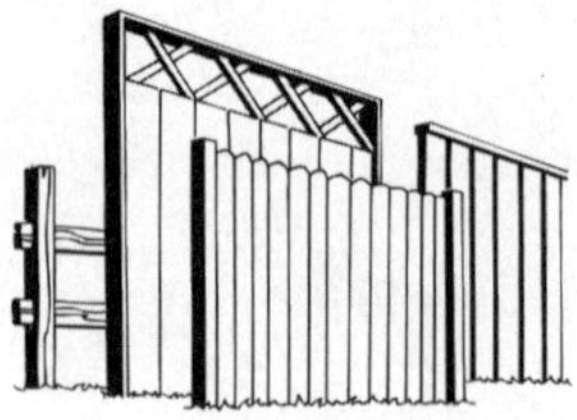

2회 수리능력

▶ 문제 120쪽

01	②	02	③	03	④	04	④	05	②
06	④	07	①	08	②	09	①	10	④
11	①	12	②	13	④	14	③	15	①
16	④	17	①	18	④	19	②	20	①
21	③	22	②	23	③	24	②	25	④
26	④	27	②	28	②	29	③	30	④
31	②	32	②	33	①	34	④	35	②
36	④	37	③	38	②	39	③	40	④

01

| 정답 | ②

| 해설 | $\frac{7}{4}+\frac{5}{8}\div\frac{5}{16}=\frac{7}{4}+\frac{5}{8}\times\frac{16}{5}=\frac{7}{4}+2=\frac{15}{4}$

02

| 정답 | ③

| 해설 | $34+765\div17-25=34+45-25=54$

03

| 정답 | ④

| 해설 | $13.22+154.22+21.79=189.23$

04

| 정답 | ④

| 해설 | $4\sqrt{2}+3\sqrt{3}\times2\sqrt{6}=4\sqrt{2}+6\sqrt{18}$
$=4\sqrt{2}+18\sqrt{2}=22\sqrt{2}$

05

| 정답 | ②

| 해설 | $\left(\frac{3}{5}-\frac{2}{7}\right)\times\frac{7}{11}=\left(\frac{21}{35}-\frac{10}{35}\right)\times\frac{7}{11}=\frac{11}{35}\times\frac{7}{11}$
$=\frac{1}{5}$

06

| 정답 | ④

| 해설 | 소수점을 각각 4자리씩 이동해 정수로 만든 다음 계산한다. 나눗셈이므로 결괏값의 소수점은 그대로 두어도 된다.

$0.008\div0.0004 \rightarrow 80\div4=20$

07

| 정답 | ①

| 해설 | $-15\div5-(-3)^2=-3-9=-12$

08

| 정답 | ②

| 해설 | 부호를 정리한 뒤 분수를 통분하여 계산한다.

$\left(-\frac{1}{2}\right)-\left(-\frac{1}{4}\right)-\frac{2}{3}=-\frac{1}{2}+\frac{1}{4}-\frac{2}{3}=\frac{-6+3-8}{12}$
$=-\frac{11}{12}$

09

| 정답 | ①

| 해설 | $96-80+34\times28-90=16+952-90=878$

10

| 정답 | ④

| 해설 | $4\sqrt{9}\times\sqrt{3}=4\times3\times\sqrt{3}=12\sqrt{3}$

11

| 정답 | ①

| 해설 | 51은 26의 2배보다 작고 35는 17의 2배보다 크므로 $\frac{26}{17}>\frac{51}{35}$이다.

12

| 정답 | ②

| 해설 | $389 \times 104 \fallingdotseq 389 \times 100 = 38,900 < 42,000$

별해 $389 \times 104 = 389 \times 100 + 389 \times 4$
$= 38,900 + 1,556 = 40,456 < 42,000$

13

| 정답 | ④

| 해설 | $25◎18 = 25 + 18 = 43$

14

| 정답 | ③

| 해설 | $10◎(12◆5) = 10◎(12 \times 5) = 10 + 60 = 70$

15

| 정답 | ①

| 해설 | $(9◎2)◆(7◎5) = (9+2)◆(7+5) = 11◆12 = 11 \times 12$
$= 132$

16

| 정답 | ④

| 해설 | $2,345 \times 0.039 = 91.455$

17

| 정답 | ①

| 해설 | $196 \times \frac{42}{100} = 82.32$

18

| 정답 | ④

| 해설 | 5km=5,000m이므로 $5,000(\text{m}) \times 0.7 = 3,500(\text{m})$ 이다.

19

| 정답 | ②

| 해설 | $44 \times 0.211 = 9.284$

20

| 정답 | ①

| 해설 | $\frac{12}{25} = \frac{12 \times 4}{25 \times 4} = \frac{48}{100} = 0.48$

따라서 자유투 성공률은 4할 8푼이다.

21

| 정답 | ③

| 해설 | '농도(%) $= \frac{\text{소금의 양}}{\text{소금물의 양}} \times 100$'이므로, $\frac{75}{75+225} \times 100 = 25(\%)$이다.

22

| 정답 | ②

| 해설 | 동전을 5개 던질 때 나오는 모든 경우의 수는 $2^5 = 32$(가지)이다. 이때 적어도 한 개가 앞면이 나오는 확률은 전체 확률 1에서 모두 뒷면이 나올 확률인 $\frac{1}{32}$을 뺀 $\frac{31}{32}$이다.

23

| 정답 | ③

| 해설 | 2시간 15분 후 해진이와 지수 사이의 거리는 해진이가 이동한 거리와 지수가 이동한 거리의 합이다. 2시간 15분은 $\frac{9}{4}$시간이고 해진이의 속력을 x라 할 때, 다음과 같은 식이 성립한다.

$\frac{9}{4}x + \frac{9}{4} \times 4 = 21.375 \qquad 2.25x = 12.375$

$\therefore \ x = 5.5$

따라서 해진이의 속도는 5.5km/h이다.

24

| 정답 | ②

| 해설 | 구하고자 하는 값을 x년 후라 하면 다음과 같은 식이 성립한다.

$20+x=2(7+x)$

$\therefore x=6$

따라서 언니의 나이가 동생의 2배가 되는 해는 6년 후인 2026년이다.

25

| 정답 | ④

| 해설 | x일 뒤에 초콜릿을 다 먹는다고 하면 다음과 같은 식이 성립한다.

$10+x-2x=0 \qquad 10-x=0$

$\therefore x=10$

따라서 초콜릿을 다 먹는 날은 10일 후이다.

26

| 정답 | ④

| 해설 | 전체 일의 양을 1이라 하면 A는 1시간 동안 $\frac{1}{5}$만큼 일을 하고, B는 1시간 동안 $\frac{1}{7}$만큼 일을 한다.

따라서 두 사람이 함께 구슬을 꿰는 데 걸리는 시간은 $1\div\left(\frac{1}{5}+\frac{1}{7}\right)=1\times\frac{35}{12}=\frac{35}{12}$(시간), 즉 2시간 55분이다.

27

| 정답 | ②

| 해설 | 정가는 2,000+(2,000×0.5)=3,000(원)이고, 할인 판매가는 2,000+(2,000×0.3)=2,600(원)이므로 할인한 금액은 400원이다.

28

| 정답 | ②

| 해설 | • 합이 5일 경우 : (1, 4), (2, 3), (3, 2), (4, 1)

• 합이 8일 경우 : (2, 6), (3, 5), (4, 4), (5, 3), (6, 2)

따라서 9가지이다.

29

| 정답 | ③

| 해설 | 정은이가 산 참외의 개수를 x개라 하면 오렌지의 개수는 $(10-x)$개이므로 다음과 같은 식이 성립한다.

$1{,}500x+2{,}500(10-x)=20{,}000$

$1{,}000x=5{,}000 \qquad \therefore x=5$

따라서 정은이가 산 참외의 개수는 5개이다.

30

| 정답 | ④

| 해설 | 구입한 연필의 개수를 x, 볼펜의 개수를 y라 하면 다음과 같은 식이 성립한다.

$x=3y$ ································· ㉠

$100x+120y=2{,}100$ ············ ㉡

㉠을 ㉡에 대입하면

$300y+120y=2{,}100 \qquad \therefore y=5$

따라서 구입한 연필의 개수는 3×5=15(개)이다.

31

| 정답 | ②

| 해설 | $\frac{11}{5+9+12+14+17+26+26+29+11}\times100$

$\fallingdotseq 7.4(\%)$

32

| 정답 | ②

| 해설 | 남성과 여성 환자 수의 차이가 가장 큰 연령대는 6천 명의 차이를 보인 70 ~ 79세이다.

| 오답풀이 |

④ 60 ~ 69세 남성 환자 수는 25천 명, 80세 이상 남성 환자 수는 7천 명으로 $\frac{25}{7}\fallingdotseq 3.57$(배)이다.

33

| 정답 | ①

| 해설 | 강남 지역 주택전세가격 상승률은 20X1년, 20X2년, 20X4년에 전국 평균보다 낮았다.

| 오답풀이 |

② 전국 평균 증감률이 매년 양수(+)를 나타내므로 전국의 주택전세가격은 전년 대비 꾸준히 상승하고 있다.

④ 조사 기간 중 전국적으로 전년 대비 주택전세가격 상승률이 가장 컸던 해는 12.3%의 증가를 보인 20X1년이다.

34

| 정답 | ④

| 해설 | $\frac{3,563}{3,563+1,485+530+396} \times 100 \fallingdotseq 59.6(\%)$이다.

| 오답풀이 |

② 전년도에 비해 2021년에는 141천 명, 2022년에는 87천 명, 2023년에는 177천 명 증가하였다.

③ 488+530+554+606=2,178(천 명)이다.

35

| 정답 | ②

| 해설 | (다) 가족 수는 2008 ~ 2020년 중 2008년이 598가족으로 가장 많다.

| 오답풀이 |

(가) 2011년과 2020년에는 전년에 비해 전체 인원수가 증가하였다.

(나) 2020년에는 전체 인원수와 가족 수 모두 증가하였다.

36

| 정답 | ④

| 해설 | 부서별로 인원수가 다르므로 전체 평균 계산 시 가중치를 고려해야 한다.

• 전 부서원의 정신적 스트레스 지수 평균 점수 :

$$\frac{100 \times 1.83 + 200 \times 1.79 + 100 \times 1.79}{400} = 1.8(\text{점})$$

• 전 부서원의 신체적 스트레스 지수 평균 점수 :

$$\frac{100 \times 1.95 + 200 \times 1.89 + 100 \times 2.05}{400} = 1.945(\text{점})$$

따라서 두 평균 점수의 차이는 1.945−1.8=0.145(점)으로 0.16점 미만이다.

37

| 정답 | ③

| 해설 | A 유원지의 총매출액 중 소인 남자의 비율은 100−(19.2+23.5+17.8+21.4+12.3)=5.8(%)이다.

38

| 정답 | ②

| 해설 | D 유원지의 총매출액 중 여학생이 차지하는 비율은 34.4%이다. 이 중 37%가 고등학생이므로 D 유원지의 총매출액 중 여자 고등학생이 차지하는 비율은 $100 \times \frac{34.4}{100} \times \frac{37}{100} \fallingdotseq 12.7(\%)$이다.

39

| 정답 | ③

| 해설 | 제시된 그래프의 막대 길이를 살펴보면 소득격차가 가장 큰 해는 2020년임을 알 수 있다. 따라서 2020년의 농가 소득은 그 해 전체 소득의 $\frac{3,212}{4,809+3,212} \times 100 \fallingdotseq$ 40.0(%)이다.

40

| 정답 | ④

| 해설 | • 2010년 대비 2020년의 도시근로자 소득 증가분 : 4,809−2,865=1,944(만 원)

• 2010년 대비 2020년의 농가 소득 증가분 : 3,212−2,307=905(만 원)

2회 추리능력

▶ 문제 133쪽

01	②	02	④	03	②	04	①	05	④
06	④	07	③	08	①	09	②	10	③
11	③	12	①	13	③	14	③	15	③
16	③	17	②	18	①	19	③	20	④
21	③	22	④	23	④	24	③	25	②
26	①	27	②	28	②	29	③	30	③
31	①	32	①	33	①	34	④	35	②
36	④	37	②	38	②	39	①	40	④

01

| 정답 | ②

| 해설 |

$6 \xrightarrow[\times 2]{} 12 \xrightarrow[-3]{} 9 \xrightarrow[\times 2]{} 18 \xrightarrow[-3]{} 15 \xrightarrow[\times 2]{} 30 \xrightarrow[-3]{} ?$

따라서 '?'에 들어갈 숫자는 30−3=27이다.

02

| 정답 | ④

| 해설 | $124 \xrightarrow[-3^1]{} 121 \xrightarrow[-3^2]{} 112 \xrightarrow[-3^3]{} 85 \xrightarrow[-3^4(=81)]{} ?$

따라서 '?'에 들어갈 숫자는 85−81=4이다.

03

| 정답 | ②

| 해설 |

1 1 2 3 5 8 ? 21

(1+1, 1+2, 2+3, 3+5, 5+8, 8+?)

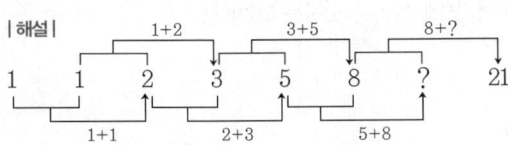

따라서 '?'에 들어갈 숫자는 5+8=13이다.

04

| 정답 | ①

| 해설 |

$70 \xrightarrow[\times 2^1]{} 140 \xrightarrow[\div 2^2]{} 35 \xrightarrow[\times 2^3]{} 280 \xrightarrow[\div 2^4]{} ? \xrightarrow[\times 2^5]{} 560$

따라서 '?'에 들어갈 숫자는 280÷16=17.5이다.

05

| 정답 | ④

| 해설 |

$1 \xrightarrow[+1]{} 2 \xrightarrow[+2]{} 4 \xrightarrow[+5]{} 9 \xrightarrow[+10]{} 19 \xrightarrow[+17]{} 36 \xrightarrow[+26]{} ?$

(+1, +2, +5, +10, +17, +26의 차: +1, +3, +5, +7, +9)

따라서 '?'에 들어갈 숫자는 36+26=62이다.

06

| 정답 | ④

| 해설 | $1 \xrightarrow[\times 2]{} 2 \xrightarrow[\times 3]{} 6 \xrightarrow[\times 4]{} 24 \xrightarrow[\times 5]{} 120 \xrightarrow[\times 6]{} ?$

따라서 '?'에 들어갈 숫자는 120×6=720이다.

07

| 정답 | ③

| 해설 | $12 \xrightarrow[+3]{} 15 \xrightarrow[+4]{} 19 \xrightarrow[+5]{} 24 \xrightarrow[+6]{} 30 \xrightarrow[+7]{} ?$

따라서 '?'에 들어갈 숫자는 30+7=37이다.

08

| 정답 | ①

| 해설 | $87 \xrightarrow[-10]{} 77 \xrightarrow[-9]{} 68 \xrightarrow[-8]{} 60 \xrightarrow[-7]{} ? \xrightarrow[-6]{} 47 \xrightarrow[-5]{} 42$

따라서 '?'에 들어갈 숫자는 60−7=53이다.

09

| 정답 | ②

| 해설 | $24 \xrightarrow[\times3]{} 72 \xrightarrow[\div6]{} ? \xrightarrow[\times3]{} 36 \xrightarrow[\div6]{} 6 \xrightarrow[\times3]{} 18$

따라서 '?'에 들어갈 숫자는 72÷6=12이다.

10

| 정답 | ③

| 해설 |

$2 \xrightarrow[+7]{} 9 \xrightarrow[-2]{} 7 \xrightarrow[+7]{} 14 \xrightarrow[-2]{} 12 \xrightarrow[+7]{} 19 \xrightarrow[-2]{} ?$

따라서 '?'에 들어갈 숫자는 19−2=17이다.

11

| 정답 | ③

| 해설 | 쌍자음을 포함한 자음 순서를 이용하여 푼다.

ㄱ → ㄲ → ㄷ → ㅁ → ㅆ → ?

$1 \xrightarrow[+1]{} 2 \xrightarrow[+2]{} 4 \xrightarrow[+3]{} 7 \xrightarrow[+4]{} 11 \xrightarrow[+5]{} 16$

따라서 '?'에 들어갈 문자는 'ㅋ'이다.

12

| 정답 | ①

| 해설 | 나열된 각 문자의 규칙성을 찾아야 한다. 알파벳 순서를 기준으로 각 문자의 사이에는 한 개의 알파벳이 생략되어 있다. 따라서 '?'에 들어갈 문자는 'L'이다.

13

| 정답 | ③

| 해설 | 알파벳 순서를 이용하여 푼다.

G → K → O → S → W → A → ?

$7 \xrightarrow[+4]{} 11 \xrightarrow[+4]{} 15 \xrightarrow[+4]{} 19 \xrightarrow[+4]{} 23 \xrightarrow[+4]{} 1(=27) \xrightarrow[+4]{} 5$

따라서 '?'에 들어갈 문자는 5(=31)에 해당하는 'E'이다.

보충 플러스+

알파벳 순서(순환 패턴)

A	B	C	D	E	F	G	H	I	J	K	L	M
1	2	3	4	5	6	7	8	9	10	11	12	13
N	O	P	Q	R	S	T	U	V	W	X	Y	Z
14	15	16	17	18	19	20	21	22	23	24	25	26

14

| 정답 | ③

| 해설 |

ㄴ → ㅂ → ㄹ → ㅇ → ㅂ → ?

$2 \xrightarrow[+4]{} 6 \xrightarrow[-2]{} 4 \xrightarrow[+4]{} 8 \xrightarrow[-2]{} 6 \xrightarrow[+4]{} ?$

따라서 '?'에 들어갈 문자는 10에 해당하는 'ㅊ'이다.

15

| 정답 | ③

| 해설 | $E \xrightarrow[+5]{} J \xrightarrow[-1]{} I \xrightarrow[+5]{} N \xrightarrow[-1]{} ?$

따라서 '?'에 들어갈 문자는 13에 해당하는 'M'이다.

16

| 정답 | ③

| 해설 |

A → 2 → E → 10 → Q → ?

$1 \xrightarrow[+1]{} 2 \xrightarrow[+3]{} 5 \xrightarrow[+5]{} 10 \xrightarrow[+7]{} 17 \xrightarrow[+9]{} ?$

따라서 '?'에 들어갈 숫자는 26이다.

17

| 정답 | ②

| 해설 | 알파벳을 숫자로 변환하면 ②를 제외한 나머지는 뒤 문자가 앞 문자에 비해 1씩 감소한다.

② QONM−17, 15, 14, 13

| 오답풀이 |

① UTSR－21, 20, 19, 18

③ LKJI－12, 11, 10, 9

④ DCBA－4, 3, 2, 1

18

| 정답 | ①

| 해설 | ①을 제외한 나머지는 3, 4번째 문자가 1, 2번째 문자에 비해 4가 크다.

① GGII－7, 7, 9, 9

| 오답풀이 |

② JJNN－10, 10, 14, 14

③ AAEE－1, 1, 5, 5

④ SSWW－19, 19, 23, 23

19

| 정답 | ③

| 해설 | ③을 제외한 나머지는 세 번째 문자가 나머지 문자보다 1이 크다.

③ 도도노도－3, 3, 2, 3

| 오답풀이 |

① 가가나가－1, 1, 2, 1

② AABA－1, 1, 2, 1

④ HHIH－8, 8, 9, 8

20

| 정답 | ④

| 해설 | ④를 제외한 나머지는 앞 문자에 $+2^0$, $+2^1$, $+2^2$이 차례대로 적용된다(사전에 실리는 순서).

④ 뷰슈유쮸 – 8, 10, 12, 14

| 오답풀이 |

① ABDH – 1, 2, 4, 8

② BCEI – 2, 3, 5, 9

③ 쇄쇠수슈 – 11, 12, 14, 18

21

| 정답 | ③

| 해설 | 각 명제를 'p : 수영 강사이다', 'q : 담배를 피운다', 'r : 당구를 친다'라고 할 때 명제들을 벤다이어그램으로 정리하면 다음과 같다.

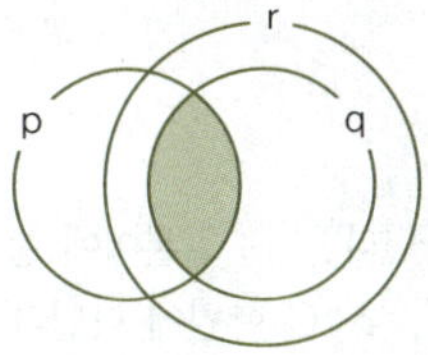

③은 색칠된 부분에 해당되므로 항상 옳다.

| 오답풀이 |

① 벤다이어그램을 참고하면 담배를 피우지 않는 수영 강사 중에는 당구를 치지 않는 사람도 있다.

② 벤다이어그램을 참고하면 당구를 치지 않는 수영 강사는 모두 담배를 피우지 않는다.

④ 벤다이어그램을 참고하면 당구를 친다고 해서 모두가 수영 강사인 것은 아니다.

22

| 정답 | ④

| 해설 | 각 명제를 'p : 사과를 좋아한다', 'q : 귤을 좋아한다', 'r : 딸기를 좋아한다', 's : 바나나를 좋아한다'라고 할 때 이를 기호로 정리하면 다음과 같다.

• p → q　　• ~r → ~q　　• s → r

'~r → ~q'가 참이므로 이 명제의 대우인 'q → r'도 참이다. 그리고 'p → q'와 삼단논법에 의해 'p → r'도 참임을 알 수 있다. 따라서 ④는 항상 옳다.

23

| 정답 | ④

| 해설 | 각 명제를 'p : 요리를 잘한다', 'q : 청소를 잘한다', 'r : 키가 크다'라고 할 때 기호로 정리하면 다음과 같다.

• p → q　　• q → r

이때 나는 요리를 잘하므로 마지막 명제는 'p'로 표현할 수 있으며, 'p → q'와 'q → r' 두 명제의 삼단논법에 의해 'p → r'도 참임을 알 수 있다. 따라서 ④는 항상 옳다.

|오답풀이|

①, ② 주어진 명제로는 알 수 없다.

③ 'q → r'이 참이므로 이 명제의 대우인 '~r → ~q'도 참이 된다. 따라서 옳지 않은 설명이다.

24

|정답| ③

|해설| 각 명제를 'p : A 회사에 다닌다', 'q : 일본어에 능통하다', 's : B 대학교를 졸업했다', 'r : C 학원에 다닌다'라고 할 때 이를 기호로 정리하면 다음과 같다.

- p → ~q
- s → q
- ~r → s

이때 'B 대학교를 졸업한 사람은 C 학원에 다니지 않았다'는 세 번째 명제의 역에 해당하므로 이에 대한 참·거짓의 여부는 확실히 알 수 없다.

|오답풀이|

① 세 번째 명제의 대우(~s → r)에 해당하므로 참이다.

② 두 번째 명제의 대우(~q → ~s)와 세 번째 명제의 대우(~s → r)의 삼단논법을 통해 '~q → r'이 참임을 알 수 있다.

④ 첫 번째 명제와 두 번째 명제의 대우(~q → ~s)의 삼단논법을 통해 'p → ~s'도 참임을 알 수 있다.

25

|정답| ②

|해설| 각 명제를 'p : 에어로빅 강좌를 신청한다', 'q : 요리 강좌를 신청한다', 's : 영화감상 강좌를 신청한다', 'r : 우쿨렐레 강좌를 신청한다'라고 할 때 〈조건〉을 정리하면 다음과 같다.

- ~p → ~q
- ~s → ~p
- 일부 r → q

'~p → ~q'가 참이라면 이 명제의 대우인 'q → p'도 참이 된다. 또한 '~s → ~p'가 참이라면 이 명제의 대우인 'p → s'도 참이 된다. 따라서 '일부 r → q', 'q → p', 'p → s'의 삼단논법을 통해 '일부 r → s'도 참이 됨을 알 수 있다.

|오답풀이|

① 첫 번째 명제의 이에 해당하므로 반드시 참이라고 볼 수 없다.

③, ④ 주어진 명제로는 알 수 없다.

26

|정답| ①

|해설| A의 대우는 '운동을 싫어하는 사람은 게으르다'이며, B 명제와 A의 대우를 삼단논법으로 정리하면 '긍정적이지 않은 사람은 게으르다'는 명제가 참임을 알 수 있다.

27

|정답| ②

|해설|

축구 ○ → 유산소 열 야구 ○ → 유산소 열	대우 ⇔	유산소 열× → 축구 × 유산소 열× → 야구 ×

첫 문장의 대우는 '유산소 운동을 열심히 하지 않는 사람은 축구를 좋아하지 않는다'이고, 그다음 문장의 대우는 '유산소 운동을 열심히 하지 않는 사람은 야구를 좋아하지 않는다'이다. 따라서 유산소 운동을 열심히 하지 않는 사람은 축구도 야구도 좋아하지 않음을 알 수 있다.

28

|정답| ②

|해설| 제시된 명제를 정리하면 다음과 같다.

- 민형이가 보 → 채원이가 가위
- 노준이가 바위 → ~채원이가 가위

두 번째 명제와 첫 번째 명제의 대우의 삼단논법을 통해 '노준이가 바위 → ~채원이가 가위 → ~민형이가 보'가 성립한다. 따라서 노준이가 바위를 내면 민형이는 보를 내지 않는다.

|오답풀이|

① 두 번째 명제의 대우에 의해 채원이가 가위를 내면 노준이는 바위를 내지 않는다.

③ 첫 번째 명제와 두 번째 명제의 대우에 의해 민형이가 보를 내면 노준이는 바위를 내지 않는다.

④ 첫 번째 명제의 역에 해당하므로 항상 참이 되는 것은 아니다.

29

|정답| ③

|해설| '진달래를 좋아하는 사람 → 감성적', '감성적 →

보라색을 좋아한다'이므로 삼단논법에 따라 '진달래를 좋아하는 사람→보라색을 좋아한다'가 성립한다.

30

| 정답 | ③

| 해설 | 지아는 소설책과 시집을 많이 읽고, 소설책을 많이 읽는 사람은 글쓰기를 잘하므로 삼단논법에 따라 '지아는 글쓰기를 잘한다'가 성립한다.

31

| 정답 | ①

| 해설 | 조건을 보면 E와 F는 다른 리그이고, C와 A 또는 C와 B는 같은 리그이다. 따라서 ACE−BDF, ACF−BDE, BCE−ADF, BCF−ADE의 네 가지 경우로 리그를 구성할 수 있다.

32

| 정답 | ①

| 해설 | 원형 테이블에서 기준이 되는 한 명의 위치를 임의로 배치한 후 다른 조건을 적용해 보면서 해결한다.

일단 네 번째 조건에 따라 마주 보고 앉는 사원 A와 부장의 자리를 정한다. 첫 번째 조건에 따라 대리는 사원 A와 나란히 앉는데, 대리가 사원 A의 오른쪽에 앉을 경우 과장이 대리의 왼쪽 옆자리에 앉아 있다는 세 번째 조건과 어긋나므로 대리는 사원 A의 왼쪽 옆자리에 앉고, 그 옆에 과장이 앉는다. 마지막으로 두 번째 조건에 의해 사원 B의 왼쪽 옆자리는 비어 있어야 하므로 사원 B는 부장의 왼쪽 옆자리에 앉게 된다. 이를 그림으로 정리하면 다음과 같다.

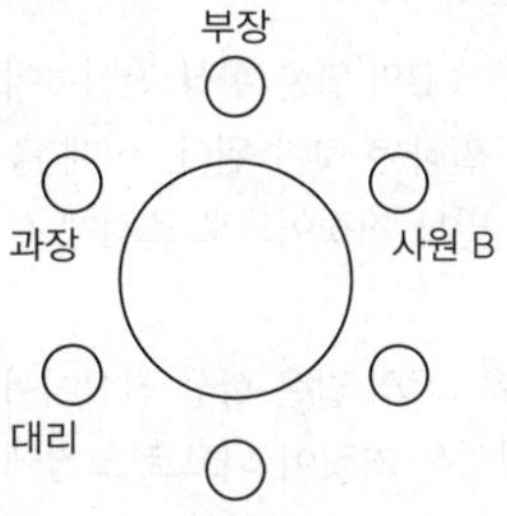

따라서 부장의 오른쪽 옆자리에 앉은 사람은 과장이다.

33

| 정답 | ①

| 해설 | 〈조건〉을 정리하면 다음과 같다.

구분	A	B	C	D
악어	×	×	○	○
사슴	○	×	○	○
치타	×	○	×	○
독수리	×	○	×	○

만약 악어가 C관에서 산다고 하면, 사슴은 A 또는 D관에서 살 수 있다. 그런데 치타와 독수리는 B 또는 D관에서 살 수 있으므로, 사슴은 D관이 아닌 A관에서 살아야 한다.

만약 악어가 D관에 산다고 하면, B 또는 D관에서 살아야 하는 치타, 독수리의 조건에 어긋나게 되므로 성립할 수 없다.

따라서 사슴은 A관에서 살며, 악어는 C관, 치타와 독수리는 B 또는 D관에서 산다.

34

| 정답 | ④

| 해설 | A를 중심으로 〈조건〉을 참고하면 A와 C 사이에 B가 있으므로 A−B−C 또는 C−B−A 순으로 서 있는 경우를 나누어 생각해 보면 다음과 같다.

- A−B−C일 경우 : D는 A 왼쪽에 서 있기 때문에 D−A−B−C가 되고 D와 E 사이에 C가 서 있으므로 D−A−B−C−E가 된다.
- C−B−A일 경우 : D는 A의 왼쪽에 있으면서 E와 함께 C를 사이에 두고, A가 다섯 번째 자리에 위치하지 않기 위해서는 D가 맨 왼쪽에 있어야 하므로 D−C−B−A−E가 된다.

따라서 항상 옳은 것은 ④이다.

35

| 정답 | ②

| 해설 | 존재하는 팀은 회계팀, 경영지원팀, 개발팀, 총무팀으로 총 네 개다. 세 번째 조건에서 회계팀은 다른 세 팀과 다른 층을 사용한다고 했으므로 ②는 항상 참이다.

| 오답풀이 |

①, ④ 회계팀은 다른 세 팀과 다른 층을 사용한다고 했으므로 항상 거짓이다.

③ 개발팀이 경영지원팀과 같은 층을 사용하는지 아닌지에 대해서는 알 수 없다.

36

| 정답 | ④

| 해설 | 한 사람씩 1등일 경우를 가정하여 거짓인 사람이 세 명일 때를 찾으면 되는데, 5명의 진술에서 1등으로 언급된 사람이 C와 D이므로, 다음과 같이 나누어 살펴본다.

- C가 1등인 경우 : A, D가 거짓 ⇨ 조건에 부적합
- D가 1등인 경우 : B, C, E가 거짓 ⇨ 조건에 부합
- A, B, E가 각각 1등인 경우 : A, C, D, E가 거짓 ⇨ 조건에 부적합

따라서 D가 1등을 했고, 거짓말을 한 사람은 B, C, E이다.

37

| 정답 | ②

| 해설 | Y가 한 말을 기준으로 살펴보면, Y의 말이 참일 경우 W의 말은 거짓이 되므로 범인은 Y이다. 이때 W를 제외한 다른 사람의 말은 참이어야 하는데 X가 범인은 W라고 하였으므로 모순이 생기게 된다. 한편 Y의 말이 거짓일 경우 Y를 제외한 다른 사람의 말은 참이므로 범인은 W가 되고, 다른 사람의 발언과도 모순되지 않는다.

38

| 정답 | ②

| 해설 | 각각의 진술이 거짓인 경우를 대입해 본다.

- 철수가 거짓일 경우 : 철수는 B 또는 C 팀에 들어간 것이 되는데 이때 영희와 세영이가 각각 B 팀과 C 팀에 들어가 있으므로 조건과 모순된다.
- 승한이가 거짓일 경우 : 승한과 세영이가 C 팀이 되는데 C 팀은 1명이 배정됐다고 하였으므로 조건과 모순된다.
- 영희가 거짓일 경우 : 영희는 A 또는 C 팀에 들어간다. 나머지 참인 진술을 종합하면 철수는 A 팀, 세영이가 C 팀이므로 영희는 2명이 배정된 A 팀에 들어간 것이 되고, 승한이는 B 팀이 된다.
- 세영이가 거짓일 경우 : C 팀에 들어간 사람이 한 명도 없게 되므로 조건과 모순된다.

따라서 거짓을 말한 사람은 영희이며, 이때 A 팀에 들어간 사람은 철수와 영희이다.

39

| 정답 | ①

| 해설 | 만약 A의 발언이 진실이라면 A는 어제와 오늘 이틀 연속으로 진실을 말한 것이고, 만약 A의 발언이 거짓이라면 A는 어제와 오늘 이틀 연속으로 거짓을 말한 것이다. 조건에 따르면 이틀 연속 거짓을 말하는 경우는 발생할 수 없으나 이틀 연속 진실을 말하는 경우는 (토, 일) 또는 (일, 월)로 발생할 수 있다. 따라서 A의 발언은 진실임을 알 수 있다. 이때 A가 거짓말을 하는 요일이 월, 수, 금요일이라면 제시된 발언은 일요일에 한 것이고, A가 거짓말을 하는 요일이 화, 목, 토요일이라면 제시된 발언은 월요일에 한 것이다. 따라서 오늘은 일요일 또는 월요일이며 두 경우 모두 B의 발언은 거짓임을 알 수 있다.

그런데 오늘이 진실만을 말하는 일요일이라면 B의 발언이 거짓이라는 추론과 상충하므로 오늘은 월요일이 된다.

40

| 정답 | ④

| 해설 | A, B, C가 각각 회계팀에서 일하는 경우로 나누어 생각하면 다음과 같다.

i) A가 회계팀에서 일하는 경우 : A의 말은 항상 진실이어야 하는데, 이 경우 A와 C 모두 회계팀에서 일하는 것이 되므로 조건에 상충한다.

ii) B가 회계팀에서 일하는 경우 : B의 말은 항상 진실이어야 하므로 C는 영업팀에서 일하는 것이 된다. 이때 총무팀에서 일하게 되는 A의 말도 거짓이므로 조건에 부합한다.

iii) C가 회계팀에서 일하는 경우 : C의 말은 항상 진실이어야 하는데, 이 경우 C의 발언은 거짓이 되므로 조건에 상충한다.

따라서 A는 총무팀, B는 회계팀, C는 영업팀에서 일한다.

2회 지각능력

▶ 문제 146쪽

01	①	02	②	03	①	04	②	05	②
06	②	07	②	08	②	09	④	10	④
11	②	12	①	13	④	14	④	15	②
16	①	17	②	18	③	19	①	20	②
21	④	22	③	23	④	24	③	25	①
26	④	27	①	28	③	29	③	30	②
31	③	32	②	33	④	34	④	35	④
36	②	37	①	38	①	39	③	40	②

01

| 정답 | ①

| 해설 | 좌우의 숫자는 서로 같다.

02

| 정답 | ②

| 해설 | 사각형의내부의사각형의내부 – 사각형의내부의삼각형의내부

03

| 정답 | ①

| 해설 | 좌우의 문자가 서로 같다.

04

| 정답 | ②

| 해설 | 냐 뇨 뉴 녀 냥 농 늉 녕 – 냐 뇨 뉴 녀 녕 농 늉 녕

05

| 정답 | ②

| 해설 | ♎ ♮ ♃ ☊ ♓ ♀ # ♐ ♆ – ♎ ♮ ♃ ☊ ♓ ☨ # ♐ ♆

06

| 정답 | ②

| 해설 | IMMEDIATELY – IMNEDIATELY

07

| 정답 | ②

| 해설 | 秋分春分 – 秋分春汾

08

| 정답 | ②

| 해설 | ① 강천충청완주전주원경

③ 강천충주전주완주원경

④ 강천청충완주전주원경

09

| 정답 | ④

| 해설 | ① 大歲民國萬韓

② 犬韓民國萬歲

③ 大韓民國瞞歲

10

| 정답 | ④

| 해설 | 분류표의 그룹이 세밀하게 나뉘어져 앞 두 자리 수가 대부분 두 개의 그룹의 경계선에 걸쳐 있다. 앞 두 자리 수로 2개의 그룹을 선별하고, 십 단위의 수로 해당 그룹을 찾으면 7404는 ④에 속한다.

11

| 정답 | ②

| 해설 | **10**의 해설에 따라 6065는 ②에 속한다.

12

| 정답 | ①

| 해설 | **10**의 해설에 따라 5911은 ①에 속한다.

13

| 정답 | ④

| 해설 | 각 단어의 앞 글자 초성을 오름차순(사전 순서)으로 나열하면 ㄴ, ㅁ, ㅇ, ㅋ, ㅍ이고, 'ㅔ'가 'ㅣ'보다 앞선 순서므로 에스파냐–인도네시아 순이다.

14

| 정답 | ④

| 해설 | 오름차순에 의해 알파벳은 a부터 정렬하므로 a, b, c, m, o, s 순으로 나열한다.

15

| 정답 | ②

| 해설 | 각 단어의 앞 글자 초성을 오름차순(사전 순서)으로 나열하면 ㄱ, ㅂ, ㅅ, ㅇ, ㅌ, ㅎ 순이다.

16

| 정답 | ①

| 해설 | 〈자료 1〉에서 영미문학 범주는 840 ~ 849이므로, 〈자료 3〉에서 왼쪽에서 두 번째 자리까지가 84인 도서를 찾으면 1위(843 모64ㅁ), 3위(843 대74ㅁ), 5위(843 갤295ㅋ), 11위(843 가884ㅍ)로 모두 4권이다.

17

| 정답 | ②

| 해설 | 대여 순위 1 ~ 20위 중 중국문학 범주인 820 ~ 829로 시작하는 도서는 없다.

| 오답풀이 |

① 15위(873.09 박95ㄷ), 16위(879 코892ㅂ)

③ 17위(881 알22ㄷ)

④ 4위(853 노194ㅅ), 6위(859.82 네65ㄴ), 14위(859.7 라57ㅁ)

18

| 정답 | ③

| 해설 | 도서 청구기호 뒷자리는 한글순 도서기호법에 따라 생성되므로 〈자료 2〉를 참조한다. 작가의 성이 이씨이므로 뒷자리 중 맨 앞은 '이'이다. 또한 이름 '채이' 중 앞글자가 '채'이므로 자음 기호는 8이고, 모음 기호는 초성이 'ㅊ'인 글자에서 찾으면 2가 된다. 마지막으로 도서 제목 첫 글자의 초성인 ㄴ을 붙이면 청구기호 뒷자리는 '이82ㄴ'이다.

19

| 정답 | ①

| 해설 | 그림상 두 면만 보이는 블록은 가장 아래층 중간에 위치한 블록 하나이다.

20

| 정답 | ②

| 해설 | 블록의 개수는 9개이다.

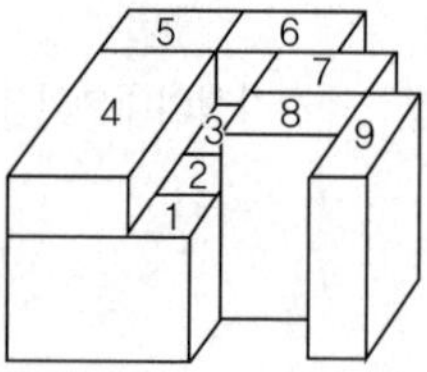

21

| 정답 | ④

| 해설 | 전체 개수인 20개에서 한 면이라도 보이는 블록의 개수를 뺀다. 따라서 한 면도 보이지 않는 블록은 20 – 15 = 5(개)이다.

22

| 정답 | ③

| 해설 | 가장 앞면에 위치한 블록의 개수는 9개, 중간에 위치한 블록의 개수는 10개, 제일 뒷면에 위치한 블록의 개수는 12개이므로 총 31개이다.

23

| 정답 | ④

| 해설 |

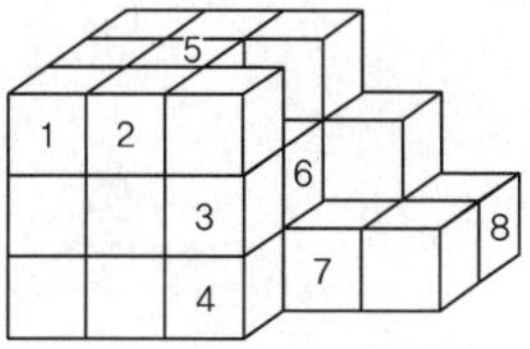

24

| 정답 | ③

| 해설 |

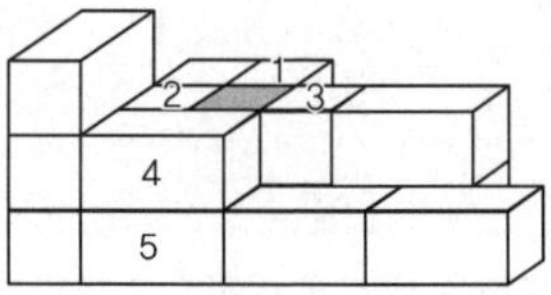

25

| 정답 | ①

| 해설 |

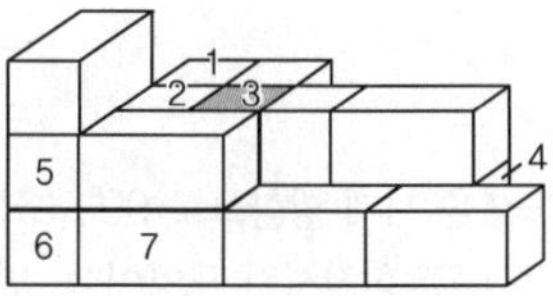

26

| 정답 | ④

| 해설 | ④는 제시된 입체도형을 다음과 같이 화살표 방향에서 바라본 모습이다.

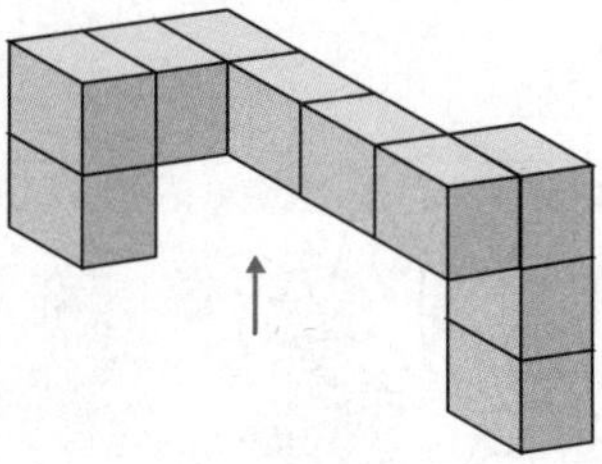

| 오답풀이 |

다른 입체도형은 점선 표시된 블록이 추가되거나 동그라미 친 블록이 제거되어야 한다.

①

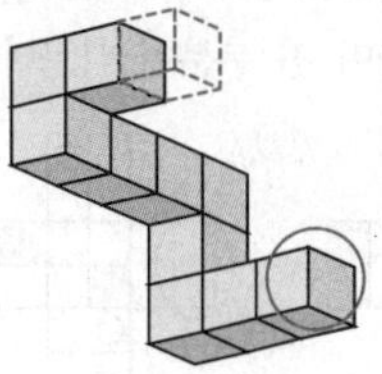

②

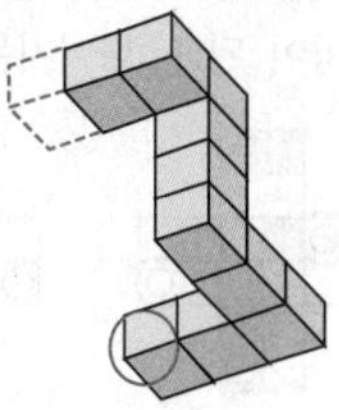

③

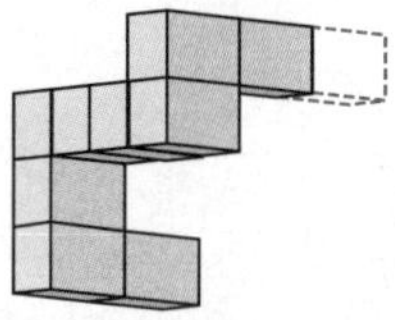

27

| 정답 | ①

| 해설 | ①은 제시된 입체도형을 다음과 같이 반시계 방향으로 90° 회전시킨 것이다.

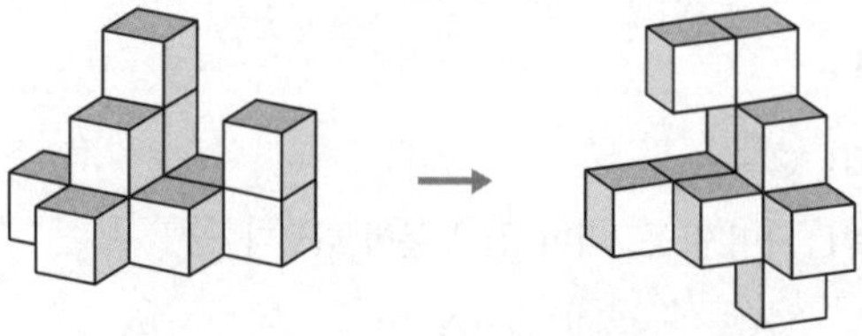

| 오답풀이 |

다른 입체도형은 점선 표시된 블록이 추가되거나 동그라미 친 블록이 제거되어야 한다.

②

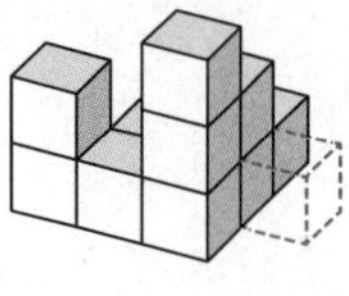

③

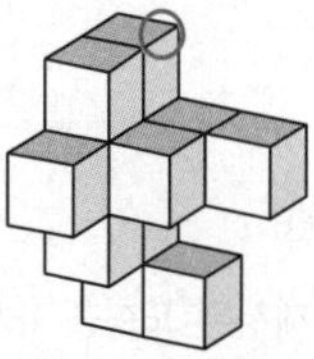

④

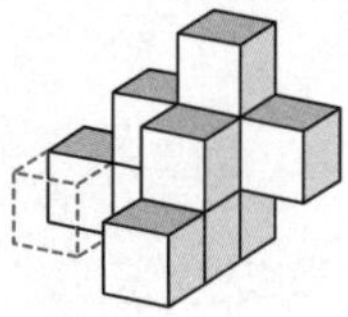

28

| 정답 | ③

| 해설 | 제시된 도형을 반시계 방향으로 90° 회전시키면 ③의 모양이 된다. 나머지는 동그라미 친 부분이 다르다.

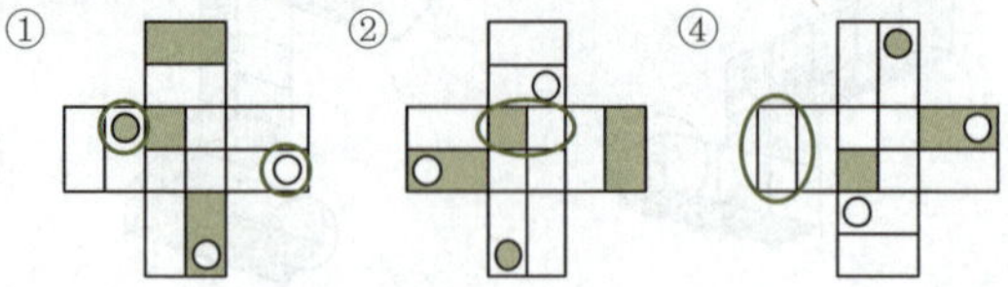

29

| 정답 | ③

| 해설 | 나머지는 동그라미 친 부분이 다르다.

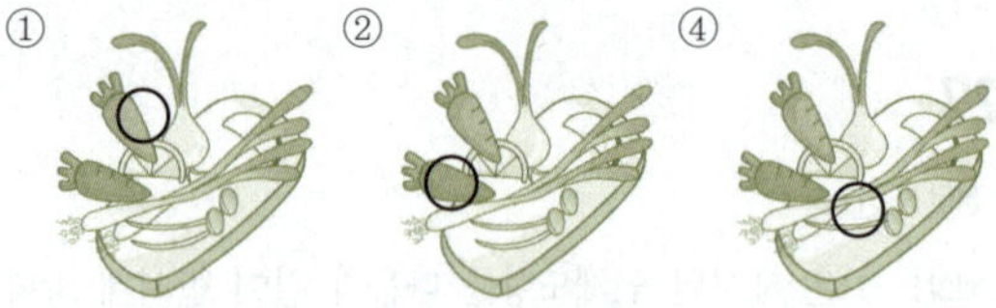

30

| 정답 | ②

| 해설 | 나머지 동그라미 친 부분이 다르다.

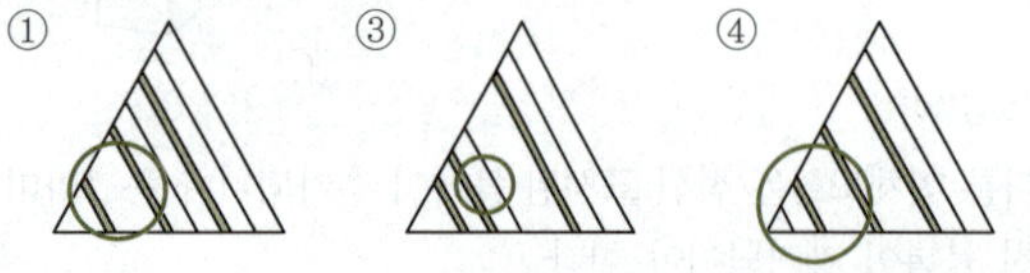

31

| 정답 | ③

| 해설 | 제시된 도형을 180° 회전시키면 ③의 모양이 된다.

32

| 정답 | ②

| 해설 | ③은 ①의 도형을 180° 회전시킨 모양이고, ④는 ①의 도형을 반시계 방향으로 90° 회전시킨 모양이다. 반면, ②는 아래 동그라미 표시한 부분이 나머지와 다르다.

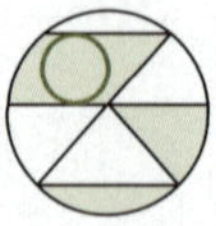

33

| 정답 | ④

| 해설 | ②와 ③은 ①의 도형을 회전시키면 나타나는 모양이다. 반면, ④는 별 모양의 꼭짓점에 위치한 두 삼각형의 위치가 나머지와 다르다.

34

| 정답 | ④

| 해설 | ①은 제시된 도형을 반시계 방향으로 90°, ②는 시계 방향으로 90°, ③은 180° 회전시킨 모양이다. 반면, ④의 모양은 나올 수 없다.

35

| 정답 | ④

| 해설 | ①은 제시된 도형을 시계 방향으로 90°, ②는 반시계 방향으로 90°, ③은 180° 회전시킨 모양이다. 반면, ④의 모양은 나올 수 없다.

36

| 정답 | ②

| 해설 | 그림의 조각을 순서대로 배열하면 다음과 같은 그림이 완성된다.

37

| 정답 | ①

| 해설 | 그림의 조각을 순서대로 배열하면 다음과 같은 그림이 완성된다.

38

| 정답 | ①

| 해설 | 그림의 조각을 순서대로 배열하면 다음과 같은 그림이 완성된다.

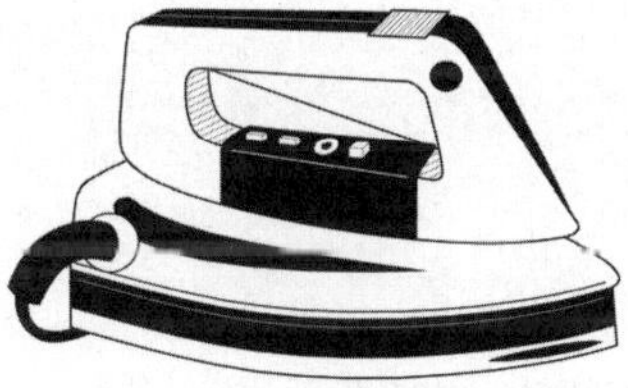

39

| 정답 | ③

| 해설 | 그림의 조각을 순서대로 배열하면 다음과 같다.

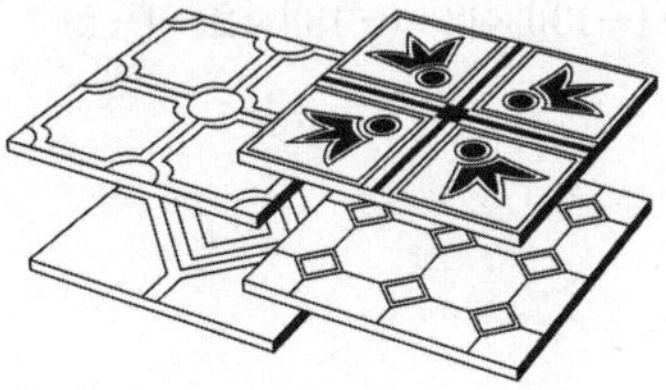

40

| 정답 | ②

| 해설 | 그림의 조각을 순서대로 배열하면 다음과 같다.

3회 수리능력

▶ 문제 162쪽

01	②	02	④	03	①	04	④	05	①
06	④	07	④	08	③	09	③	10	①
11	①	12	③	13	②	14	③	15	①
16	③	17	①	18	③	19	②	20	①
21	③	22	②	23	②	24	③	25	④
26	②	27	②	28	③	29	②	30	②
31	④	32	④	33	②	34	④	35	④
36	①	37	②	38	③	39	③	40	①

01

| 정답 | ②

| 해설 | $\frac{2}{3} \div \left(\frac{3}{5} - \frac{2}{7}\right) = \frac{2}{3} \div \frac{21-10}{35} = \frac{2}{3} \times \frac{35}{11} = \frac{70}{33}$

02

| 정답 | ④

| 해설 | $0.07 \times 0.035 = 0.00245$

03

| 정답 | ①

| 해설 | $79 + 14 \times 23 - 95 = 79 + 322 - 95 = 306$

04

| 정답 | ④

| 해설 | $31.415 + 12.469 - 24.941 = 43.884 - 24.941 = 18.943$

05

| 정답 | ①

| 해설 | $7 \times (-5)^2 \div \frac{7}{10} = 7 \times 25 \times \frac{10}{7} = 250$

06

| 정답 | ④

| 해설 | $4\sqrt{6}\times2\sqrt{2}-4\sqrt{3}$

$=8\sqrt{12}-4\sqrt{3}$

$=16\sqrt{3}-4\sqrt{3}=12\sqrt{3}$

07

| 정답 | ④

| 해설 | $2\frac{1}{3}+4+\frac{1}{6}=\frac{14}{6}+\frac{24}{6}+\frac{1}{6}=\frac{39}{6}=6\frac{1}{2}$

08

| 정답 | ③

| 해설 | 42×38−59=1,596−59=1,537

09

| 정답 | ③

| 해설 | 615−14+9.2=601+9.2=610.2

10

| 정답 | ①

| 해설 | $\left\{\left(\frac{2}{5}-\frac{3}{10}\right)+\frac{1}{4}\right\}\times\frac{6}{5}$

$=\left\{\left(\frac{4}{10}-\frac{3}{10}\right)+\frac{1}{4}\right\}\times\frac{6}{5}$

$=\left(\frac{1}{10}+\frac{1}{4}\right)\times\frac{6}{5}=\left(\frac{2}{20}+\frac{5}{20}\right)\times\frac{6}{5}=\frac{21}{50}$

11

| 정답 | ①

| 해설 | ×부터 계산한다.

A : 50+88×36=50+3,168=3,218

B : 89×32−19=2,848−19=2,829

따라서 A>B이다.

12

| 정답 | ③

| 해설 | 괄호 안에 있는 수식부터 계산한다.

A : (6,745+6,710)÷15=13,455÷15=897

B : 13×(4,223−4,154)=13×69=897

따라서 A=B이다.

13

| 정답 | ②

| 해설 | A : 3,055×0.6=1,800

B : 3,754×0.5=1,850

따라서 A<B이다.

14

| 정답 | ③

| 해설 | 3▣9=(3−9)×(3+9)=−6×12=−72

15

| 정답 | ①

| 해설 | 8▣−13={8−(−13)}×{8+(−13)}=21×(−5)

=−105

16

| 정답 | ③

| 해설 | $120\times\frac{36}{100}=43.2$

17

| 정답 | ①

| 해설 | $37\times\frac{84}{1,000}=3.108$

18

|정답| ③

|해설| $124 \times \frac{65}{100} = 80.6$

19

|정답| ②

|해설| $720 \times 0.3 = 216$

20

|정답| ①

|해설| 직사각형의 세로 길이를 xm라고 한다면 가로 길이는 $2x$m이므로 다음과 같은 식을 세울 수 있다.

$(2 \times x) + (2 \times 2x) = 3 \qquad 2x + 4x = 3$

$\therefore\ x = 0.5$

즉, 세로 길이는 0.5m, 가로 길이는 1m이므로 이 직사각형의 넓이는 $0.5 \times 1 = 0.5(\text{m}^2)$이다.

21

|정답| ③

|해설| 수아의 현재 나이를 x라 하면,

- 3년 후 수아의 나이 : $x + 3$
- 3년 후 엄마의 나이 : $x + 3 + 29 = x + 32$
- 3년 후 아빠의 나이 : $x + 3 + 29 + 7 = x + 39$

3년 후에 엄마와 아빠의 나이를 합하면 수아 나이의 7배이므로 이를 식으로 정리하면 다음과 같다.

$(x + 32) + (x + 39) = 7(x + 3)$

$2x + 71 = 7x + 21 \qquad 5x = 50$

$\therefore\ x = 10$(살)

22

|정답| ②

|해설| 영어 점수를 x점, 수학 점수를 y점, 국어 점수를 z점이라 하면 식은 다음과 같다.

$$\begin{cases} x + y = 82 \cdots\cdots ㉠ \\ x + z = 74 \cdots\cdots ㉡ \end{cases}$$

㉠−㉡을 하면 $y - z = 8$

따라서 수학과 국어의 점수 차는 8점이다.

23

|정답| ②

|해설| 전체 일의 양을 1이라고 할 때, 다솜이는 한 시간에 $\frac{1}{6}$, 은영이는 한 시간에 $\frac{1}{4}$씩 일할 수 있다.

따라서 다솜이와 은영이가 같이 일을 했을 때 걸리는 시간은 $1 \div \left(\frac{1}{6} + \frac{1}{4}\right) = 1 \div \frac{5}{12} = \frac{12}{5}$(시간)으로 즉, 2시간 24분이다.

24

|정답| ③

|해설| 적어도 한 명이 합격한다는 것은 전체 확률인 1에서 모두 불합격할 확률을 빼면 된다. 정수가 합격할 확률은 $\frac{1}{4}$이므로 불합격할 확률은 $\frac{3}{4}$이고, 같은 방식으로 현민이 불합격할 확률은 $\frac{4}{5}$, 지혜가 불합격할 확률은 $\frac{1}{2}$이다.

$\therefore\ 1 - \left(\frac{3}{4} \times \frac{4}{5} \times \frac{1}{2}\right) = \frac{7}{10} = 0.7$

25

|정답| ④

|해설| 작년 바둑동호회 남성 회원 수를 x명이라 하면 작년 바둑동호회 여성 회원 수는 $(60 - x)$명이다. 따라서 다음과 같은 식이 성립한다.

$1.05x + 0.9(60 - x) = 60$

$0.15x = 6 \qquad \therefore x = 40$

올해의 남성 회원 수는 작년에 비해 5% 증가했으므로 $40 \times 1.05 = 42$(명)이다.

26

| 정답 | ②

| 해설 | 먼저 4%의 소금물 400g에 들어 있던 소금의 양을 구하면 $\frac{4}{100} \times 400 = 16$(g)이다. 이때 더 넣은 물의 양을 x g로 두고 식을 세우면 다음과 같다.

$\frac{16}{400+x} \times 100 = 2.5$

$1,000 + 2.5x = 1,600 \quad \therefore x = 240$(g)

27

| 정답 | ②

| 해설 | '거리=속력×시간'이므로, 철수가 시속 6km로 30분, 즉 0.5시간 동안 달렸을 때 이동한 거리는 6×0.5=3(km)이다.

28

| 정답 | ③

| 해설 | A 지역에 비가 올 확률이 0.7이고 A와 B 지역 모두 비가 올 확률이 0.4라고 하였으므로 B 지역에 비가 올 확률을 x라 하면 $0.7 \times x = 0.4$이다. $x = \frac{4}{7}$이며 따라서 B 지역에 비가 오지 않을 확률은 $\frac{3}{7}$이다.

29

| 정답 | ②

| 해설 | 원가를 x원이라 하면 현재 판매가는 $1.2x$원, 다음 분기의 판매가는 $1.2x \times 0.9 = 1.08x$(원)이다. 할인된 가격이 129,600원이므로 다음 같은 식을 세울 수 있다.

$1.08x = 129,600 \quad \therefore x = 120,000$(원)

30

| 정답 | ②

| 해설 | 연속된 세 개의 짝수이므로 가장 큰 숫자를 x라고 한다면 가운데 숫자는 $x-2$, 가장 작은 숫자는 $x-4$이다. 따라서 다음과 같은 식을 세울 수 있다.

$x + (x-2) + (x-4) = 54$

$3x - 6 = 54 \quad 3x = 60 \quad \therefore x = 20$

31

| 정답 | ④

| 해설 | 소계는 화재로 인해 사망하거나 부상당한 사람들의 수를 합한 것이다.

(가) : 304+1,588=1,892(명)

(나) : 2,441−2,032=409(명)

∴ 1,892+409=2,301(명)

32

| 정답 | ④

| 해설 | 화재 발생 건수가 가장 많은 해는 49,631건의 화재가 발생한 20X6년이므로 재산피해 금액은 383,141백만 원이다.

33

| 정답 | ②

| 해설 | 이메일 스팸 수신량이 전년 동기 대비 가장 크게 감소한 시기는 전년 동기 대비 0.4통 감소한 20X7년 상반기로, $\frac{0.52-0.92}{0.92} \times 100 \fallingdotseq -43(\%)$ 감소하였다.

| 오답풀이 |

① 휴대전화 스팸 수신량이 전년 동기 대비 가장 크게 감소한 시기는 전년 동기 대비 0.08통 감소한 20X9년 상반기로, $\frac{0.09-0.17}{0.17} \times 100 \fallingdotseq -47(\%)$ 감소하였다.

③ 20X6년 하반기 휴대전화 스팸 수신량은 0.18통으로 20X9년 상반기 휴대전화 스팸 수신량인 0.09통의 두 배이다.

④ 20X8년 상반기 1일 스팸 이메일 수신량은 0.51통이다. 상반기인 1 ~ 6월은 약 180일이므로 6개월간 90통 이상의 스팸 이메일을 받았다고 추론할 수 있다.

34

| 정답 | ④

| 해설 | 사업자는 20X6년 188백 명에서 20X9년 265백 명으로 증가하여 77백 명으로 가장 큰 변동 수를 기록하고 있다.

| 오답풀이 |

① 20X6 ~ 20X9년까지 연금 가입인원이 꾸준히 상승한 직종은 계약직(145 → 148 → 190 → 193), 사업자(188 → 225 → 249 → 265)뿐이다.

② 정규직이 20X6년 98.3%, 20X7년 99.3%, 20X8년 95.6%, 20X9년 90.4%로 연금 가입률이 매년 가장 높다.

③ 직종별 연금 가입률 순위는 정규직－전문직－사업자－계약직－노동자로 20X6 ~ 20X9년까지 매년 동일하다.

35

| 정답 | ④

| 해설 | • 인턴 경험과 해외연수 경험이 모두 없는 지원자의 합격률 : 2.8%

• 인턴 경험만 있는 지원자의 합격률 : 22.9%

∴ 두 합격률의 차이 : 20.1%p

| 오답풀이 |

③ • 해외연수 경험이 있는 지원자의 합격률

$=\frac{53}{53+414+16}\times 100=\frac{53}{483}\times 100 \fallingdotseq 11.0(\%)$

• 해외연수 경험이 없는 지원자의 합격률

$=\frac{11+4}{11+4+37+139}\times 100=\frac{15}{191}\times 100 \fallingdotseq 7.9(\%)$

36

| 정답 | ①

| 해설 | $6,625-1,853-1,219-1,212-789-578=974$

또는 $4,896-897-768-546-789-922=974$

37

| 정답 | ②

| 해설 | $\frac{1,134}{5,066}\times 100=22.3845\cdots \fallingdotseq 22.4(\%)$

38

| 정답 | ③

| 해설 | 6월 판매량은 N사 S 라면, S사 S 라면, O사 P 라면 순으로 많았다.

| 오답풀이 |

① N사 S 라면의 판매량이 가장 많은 달은 1월이다.

② S사 S 라면은 N사 J 라면보다 4월 판매량이 적었다.

④ O사 P 라면의 6월 판매량은 전월에 비해 증가하였다.

39

| 정답 | ③

| 해설 | 20X9년 자동차 생산량은 4,114천 대, 자동차 수출량은 2,530천 대이다. 따라서 20X9년 자동차 생산량은 수출량의 $\frac{4,114}{2,530}\fallingdotseq 1.63$(배)로, 1.7배 미만이다.

40

| 정답 | ①

| 해설 | 20X4 ~ 20X9년의 전년 대비 생산, 내수, 수출의 증감 추세는 다음과 같다.

구분	생산	내수	수출
20X4년	－	－	＋
20X5년	－	－	－
20X6년	＋	＋	－
20X7년	＋	＋	－
20X8년	－	＋	－
20X9년	－	－	－

따라서 생산, 내수, 수출의 증감 추세가 같은 해는 2개(20X5년, 20X9년)이다.

3회 추리능력

▶ 문제 173쪽

01	②	02	③	03	④	04	③	05	④
06	④	07	④	08	③	09	①	10	④
11	②	12	③	13	④	14	①	15	③
16	③	17	④	18	④	19	②	20	②
21	①	22	④	23	①	24	①	25	③
26	④	27	④	28	④	29	④	30	④
31	①	32	②	33	③	34	④	35	④
36	①	37	③	38	③	39	①	40	③

01

| 정답 | ②

| 해설 | 앞의 항에 소수를 더한 값이 다음 항을 이룬다.

$$-2 \xrightarrow[+2]{} 0 \xrightarrow[+3]{} 3 \xrightarrow[+5]{} 8 \xrightarrow[+7]{} 15 \xrightarrow[+11]{} 26 \xrightarrow[+13]{} (\ ?\ )$$

따라서 '?'에 들어갈 숫자는 26+13=39이다.

02

| 정답 | ③

| 해설 | 앞의 두 항을 더한 값이 다음 항을 이룬다.

$$-2 \quad 2 \quad 0 \quad 2 \quad 2 \quad 4 \quad 6 \quad 10 \quad (\ ?\ )$$

2+0=2, 2+2=4, 4+6=10

−2+2=0, 0+2=2, 2+4=6, 6+10=16

따라서 '?'에 들어갈 숫자는 6+10=16이다.

03

| 정답 | ④

| 해설 | $5 \xrightarrow[\times 2]{} 10 \xrightarrow[-2]{} 8 \xrightarrow[\times 2]{} 16 \xrightarrow[-2]{} 14 \xrightarrow[\times 2]{} (\ ?\ )$

따라서 '?'에 들어갈 숫자는 14×2=28이다.

04

| 정답 | ③

| 해설 |

$$4 \xrightarrow[+2^1]{} 6 \xrightarrow[+2^2]{} 10 \xrightarrow[+2^3]{} 18 \xrightarrow[+2^4]{} 34 \xrightarrow[+2^5]{} (\ ?\ )$$

따라서 '?'에 들어갈 숫자는 $34\times2^5=34+32=66$이다.

05

| 정답 | ④

| 해설 |

$$21 \xrightarrow[-2^1]{} 19 \xrightarrow[-2^2]{} 15 \xrightarrow[-2^3]{} 7 \xrightarrow[-2^4]{} (\ ?\ ) \xrightarrow[-2^5]{} -41 \xrightarrow[-2^6]{} -105$$

따라서 '?'에 들어갈 숫자는 7−16=−9이다.

06

| 정답 | ④

| 해설 |

$$92 \xrightarrow[\div 2]{} 46 \xrightarrow[+2]{} 48 \xrightarrow[\div 2]{} 24 \xrightarrow[+2]{} 26 \xrightarrow[\div 2]{} 13 \xrightarrow[+2]{} (\ ?\ )$$

따라서 '?'에 들어갈 숫자는 13+2=15이다.

07

| 정답 | ④

| 해설 | $3 \xrightarrow[+1]{} 4 \xrightarrow[-2]{} 2 \xrightarrow[+3]{} 5 \xrightarrow[-4]{} 1 \xrightarrow[+5]{} (\ ?\ )$

따라서 '?'에 들어갈 숫자는 1+5=6이다.

08

| 정답 | ③

| 해설 | $5 \xrightarrow[+2]{} 7 \xrightarrow[+3]{} 10 \xrightarrow[+4]{} 14 \xrightarrow[+5]{} 19 \xrightarrow[+6]{} 25 \xrightarrow[+7]{} (\ ?\ )$

따라서 '?'에 들어갈 숫자는 25+7=32이다.

09

| 정답 | ①

| 해설 | −4 ⟶ 2 ⟶ −2 ⟶ 4 ⟶ 0 ⟶ 6 ⟶ (?)

+6　−4　+6　−4　+6　−4

따라서 '?'에 들어갈 숫자는 6−4=2이다.

10

| 정답 | ④

| 해설 | 1 ⟶ 9 ⟶ 25 ⟶ 49 ⟶ 81 ⟶ (?)

↑　↑　↑　↑　↑　↑

1^2　3^2　5^2　7^2　9^2　11^2

따라서 '?'에 들어갈 숫자는 11^2=121이다.

11

| 정답 | ②

| 해설 | 일반 알파벳 순서를 이용하여 푼다.

Z ⟶ X ⟶ T ⟶ L ⟶ (?)

26 ⟶ 24 ⟶ 20 ⟶ 12 ⟶ −4

−2　−4　−8　−16

즉, Z부터 시작하여 앞으로 2^1, 2^2, 2^3, 2^4칸씩 이동하고 있으므로, '?'에 들어갈 문자는 알파벳 끝에서 앞으로 네 칸 더 이동한 'V'이다.

12

| 정답 | ③

| 해설 | 일반 알파벳 순서를 이용하여 푼다.

A → K → U → E → O → (?)

1 → 11 → 21 → 5(=31) → 15(=41) → 25(=51)

+10　+10　+10　+10　+10

따라서 '?'에 들어갈 문자는 25(=51)에 해당하는 'Y'이다.

13

| 정답 | ④

| 해설 | 일반 자음 순서를 이용하여 푼다.

ㄱ → ㄴ → ㄹ → ㅇ → ㄴ → (?)

1 → 2 → 4 → 8 → 2(=16) → 4(=32)

×2　×2　×2　×2　×2

따라서 '?'에 들어갈 문자는 4(=32)에 해당하는 'ㄹ'이다.

14

| 정답 | ①

| 해설 | 일반 자음 순서를 이용하여 푼다.

다 ⟶ 바 ⟶ 라 ⟶ 사 ⟶ 마 ⟶ (?)

3 ⟶ 6 ⟶ 4 ⟶ 7 ⟶ 5 ⟶ 8

+3　−2　+3　−2　+3

따라서 '?'에 들어갈 문자는 8에 해당하는 '아'이다.

15

| 정답 | ③

| 해설 | ③을 제외한 선택지들은 앞 문자에 +5, +3, +1이 차례대로 적용된다.

③ ㅑㅛㅡㅣ – 2, 6, 9, 10(일반 모음)

| 오답풀이 |

① ㄴㅅㅊㅋ – 2, 7, 10, 11(일반 자음)

② FKNO – 6, 11, 14, 15

④ lqtu – 12, 17, 20, 21

보충 플러스+

• 일반 모음 순서(순환 패턴)

ㅏ	ㅑ	ㅓ	ㅕ	ㅗ	ㅛ	ㅜ	ㅠ	ㅡ	ㅣ
1	2	3	4	5	6	7	8	9	10

• 사전에 실리는 모음 순서(순환 패턴)

ㅏ	ㅐ	ㅑ	ㅒ	ㅓ	ㅔ	ㅕ	ㅖ	ㅗ	ㅘ	ㅙ	ㅚ	ㅛ	ㅜ	ㅝ	ㅞ	ㅟ	ㅠ	ㅡ	ㅢ	ㅣ
1	2	3	4	5	6	7	8	9	10	11	12	13	14	15	16	17	18	19	20	21

• 일반 자음 순서(순환 패턴)

ㄱ	ㄴ	ㄷ	ㄹ	ㅁ	ㅂ	ㅅ	ㅇ	ㅈ	ㅊ	ㅋ	ㅌ	ㅍ	ㅎ
1	2	3	4	5	6	7	8	9	10	11	12	13	14

• 사전에 실리는 자음 순서(순환 패턴)

ㄱ	ㄲ	ㄴ	ㄷ	ㄸ	ㄹ	ㅁ	ㅂ	ㅃ	ㅅ	ㅆ	ㅇ	ㅈ	ㅉ	ㅊ	ㅋ	ㅌ	ㅍ	ㅎ
1	2	3	4	5	6	7	8	9	10	11	12	13	14	15	16	17	18	19

• 알파벳 순서(순환 패턴)

A	B	C	D	E	F	G	H	I	J	K	L	M
1	2	3	4	5	6	7	8	9	10	11	12	13
N	O	P	Q	R	S	T	U	V	W	X	Y	Z
14	15	16	17	18	19	20	21	22	23	24	25	26

16

| 정답 | ③

| 해설 | ③을 제외한 선택지들은 앞 문자에 각각 +1, +2, +3을 적용한 것이다.

③ GIKN – 7, 9, 11, 14

| 오답풀이 |

① 캬커코큐 – 2, 3, 5, 8(일반 모음)

② 라마사차 – 4, 5, 7, 10(일반 자음)

④ 새애채패 – 7, 8, 10, 13(일반 자음)

17

| 정답 | ④

| 해설 | ④를 제외한 선택지들은 앞 문자에 +1, –2, +1이 차례대로 적용된다(사전에 실리는 순서).

④ UWVU–21, 23, 22, 21

| 오답풀이 |

① 따라다따–5, 6, 4, 5

② 사싸빠사–10, 11, 9, 10

③ LMKL–12, 13, 11, 12

18

| 정답 | ④

| 해설 | ④를 제외한 선택지들은 앞 문자에 –2, –4, –6이 차례대로 적용된다.

④ WUSQ–23, 21, 19, 17

| 오답풀이 |

① ZXTN–26, 24, 20, 14

② YWSM–25, 23, 19, 13

③ XVRL–24, 22, 18, 12

19

| 정답 | ②

| 해설 | ②를 제외한 선택지들은 앞 문자에 +1, +2, +1이 차례대로 적용된다.

② ABDF–1, 2, 4, 6

| 오답풀이 |

① EFHI–5, 6, 8, 9

③ MNPQ–13, 14, 16, 17

④ KLNO–11, 12, 14, 15

20

| 정답 | ②

| 해설 | ②를 제외한 선택지들은 앞 문자에 –5, +3, –5가 차례대로 적용된다.

② 부구수루–6, 1, 7, 4(일반 자음)

| 오답풀이 |

① 후주투수–14, 9, 12, 7(일반 자음)

③ 푸우쿠부–13, 8, 11, 6(일반 자음)

④ 추무우두–10, 5, 8, 3(일반 자음)

21

| 정답 | ①

| 해설 | 제시된 명제를 정리하면 다음과 같다.

- 고양이 → 호랑이
- 개 → ~호랑이
- 치타 → 고양이

세 번째 명제와 첫 번째 명제의 삼단논법에 의해 '치타 → 고양이 → 호랑이'가 성립하므로 대우인 '~호랑이 → ~고양이 → ~치타'도 성립한다. 따라서 호랑이를 키우지 않는다면 치타를 좋아하지 않음을 알 수 있다.

| 오답풀이 |

② 두 번째 명제의 대우를 통해 '호랑이 → ~개'가 성립하므로 호랑이를 키우는 사람은 개를 좋아하지 않는다.

③ 제시된 명제를 통해서는 알 수 없다.

④ 두 번째 명제와 첫 번째 명제의 대우의 삼단논법에 의해 '개 → ~호랑이 → ~고양이'가 성립하므로 개를 좋아하는 사람은 고양이를 좋아하지 않는다.

22

| 정답 | ④

| 해설 | 제시된 대화를 정리하면 다음과 같다.

- 땅콩 → ~아몬드
- 밤 → 아몬드
- ~호두 → 잣

첫 번째 명제와 두 번째 명제의 대우의 삼단논법을 통해 '땅콩 → ~아몬드 → ~밤'이 성립하므로 땅콩을 먹으면 밤을 먹지 않음을 알 수 있다.

| 오답풀이 |

①, ③ 제시된 명제를 통해서는 알 수 없다.

② 두 번째 명제의 대우를 통해 '~아몬드 → ~밤'이 성립하므로 아몬드를 먹지 않는 사람은 밤을 먹지 않는다.

23

| 정답 | ①

| 해설 | 각 명제를 'p : 웨딩드레스를 입은 사람, q : 신부, r : 아름다움, s : 마음이 깊음'이라고 할 때, 주어진 명제를 기호로 정리하면 다음과 같다.

• p → q　　• q → r　　• p → s

명제가 참이면 그 대우도 반드시 참이므로, 첫 번째 명제의 대우 ~q → ~p에 따라 ①은 반드시 참이다.

| 오답풀이 |

②, ③ 제시된 명제를 통해서는 알 수 없다.

④ ~p → ~s로 세 번째 명제의 이가 되어 반드시 참이 되지는 않는다.

24

| 정답 | ①

| 해설 | 세 번째 명제와 두 번째 명제의 삼단논법을 통해 '다리가 길면 우유를 좋아한다'가 성립하므로, 그 대우인 '우유를 좋아하지 않으면 다리가 길지 않다'는 참이 된다.

| 오답풀이 |

②, ③ 제시된 명제를 통해서는 알 수 없다.

④ 세 번째 명제의 역으로 반드시 참이 되지는 않는다.

25

| 정답 | ③

| 해설 | 각 명제를 다음과 같이 정리한다.

- p : 케이크가 설탕이다.
- q : 박하사탕은 소금이다.

제시된 명제 'p → ~q'가 참이므로 이 명제의 대우인 'q → ~p' 역시 참이 된다. 즉, '박하사탕이 소금이면 케이크는 설탕이 아니다'가 성립된다.

26

| 정답 | ④

| 해설 | 각 명제를 'p : 축구를 잘한다', 'q : 감기에 걸린다', 'r : 휴지를 아껴 쓴다'라고 할 때 문장을 정리하면 다음과 같다.

• p → ~q　　• ~q → r　　• 나는 → p

따라서 삼단논법에 의해 '나는→p→~q→r'이 성립하므로 '나는 휴지를 아껴 쓴다'가 참임을 알 수 있다.

27

| 정답 | ④

| 해설 | 주어진 명제를 'p : 아기이다', 'q : 천사이다', 'r : 번개를 부릴 수 있다', 's : 신의 노예다'라고 할 때 각 문장을 정리하면 다음과 같다.

- p→q(~q→~p)
- q→r(~r→~q)
- ~q→s(~s→q)

'~s→q'와 'q→r'의 삼단논법에 의해 '~s→q→r'이 성립한다. 따라서 신의 노예가 아니면 번개를 부릴 수 있다.

28

| 정답 | ④

| 해설 | 제시된 〈보기〉에서 흐리지 않다면 날이 맑거나 비가 오는 경우이다. 이때 첫 번째, 세 번째 명제를 통해 두 경우의 다음 날은 흐리거나 맑음을 알 수 있다. 따라서 흐리지 않으면 다음 날은 비가 오지 않는다.

| 오답풀이 |

① 비가 오지 않는다면 날이 흐리거나 맑은 경우이므로 두 번째, 세 번째 명제를 통해 다음 날은 비가 오거나 흐리게 됨을 알 수 있다. 따라서 비가 오지 않은 다음 날에는 비가 올 수도, 흐릴 수도 있다.

② 첫 번째, 세 번째 명제를 보면 비가 오거나 맑은 경우 다음 날은 흐리게 되므로 오늘 날이 흐렸다면 어제는 날씨가 맑았을 수도, 비가 왔을 수도 있다.

③ 날이 맑지 않으면 비가 오거나 흐린 경우이므로 첫 번째, 두 번째 명제를 통해 날이 맑지 않은 다음 날은 흐릴 수도, 맑을 수도, 비가 올 수도 있다.

29

| 정답 | ④

| 해설 | 기호를 붙여 정리하면 다음과 같다.

- a : 다이빙을 좋아한다.
- b : 서핑을 좋아한다.
- c : 요트를 좋아한다.
- d : 낚시를 좋아한다.
- e : 카누를 좋아한다.

위 기호에 따라 주어진 명제와 그 대우를 정리하면 다음과 같다.

- a → b(~b → ~a)
- c → d(~d → ~c)
- ~b → ~d(d → b)
- ~e → ~b(b → e)

'a → b'와 'b → e' 두 명제의 삼단논법에 의해 'a → e'는 반드시 참이 된다. 따라서 다이빙을 좋아하는 사람은 카누도 좋아한다.

| 오답풀이 |

①, ②, ③ 주어진 명제로는 참 · 거짓을 알 수 없다.

30

| 정답 | ④

| 해설 | 영화 B가 2관에서 상영되고 영화 A와 C가 상영되는 관이 이웃해야 하므로 영화 D의 상영관은 1관이 된다. 남은 3관과 4관 중 4관에서는 영화 C를 상영하지 않으므로 영화 C는 3관에서, 남은 영화 A는 4관에서 상영된다.

1관	2관	3관	4관
영화 D	영화 B	영화 C	영화 A

31

| 정답 | ①

| 해설 | D의 활동 분야 중 하나는 개그맨인데, 개그맨인 사람은 가수 또는 MC가 아니라고 했으므로 D의 다른 활동 분야는 탤런트이다. 또한 가수는 총 3명이라 했으므로 D를 제외한 A, B, C는 모두 가수이다. MC인 사람은 한 명인데

B와 C는 활동 분야가 동일하므로 MC는 A가 된다. 그리고 탤런트 역시 총 3명이라 했으므로 B와 C의 다른 활동 분야는 탤런트가 된다. 이를 정리하면 다음과 같다.

A	B	C	D
가수, MC	가수, 탤런트	가수, 탤런트	개그맨, 탤런트

따라서 B의 활동 분야는 가수, 탤런트이다.

32

| 정답 | ②

| 해설 | 첫 번째 조건을 고려하면 부장과 차장 중 한 명은 반드시 출장을 가야 하지만 둘이 함께 갈 수는 없다. 또한 두 번째 조건에 의해 대리와 사원 중 한 명은 반드시 가야 하는데 사원이 갈 수 없으므로 대리는 반드시 가야 한다. 세 번째 조건의 대우에 의해 대리가 가면 과장도 함께 가야 하고, 마지막 조건의 대우에 따라 인턴이 가는 경우는 차장도 함께 가야 하므로 모든 조건을 만족할 수 있는 팀은 '차장, 과장, 대리, 인턴'이다.

33

| 정답 | ③

| 해설 | 첫 번째 조건에 따라 A와 D는 같은 날 근무한다. 두 번째 조건에 따라 B와 A도 같은 날 근무하게 되므로 A, B, D는 같은 조임을 알 수 있다. 세 번째 조건과 네 번째 조건에 따라 C, E, F도 같은 조임을 알 수 있다. 따라서 A가 근무하는 날에는 E가 근무하지 않는다.

34

| 정답 | ④

| 해설 | B 사원과 D 사원의 발언이 서로 상충하므로 B 사원이 거짓을 말하는 경우와 D 사원이 거짓을 말하는 경우로 나누어 생각해 본다.

- B 사원이 거짓말을 하는 경우 : A 사원은 E 사원 바로 다음으로 휴가를 간다. C 사원은 D 사원보다 늦게 휴가를 가고, D 사원은 B, C 사원보다 늦게 휴가를 가므로 C 사원과 D 사원의 발언이 서로 상충한다.
- D 사원이 거짓말을 하는 경우 : A 사원은 E 사원 바로 다음으로 휴가를 간다. B 사원은 마지막으로 휴가를 가고, C 사원은 D 사원보다 늦게, E 사원은 가장 먼저 휴가를 가므로 'E-A-D-C-B' 순으로 휴가를 감을 알 수 있다.

따라서 거짓말을 한 사원은 D 사원이다.

35

| 정답 | ④

| 해설 | A, B, E는 서로 상반된 진술을 하고 있으므로 셋 중 두 명은 거짓을 말하고 있다. 따라서 C와 D는 반드시 진실을 말하고 있는데, D의 말이 진실이므로 같은 내용을 말하는 A의 말도 진실이 된다. 따라서 거짓을 말하는 사람은 B와 E이다.

36

| 정답 | ①

| 해설 | 정을 기준으로 학생일 경우와 회사원일 경우를 나누어 생각하면 다음과 같다.

i) 정이 회사원이고 거짓말을 하는 경우

정의 발언을 통해 병은 학생이 된다. 병의 발언은 사실이므로 갑은 학생이다. 갑의 발언은 사실이므로 정도 학생이 되어 가정에 모순된다.

구분	갑	을	병	정
회사원				○
학생	○		○	○

ii) 정이 학생이고 사실을 말하는 경우

정의 발언을 통해 병은 회사원이 된다. 병의 발언은 거짓이므로 갑도 회사원이 된다. 갑의 발언은 갑 자신이 회사원이므로 거짓이 되고, 가정에 모순되지 않는다. 남은 을은 학생이고 사실을 말하고 있으므로 을의 발언에도 모순은 없다.

구분	갑	을	병	정
회사원	○		○	
학생		○		○

따라서 학생은 을, 정이다.

37

| 정답 | ③

| 해설 | 먼저 임원과 팀장은 교대로 앉아야 하고 A와 C의 사이에는 F만 앉을 수 있는데, F는 팀장이므로 A와 C는 임원임을 알 수 있다. 다음으로, B는 A와 마주 보아야 한다고 했으므로 B와 A는 다른 직급임을 알 수 있다. 그러므로 B는 팀장이다. 또한, D는 B의 옆자리에 앉는다고 했으므로 D는 임원이다.

따라서 A, C, D는 임원이고 B, E, F는 팀장이다.

38

| 정답 | ③

| 해설 | 선희가 참여 중인 A 프로젝트 구성 사원의 대부분이 2년차이지만, 모두가 2년차는 아니므로 선희가 몇 년차인지는 정확히 알 수 없다.

39

| 정답 | ①

| 해설 | 선희가 A 프로젝트에 참여 중인 것은 확실하므로 적어도 1개 이상의 프로젝트에 참여하고 있음을 알 수 있다.

40

| 정답 | ③

| 해설 | A 프로젝트에 참여 중인 사원의 대부분이 2년차이지만 모든 2년차 사원들이 이 프로젝트에 참여하고 있는지는 알 수 없다.

3회 지각능력

▶ 문제 186쪽

01	②	02	②	03	①	04	②	05	②
06	①	07	①	08	④	09	②	10	④
11	③	12	③	13	③	14	①	15	③
16	②	17	③	18	④	19	③	20	③
21	③	22	①	23	②	24	③	25	③
26	③	27	①	28	④	29	④	30	①
31	②	32	③	33	①	34	②	35	③
36	④	37	②	38	④	39	②	40	①

01

| 정답 | ②

| 해설 | 저분은백법학박사이고 – 저분은백빕학박사이고

02

| 정답 | ②

| 해설 | ㅏㅑㅑㅑㅐㅒㅒㅛㅠㅠㅣ – ㅏㅑㅑㅑㅐㅒㅒㅛㅠ

03

| 정답 | ①

| 해설 | 제시된 좌우의 문자가 서로 같다.

04

| 정답 | ②

| 해설 | くぎさいたどなみん– くぎさいたどはみん

05

| 정답 | ②

| 해설 | € ¥ ₦ ₭ – 키위 배 사과 딸기

06

| 정답 | ①

| 해설 | 〈보기〉의 대응과 같다.

07

| 정답 | ①

| 해설 | 〈보기〉의 대응과 같다.

08

| 정답 | ④

| 해설 | 世界農業白書 － 歲計農業白書

09

| 정답 | ②

| 해설 | 4837 － 1827

10

| 정답 | ④

| 해설 | ① TZWSKBOYI

② TZSWKBOYL

③ TZSWKVOYI

11

| 정답 | ③

| 해설 | ① 6935181972

② 9635281972

④ 9625181872

12

| 정답 | ③

| 해설 | $(4\div2)+6+3=11$이므로 11은 ③에 속한다.

13

| 정답 | ③

| 해설 | $3+(7\times4)-5=26$은 ③에 속한다.

14

| 정답 | ①

| 해설 | 오른쪽은 오름차순(사전 순서) 정렬이다. '영종도'의 앞글자 초성인 ㅕ는 우도의 ㅜ보다 앞에 위치하므로 ①에 들어가야 한다.

15

| 정답 | ③

| 해설 | 오름차순에 의해 한글은 ㄱ부터 정렬한다.

16

| 정답 | ②

| 해설 | cake와 champagne, dress와 dance는 첫 글자가 같으므로 두 번째 글자를 비교해 본다. 오름차순일 때 a는 h나 r보다 앞서므로 cake－champagne, dance－dress 순이다.

17

| 정답 | ③

| 해설 | 〈자료 4〉에서 2011년 입사자는 신보라, 안소미 2명, 2012년 입사자는 송필근 1명, 2013년 입사자는 김준호 1명으로 총 4명이다.

18

| 정답 | ④

| 해설 | 기술직 중 토목은 김지민, 안소미 2명, 설비는 0명, 기계는 노우진, 박은영, 박지선 3명, 운송은 김기열, 김준현 2명, 화학은 김기리 1명, 프로그래밍은 신보라 1명으로 총 9명이다.

19

| 정답 | ③

| 해설 | 2009년에 입사했으므로 앞 4자리는 2009, 첫 발령지가 대전이므로 중간 4자리는 7212, 직군은 기계직 중 설비이므로 뒤 3자리는 172이다. 따라서 2009－7212－172가 적절하다.

20

| 정답 | ③

| 해설 | 가운데 줄 블록 속에 숨어 있는 1개, 마지막 줄 블록 뒤쪽에 가려진 4개이므로 총 5개가 한 면도 보이지 않는다.

21

| 정답 | ③

| 해설 |

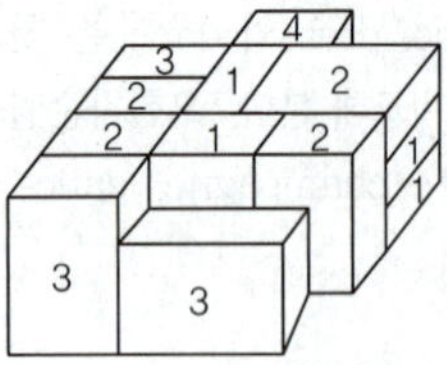

따라서 모두 3+2+2+3+4+1+1+3+2+2+1+1=25(개)

22

| 정답 | ①

| 해설 | 가로로 누워 있는 블록 4개, 세로로 서 있는 블록 8개로 총 4+8=12(개)이다.

23

| 정답 | ②

| 해설 | 그림에서 한 면만 보이는 블록을 색칠하면 다음과 같다.

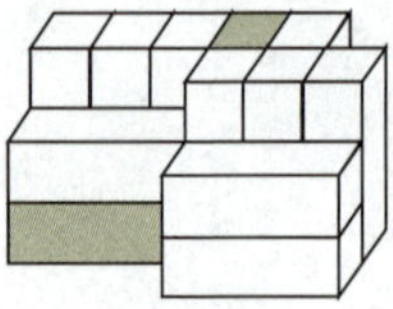

24

| 정답 | ③

| 해설 | 첫 번째 줄에 6개, 두 번째 줄에 6개, 세 번째 줄에 6개로, 총 6+6+6=18(개)이다.

25

| 정답 | ③

| 해설 | 주어진 입체도형에서 정육면체를 만들려면 3×3×3=27(개)의 블록이 필요하다. 현재 블록의 개수는 18개이므로 최소 9개의 블록이 더 필요하다.

26

| 정답 | ③

| 해설 |

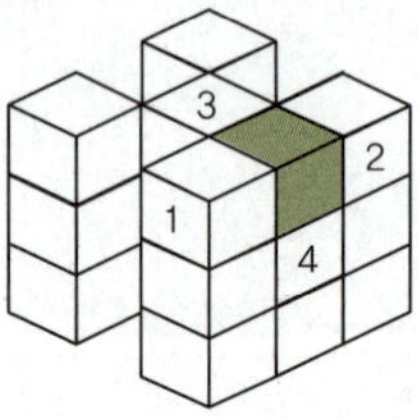

27

| 정답 | ①

| 해설 | 색칠된 블록의 왼쪽, 오른쪽, 뒤쪽에 1개씩 총 3개가 색칠된 블록과 접촉하고 있다.

28

| 정답 | ④

| 해설 | 제시된 도형과 같은 것은 ④이며, 나머지 선택지는 동그라미 친 부분이 다르다.

①
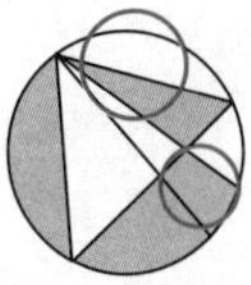
②
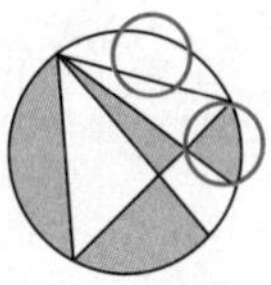
③
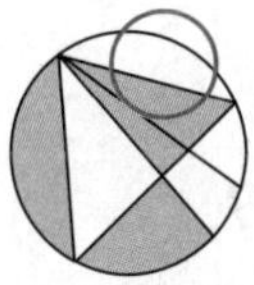

29

| 정답 | ④

| 해설 | 제시된 도형과 같은 것은 ④로, 제시된 도형을 180° 회전시킨 모양이다. 나머지 선택지는 동그라미 친 부분이 다르다.

①
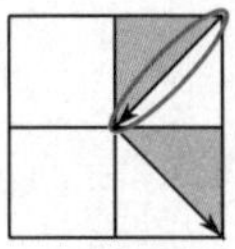
②
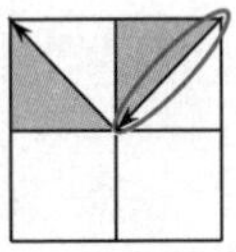
③
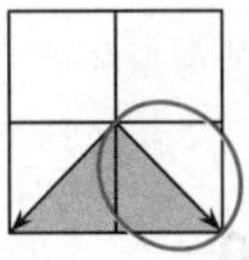

30

| 정답 | ①

| 해설 | 제시된 도형과 같은 것은 ①이며, 나머지 선택지는 동그라미 친 부분이 다르다.

②
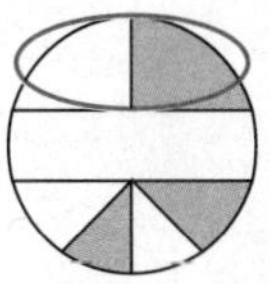
③
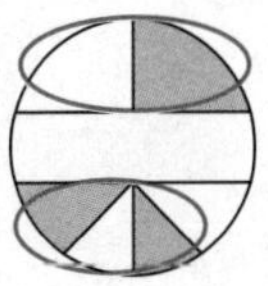
④
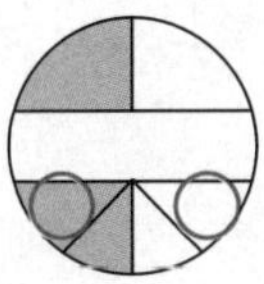

31

| 정답 | ②

| 해설 | 제시된 도형과 같은 것은 ②이며, 나머지 선택지는 동그라미 친 부분이 다르다.

①
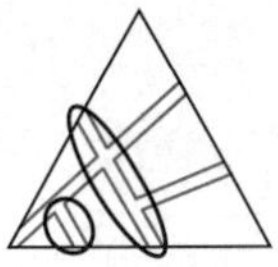
③
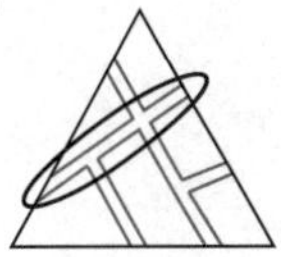
④
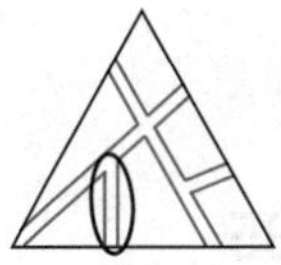

32

| 정답 | ③

| 해설 | ①을 기준으로 했을 때, ②는 반시계 방향으로 90°, ④는 180° 회전시킨 것임을 알 수 있다.

33

| 정답 | ①

| 해설 | ①은 제시된 도형과 동그라미 친 부분이 다르다.

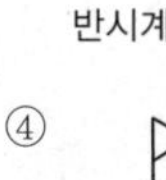
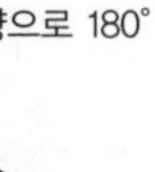
〈①〉

| 오답풀이 |

②

반시계 방향으로 180°

③

반시계 방향으로 90°

④
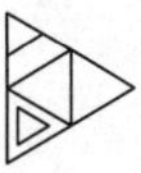
시계 방향으로 90°

34

| 정답 | ②

| 해설 | ③은 제시된 도형과 일치하고, ①은 시계 방향으로 90°, ④는 시계 방향으로 45° 회전시킨 모양이다.

35

| 정답 | ③

| 해설 | ④는 제시된 도형과 일치하고, ①은 반시계 방향으로 90°, ②는 180° 회전시킨 모양이다.

36

| 정답 | ④

| 해설 | 그림의 조각을 순서대로 배열하면 다음과 같은 그림이 완성된다.

37

| 정답 | ②

| 해설 | 그림의 조각을 순서대로 배열하면 다음과 같은 그림이 완성된다.

38

| 정답 | ④

| 해설 | 그림의 조각을 순서대로 배열하면 다음과 같은 그림이 완성된다.

39

| 정답 | ②

| 해설 | 그림의 조각을 순서대로 배열하면 다음과 같은 그림이 완성된다.

40

| 정답 | ①

| 해설 | 그림의 조각을 순서대로 배열하면 다음과 같은 그림이 완성된다.

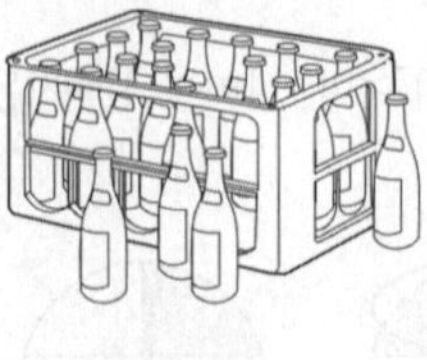

최신
GSAT 5급
기출문제

실제 시험과
동일한 구성의
모의고사

2025
고시넷
대기업

삼성그룹 온라인 GSAT 5급 고졸채용

최신 기출유형 모의고사

www.gosinet.co.kr gosinet
gosinet
(주)고시넷

공기업_NCS

2025 고시넷 공기업 초록이①NCS 통합기본서
2025 고시넷 공기업 초록이②NCS 통합문제집
고시넷 공기업 NCS 피듈형 통합 오픈봉투모의고사 6회
고시넷 공기업 LH한국토지주택공사 5·6급 NCS 기출예상모의고사 6회
고시넷 공기업 LH한국토지주택공사 업무직 NCS 기출예상모의고사 5회
고시넷 공기업 한국철도공사 코레일 NCS+철도법 기출예상모의고사 6회
고시넷 공기업 코레일 한국철도공사 경영학 직무수행능력평가 기출문제집 17회
고시넷 공기업 서울교통공사 NCS 기출예상모의고사 8회
고시넷 공기업 부산교통공사 +부산시 공공기관 통합채용 NCS 기출예상모의고사 6회
고시넷 공기업 경기도 공공기관 통합채용 NCS 기출예상모의고사 6회
2023 고시넷 공기업 한국지역난방공사 NCS 기출예상모의고사
고시넷 공기업 한국산업인력공단 6급 NCS+한국사+영어 기출예상모의고사 5회
고시넷 공기업 한국가스공사 NCS 기출예상모의고사 6회
2025 고시넷 공기업 한국도로공사서비스 NCS 기출예상모의고사
고시넷 공기업 한국전력공사 NCS 기출예상모의고사 5회
고시넷 공기업 사람인 NCS 출제유형모의고사
고시넷 공기업 인크루트 NCS 출제유형모의고사
고시넷 공기업 휴노 NCS 출제유형모의고사
고시넷 공기업 매일경제 NCS 출제유형모의고사
고시넷 공기업 휴스테이션 한국사회능력개발원 NCS 출제유형모의고사
고시넷 공기업 한국도로공사 NCS 기출예상모의고사 5회
고시넷 공기업 공기업 통합전공 사무직 핵심이론+문제풀이
고시넷 공기업 한국수자원공사 NCS 기출예상모의고사 6회
고시넷 공기업 코레일 한국철도공사 경영학 기본서
고시넷 공기업 한국수력원자력 NCS 기출예상모의고사 4회